JN059236

金子匡良／山崎公士／嘉藤 亮［編著］

人権の法構造と救済システム

人権政策論の確立に向けて

窪 誠
鈴木尊紘
吉村顕真
濱田太郎
近江美保
小谷昌子
村元宏行

法政大学出版局

本書を北川雄也博士に捧げる

はしがき

　本書は，人権救済に関する法と制度をいくつかの法分野に分けて考察し，それぞれの分野における課題を分析した上で，あるべき人権救済制度の全体像を検討しようとするものである。私たちはこのような学問的営為を「人権政策論」と名付け，その体系化を目指しており，本書を人権政策論研究の第一歩として世に問うものである。

　本書の執筆メンバーは，2019 年に山崎公士（神奈川大学名誉教授・国際人権法）を代表者として「人権政策論研究会」を結成し，本書の刊行を目標に研究活動を重ねてきた。本書はこの研究会の 3 年余りにわたる活動の成果でもある。

　本書は私たちにとっては最初の研究成果の刊行であるが，しかし人権政策に関する研究書は本書が初めてではない。今から 20 年前に，本書の執筆メンバーである山崎公士・金子匡良・窪誠も参加して『人権政策学のすすめ』（江橋崇＝山崎公士編，学陽書房，2003 年）が出版されている。同書は日本における最初の人権政策研究といえるが，本書とは異なり，人権侵害の態様，あるいは人権政策を実施する主体の側面から人権政策を論じたものであり，また人権教育など直接的な被害者救済には関わらない政策分野も考察の対象に含んでいた。それに対して本書は，人権政策の中でも，特に被害者の実効的救済のための法制度に焦点を当て，法分野ごとにこれを論じようとするもので，『人権政策学のすすめ』とは分析の視角と対象が異なる。両書が追究する「人権政策」の内容に変わりはないが，人権救済制度に特化したという点に本書の特徴がある。

　本書の第二の特徴は，個別具体的な人権侵害だけではなく，その背後に潜む構造的な要因にも着目し，また，事後的な被害者救済だけではなく，将来的な人権侵害の予防も考察の対象とした点である。これらは，実効的な人権救済を実現するための制度論・政策論に欠かせない視点であり，それゆえ人権政策論においても不可欠の論点といえる。

本書の第三の特徴は，人権政策を論じるための基底的な視座として，人権の歴史と主体について論じたことである。人権は歴史的概念であり，社会のあり方とともに変遷していかざるを得ない。そのことを考えれば，人権政策でいうところの人権の歴史的位置づけを明確にする必要がある。また，人権を歴史的動態の中で見るときに重要となるのは，人権の担い手としてどのような人間像を描き出すかという人権の主体論である。本書では，人権政策論の土台として，この点の考察にも力を注いだ。

　以上が本書の特徴であるが，無論，本書は多くの課題や限界を抱えている。ひとつには，上にも述べたとおり，本書は人権政策論の確立を標榜しながら，司法上の人権救済に関する記述が大部分を占め，国の行政上の人権救済制度や地方自治体の人権救済制度，あるいは人権教育に関わる制度やNPO/NGO等の活動等，人権政策論として取り上げるべき重要な論点を欠いていることは率直に認めざるを得ない。また，立法救済についても踏み込んで検討することができなかった。これらについては，今後の研究の課題としたい。

　ふたつ目に，本書には公共政策学や政策科学からの人権救済論を扱った論稿が含まれていない。このことは，曲がりなりにも政策論を掲げる研究書として，相当に大きな陥欠である。

　実は，本書の構想段階では，公共政策学の観点から人権政策を論じる章が準備され，その執筆は故・北川雄也氏が担うこととなっていた。2018年に『障害者福祉の政策学——評価とマネジメント』（晃洋書房）を上梓した北川氏は，法学研究者中心の私たちの研究グループにとって，掛け替えのない知的支柱であり，人権政策論の構築にとって欠くべからざる存在であった。2022年1月に北川氏が不慮の事故で急逝されたとき，私たちは最も若い研究仲間を失った喪失感に打ちひしがれるとともに，研究者人生を歩み始めたばかりの北川氏がどんなに無念であったかを思い，やるせない気持ちでいっぱいになった。

　残念ながら，北川氏が筆を執るはずであった「公共政策学における人権救済の法理と政策」の章を本書に載せることは適わなかったが，氏の志や学知は私たちそれぞれの中に引き継がれ，本書の中に生きていると信じている。哀悼と感謝の意を込めて，本書を北川雄也氏に捧げたいと思う。

本書の編集作業は，法政大学出版局の郷間雅俊氏に担っていただいた。郷間氏には，度重なる原稿の遅延や繰り返される校正を忍耐強く見守っていただいただけではなく，各章の原稿を精読の上，随所に有益かつ機知に富んだコメントを書き添えていただいた。本書が形になったのは，このような丹念な編集作業のお陰である。末筆ながら，郷間氏に心から御礼を申し上げる。

2023 年 1 月　　編 者

※本書は，JSPS 科研費 JP19K01287 の助成を受けたものである。

目次

序章

人権政策論の意義と目的

山崎公士

はじめに

　本書の目的は，人権政策の意義と体系を明らかにした上で，まず人権の歴史と主体について論じ，次いで各研究領域における人権救済の法理と政策を解明し，最後にそれらを比較検討しつつ，人権救済論に通底する政策論を析出し，人権政策論の枠組みを示すことである。

　序章では，隣接諸学と比較しつつ，人権政策論の意義と特長を提示したい。

I　キーワードの定義

　人権政策論の意味を確認するため，人権，人権侵害，構造的人権侵害および人権救済，ならびに人権政策および人権政策論の定義をはじめに示す。

1．人権，人権侵害，構造的人権侵害および人権救済

　本書で「人権」とは，人間の尊厳に不可欠な権利・自由の総称である。「人権侵害」とは，個人や集団が持つ人権を不当に否定し，または制約する行為であり，差別や虐待等の形で現れる。また，「構造的人権侵害」[1]とは，個別的に生起する人権侵害とは異なり，集合的に生起する市民・政治的権利や経済・社

---

1)　詳しくは，本書の終章を見よ。

会・文化的権利の侵害状況全般を意味する。

「人権救済」は，人権侵害により損なわれた個人や集団の権利・自由を補償し，また被侵害者を支援すること等を通じて，人間の尊厳を回復[2]することである。主に行政救済や司法救済の形をとるが立法救済という形も模索されている。

人権侵害された者は，損害賠償などを裁判によって求めることができる。しかし，これは事後的な救済で，被害者本人が行為者を特定して裁判を提起し，しかも被害を受けたことを公開の法廷で立証しなければならない。裁判を起こすには弁護士費用や訴訟費用が必要で，判決までかなり時間がかかる。また，公開法廷での立証などによって，二次的な人権侵害を受けるおそれもある。さらに，司法による人権救済は個別事件の救済にとどまり，差別など人権侵害の歴史・社会・制度的背景にまで深くメスを入れるなど，人権侵害の構造的解明やその抜本的解決までは期待できない。

日本では，人権擁護委員による人権相談等の法務省による人権擁護行政，主に都道府県に設置される配偶者暴力相談支援センターによる DV 防止や被害者の保護等，国や自治体が行政による人権救済を多元的・重層的に担っている。しかし，たとえば法務省所管の刑事施設（刑務所・拘置所等）内で起きる公権力による人権侵害について，法務省の人権擁護行政が適切な救済を提供できるかは必ずしも期待できない。また，国による人権行政は縦割り状況にあり，人権侵害事案について各省庁が連携をとって十分な行政救済を提供できる体制は整っていない。

以上のように，司法や行政による人権救済には限界がある。特に，構造的人権侵害の解明と予防は司法の手に余るのが現状である。

2．人権政策

「政策」とは，「問題解決のための基本方針と，その方針に沿って採用される解決手段の体系」[3]である。政策の策定・実施主体は，①国や自治体など公的

---

2) 「回復」概念については，本書の終章を見よ。
3) 真山達志「公共政策研究の一つの捉え方——主として行政学の立場から」日本公共政策学会年報（1999年）2頁。

団体から②企業・私立大学など私的団体まで，多様である。後者による政策と区別する意味で，前者を「公共政策」と呼ぶことが多い。

「人権」と「政策」の定義を踏まえると，「人権政策」とは「社会の一般的な人権状況の改善，または個別的な人権課題の解決を目的とする，国際機関，国，自治体，企業，労働組合，またはNGO/NPO等による一定の体系性・計画性・継続性をもった基本方針または解決手段」[4]である。この定義に当てはまるものであれば，「人権」や「政策」のキーワードを持たないものでも「人権政策」と呼ぶことにする。

3．政策研究における「人権」の視点

従来の公共政策研究でも，人権課題の解決のための政策は検討されてきた[5]。しかし，多くの公共政策研究において，「人権」の視点が論及されることはほとんどなかった。

ところが，一見したところ人権がかかわる政策・施策には見えないが，「人権」の視点をまったく，あるいはほとんど持たずに策定・実施されると，社会全体に負の影響を及ぼしかねない政策・施策[6]がある。経済政策，財政政策，外交政策，安全保障政策，出入国管理政策，エネルギー政策（原子力政策を含む），農業・水産業政策，食品・医薬品政策，社会保障政策等々がこれである。

これら諸政策は，実務上も研究上も個別分野として確立しているので，人権政策論としてこれら分野に深入りすることはできない。ただし，上記の諸政策の政策決定・実施・評価過程で，人権を判断基準とすることの是非や可能性を研究する価値はある。そのさい，「人権影響評価」や「人権指標」に関する内

---

4)　山崎公士「第1章　人権政策と人権政策学」江橋崇＝山崎公士編著『人権政策学のすすめ』（学陽書房，2003年）12頁の定義を一部修正。

5)　たとえば，箕浦政直「日本における人権政策の特徴に関する一考察」同志社政策科学研究5巻（2004年），北川雄也『障害者福祉の政策学——評価とマネジメント』（晃洋書房，2018年）。

6)　負の政策効果（インパクト）については，北川雄也「負の政策効果の把握に関する理論的検討——障害者政策に適する政策評価システム」同志社政策科学研究19巻1号（2017年），北川雄也「第5章　予期しない政策インパクト」佐野亘＝山谷清志監修，山谷清志編著『これからの公共政策学2　政策と行政』（ミネルヴァ書房，2021年）所収を参照。

外の研究成果を参照する必要がある。

II　人権政策論の意義と目的

　以上の定義を前提として,「人権政策論」とは,公的団体または私的団体が行う人権政策に関する手段・方法・計画・指針等を研究対象とし,その研究成果を通じて,公的・私的セクターが人権保障のためにとるべき行動の指針を示し,人間の尊厳と個人の自律が真に尊重される社会状況をつくり出すことを目指す学問体系である。人権政策論は,①人権保障のしくみの現状を確認し,②個人や集団の尊厳が確保される方向でこれが機能しているか分析し,③機能不全に陥っている場合の問題点と対応策を提示することを目的とする。このため,人権政策論は法学・政治学・行政学・政策科学・社会学等々の縦割り的な研究領域の枠を越えて研究に取り組むことになる。

III　隣接諸科学と人権政策論の異同

　問題関心や研究対象等の面で,人権政策論と隣接する社会諸科学は少なくない。ここでは公共政策学と社会政策学を取り上げ,人権政策論との異同を素描する。

　公共政策学は政府政策とともにNPO,NGOや住民などの政策主体が担う方針,施策や事業等も研究対象とする。公共政策には公園の設置やゴミ収集等の身近なものから,地域活性化政策,経済政策,社会政策や外交政策等にいたるまで,さまざまなレベルのものがある。先に触れたように,人権はあらゆる政策に通底する基底価値であるので,人権政策もこの広義の公共政策の一部である。この意味で,人権政策論は公共政策学の一分野といえる。

　社会政策学は市場原理の働かない分野における問題や,市場経済に由来するがその外部の領域にまで波及して社会問題化した問題などを,経済学的手法にとらわれない形で解決する研究領域である。したがって,問題の解決方向を模索するさいに,公平・正義・平等などの価値判断がかかわることが少なくない。人権政策もこれに類する性格を持つので,人権政策論は社会政策学の一分野と

位置づけることもできよう。

IV　人権政策論の特長

　人権政策論は，従来は人権法学に埋もれていた人権政策の問題点と課題を浮き彫りにし，独自の研究対象と位置づける。第10章では，原発事故国内避難者の救済や人権状況の改善を具体例に，「人権法学」と「人権政策論」の守備範囲を比較し，後者の特長を抽出した。

　人権政策論は，行政救済および司法救済とともに，立法救済も研究対象とする。また，ヴァルネラブルな[7]人びとの視点を重視し，彼らの人権侵害からの回復過程を研究対象とする。

　人権政策論は構造的人権侵害の問題に正面から取り組む。その目標は次の通りである。第1に，いまだ顕在化していないが，構造的人権侵害の原因となるおそれのある社会事象やさまざまな政策の根拠となっている法律等の問題点を確認し，構造的人権侵害を惹起しかねない要因を究明し，解決策を探求する。第2に，将来生起しかねない構造的人権侵害事象を察知し，社会に警告する。第3に，構造的人権侵害によって権利利益を侵害された個人，集団，コミュニティ等の人権を「回復」する方法を探求し，同種の侵害事案にかかる「回復」策を体系化する。第4に，上記の研究成果を踏まえ，新規（未開拓）分野における新たな人権基準の設定に向けた研究に取り組む。

　以上，人権政策論の枠組みのみを簡単に示した。人権政策論の詳細は，終章で論じることにする。

V　本書の構成と概要

　最後に，本書の構成と概要を簡単に紹介しよう。本書は，序章と終章を含めて全12章からなる。

　「第1章　人権の歴史」は次のように論じる。人権は時間と空間を超えた普

---

7)　「ヴァルネラブル」，「ヴァルネラビリティ」の概念については，本書の第2章を見よ。

遍的なものであるという前提で「人権の歴史」は語られてきた。しかし，そこでの人権は白人男性有資産者の立場からの「支配者人権」であった。これに対し，人権諸条約の制定などの「解放人権」の動きが登場し，両者は引き続き対抗しつつある。本書が企図する人権政策論は後者の立場からの試みである。

「第2章　人権の主体」は，社会思想史の観点から，人権政策論において措定される人権主体とは，国家からの不可侵性を保つ「自律性」を持ちつつ，それと同時に傷つきやすさや弱さという「ヴァルネラビリティ」を身にまとう主体であることを提示する。その上で，こうした「二重体」としての人権主体が行う「自己決定」の重要さを主張する。

「第3章　憲法における人権救済の法理と政策」は，憲法における人権救済の問題点を「救済」観念の陥欠に見出し，それを克服するために，「救済を受ける権利」を憲法の中に定位することの可能性を探る。

「第4章　行政法における人権救済の法理と政策」は，国家活動によって受けた権利利益の侵害からの救済について，司法によるものを中心に概観し，行政法の全体構造の観点から，「救済」とは何かについて検討する。国家活動の合憲性ないし適法性の確保において裁判所に求められる役割は発展あるいは拡大してきたが，それを導く理論の必要性を示す。

「第5章　不法行為法における人権救済の法理と政策」は，障害のある年少者の逸失利益算定論に関する判例を検討し，裁判所は当初，障害のある年少者には稼働能力がないとして逸失利益を否定してきたが，人間の価値平等が問われた東京高裁平成8年判決以降，議論の焦点を損害発生論から損害額算定論に移行させ，一定の逸失利益を認めるようになったことを指摘する。その上で，算定論による対応で逸失利益格差がある程度は是正されたが，根本的に是正するところには至っていないとの問題点を指摘する。

「第6章　国際経済法における人権救済の法理と政策」は，国際経済法における労働者保護のあり方を検討し，近年の地域経済統合では労働者保護の実体規定と紛争解決手続が規定されるようになってきていることを指摘する。また，米国もEUも普遍的な労働者保護を義務づけており，米国では侵害再発防止のための法令整備や技術支援等の人権侵害回復と被害者の人権救済の両立を，EUでは人権侵害回復を目的としていることを明らかにする。それを受けて，

条約上の紛争解決手続は，国内行政的および司法的救済手続と相乗的に労働者保護に寄与していると分析する。

「第7章　ジェンダー法における人権救済の法理と政策」は，女性に対する暴力問題の抜本的解決のため，国際人権法はジェンダー化された社会構造の変革にいかに取り組むことができるのかを検討し，構造変革的な措置をとることが女性差別撤廃条約締約国の義務であることを確認した。

「第8章　医事法における人権救済の法理と政策」は，医療政策は人の身体や生命と密接にかかわるが，いちどこれらが侵害されると救済が困難であるとの観点から，医療により人身損害を被った被害者に対する無過失補償をなすふたつの制度を例にとり，医療や公衆政策分野における人権の保護や救済のあり方を考察する。

「第9章　教育法における人権救済の法理と政策」は，学校教育における子どもの学習権保障について，その役割を担うべき教育行政制度の変遷と問題点を考察し，これを踏まえ，学校内部における子どもの人権侵害について校則，体罰，いじめによる侵害事例の実態と法理上の問題点を分析する。

「第10章　大規模人権侵害をめぐる人権救済の法理と政策」は，人権政策論の観点から，原発事故国内避難者の受けた構造的人権侵害からの救済と回復に関するこれまでの到達点と不十分な点を分析し，従来の法的救済論ではカバーしきれない部分については，人権政策論にいう「回復」の視点から，再検討する必要性を示す。

「終章　人権政策論の課題と展望」は，本書の各章の成果を基に，人権政策論の枠組みを示し，同論の課題と展望を考察する。

参考文献

宮川公男『政策科学入門［第2版］』（東洋経済新報社，2002年）
佐野亘・山谷清志監修『これからの公共政策学 2　政策と行政』（ミネルヴァ書房，
　　2021年）

第1章

人権の歴史

その動態と認識支配

窪　誠

はじめに——認識支配とは何か

　人は，教えられた概念＝言葉によって世界を認識＝構築する。よって，支配者は，概念を道具として，人間の認識そのものを支配する。かつて，ヨーロッパのカトリック（＝普遍主義）教会は，神という普遍的な概念を用いて，人々を支配した。神がいないはずの仏教においても，因果応報という概念を用いて，差別を正当化した[1]。人類の歴史において，宗教のみならず，哲学，科学，法学など多くの知は，生産活動に直接かかわりのない支配者によって，支配のために構築されてきた。本論は，欧米のとりわけ英米の支配者が，「人権の普遍性」なる概念を創造して，かつてのカトリック教会と同じく普遍的世界支配を正当化してきたことを明らかにする。まず，人権の歴史として最も頻繁に語られている「人権世代論」がおとぎ話にすぎないことを明らかにする。つぎに，それでは人権の歴史とはどのように語られるべきなのかという疑問に対して，

---

1) 「仏教には，前世の行為が現世に結果として表れる「業報輪廻説」があり，差別される境遇にあっても前世の悪因によるものだからと諦めさせる「悪しき業論」が差別者固定に利用された。〔…〕昭和56年に教派を超えて〈同和問題〉にとりくむ宗教教団連帯会議」が結成された」。「差別と芸能，宗教の関わり　直聞インタビュー　猿まわし師　村崎太郎さん」2013年3月23日付中外日報。

誰のための人権かという視点から考察する。有名なジョン・ロックが，支配者のための人権を見事に正当化したことを明らかにする。すると，人権の歴史的動態とは，支配人権とそこからの解放を求める被支配者による解放人権との間の拮抗であることが論理的に導かれる。その動態を国際連盟，国際連合，世界人権宣言，国連ウィーン世界人権会議における議論を通じて明らかにする。そのうえで，解放人権の闘いを検討する。最後に，日本における認識支配状況を検討する。

I　人権世代論というおとぎ話

　今日の知の特徴として，専門化による細分化があげられることに異論はないであろう。人権は主に法学者によって語られてきた。法学者はいうまでもなく，法すなわち規範をとおして世界を認識し，それを人々に伝えてきた。すると，彼にとって，個々の規範はそれ自体がよってきたるところの現実を離れて，固有な存在となって立ち現れてくることになる。たとえば，ハンス・ケルゼンは彼の著書『純粋法学』の中で，法の固有性について，以下のように述べている。

> （私が〔…〕取りかかったのは）〔…〕純粋な，〔…〕一切の自然科学的分子から純化されたところの，その対象が固有法則性を有することによってその特質を自覚した法律理論である。〔…〕私の目標としたのは〔…〕政策的論議に変質してしまった法律学を真正の科学の高みに，精神科学の高みに引き上げることであった。それには，〔…〕成果を一切の科学の理想である客観性と正確性にできるだけ近づけることが必要であった。[2]

　そして，それら固有の存在は，時の流れとともに進歩してきたという進歩史観の上にのせられることになる。その最も有名な例が，カレル・ヴァサク（Karel Vasak）が提唱した人権世代論である[3]。自由権という規範を主とする第

2)　ケルゼン（横田喜三郎訳）『純粋法学』（岩波書店，1988 年）1 頁。佐藤正典「純粋法学の体系，思想的背景及びその実証性(1)」桜美林論考. 法・政治・社会，6 巻，17 頁による引用。
3)　Karel Vasak, *30-Year Struggle, The Sustained Efforts to give Force of Law to the Universal*

一世代，社会権という規範を主とする第二世代，開発の権利という規範を第一要素とする第三世代と直線的に進歩してきたというのである。歴史とは，語り手の問題関心から過去の事物を配置した，文字通り「物語」（英 history，仏 histoire）に他ならない。とはいえ，その物語も合理的でなくては，ただのおとぎ話になってしまうことは言うまでもない。合理的とは，現実を無視してはならない，そして，論理的整合性を欠いてはならないということである。すると，「人権世代論」は，ふたつの理由から合理性を欠いたおとぎ話にすぎないことが明らかになる。まず，選挙権の位置づけである。「人権世代論」では，選挙権は第一世代の自由権に位置づけられることになる。なぜなら，人権世代論では，自由権は国家の不介入，社会権は国家の介入を前提としているからである。ところが現実には，男女平等普通選挙が認められたのは，イギリスでは1689年権利章典から239年も過ぎた1928年，フランスでは1789年フランス人権宣言から158年後，それも第二次世界大戦後の1948年なのである。さらには，1948年世界人権宣言の作成に大いなる貢献をしたはずのアメリカですら，その年になっても黒人は選挙から排除されていた。それが認められたのは，1965年，世界人権宣言から20年ほど後のことなのである。このように，人権世代論は選挙権の歴史を説明できない。

　人権世代論が合理性を欠いたおとぎ話にすぎないことを示すふたつめの理由は，誰の目にもより明らかな歴史的現実である。今日，人権をいかに定義するにせよ，人命尊重が第一であることに異論はないであろう。ところが，ヨーロッパ人によるアメリカ先住民族の虐殺支配，アジア・アフリカの植民地化は，上述のイギリス権利章典やフランス人権宣言以後に行われたのである。そもそも，アメリカ独立宣言は，その前後に先住民族虐殺と奴隷制度を伴っている。しかも，植民地化競争は，その後，第一次世界大戦，第二次世界大戦につながり，ふたつの原爆投下と核実験を含めてますます多くの人々の命が奪われ，生活が破壊されていく。これを「人権」すなわち「人命尊重」の進歩などというのは，おとぎ話どころか，人類の理性と良心に対する冒瀆以外の何物でもない。実際，エマニュエル・ドゥコー（Emmanuel Decaux）も，別の観点から「人権

Declaration of Human Rights, The UNESCO Courier, XXX, 11, 1977, pp. 29–32.

世代論」が「誤った危険な」説であると批判する[4]。「人権世代論」は,「それ
ぞれの国に固有の内的歴史を無視し,さらには,国際法の歴史を無視している
からである。なぜなら,人道法が現れたのは 19 世紀であり,国際労働法が現
れたのは 1919 年であり,国際人権法が現れたのは 1945 年以降である」[5]。

II　支配人権

　では,人権の歴史とはどのように語られるべきなのか。それは,人権を現実
から遊離した抽象的規範として捉えるのではなく,歴史的現実の上に据え直す
ことを前提にしなくてはならないだろう。そのためには,現実に人権を享受し
たのは誰なのかを考察することが有効であると思われる。それは普遍性とは正
反対の,世界人口から見れば 1 パーセントにも満たない超トップエリート,す
なわち白人男性有資産者だったのである。「すべての人間は平等に作られてい
る」ことを明言するアメリカ独立宣言について,田村理が的確に指摘している
ように,「その起草者ジェファソン(T. Jefferson)はタバコ農園主で,150 人の
奴隷を使役していた。万人は生来にして自由であっても,黒人は人間の中に含
めないのである。そもそも人権理念は,ヨーロッパで長らく維持されてきた,
身分制や体制教会を否定すべく構想されたものなのである。黒人やインディア
ン等の異民族の救済は,初めから眼中になかった」[6]。

　実際,アメリカ独立宣言の採択に大いに貢献し,アメリカの初代副大統領と
第二代大統領を務めたジョン・アダムズは,彼とともに独立宣言に署名したジ
ェームズ・サリバンに対して,選挙権に関する意見(1776 年)を語っている。

---

4)　Emmanuel Decaux, *Duplication des travaux, superposition des normes, engagements diffuse: où sont les limites?*, George P. Politakis ed., Protecting Labor Rights as Human Rights: Present and Future of International Supervision; Proceedings of the International Colloquium on the 80th Anniversary of the ILO Committee of Experts on the Application of Conventions and Recommendations, Geneva, 24–25 November 2006, p. 74.

5)　*Ibid.*

6)　田村理『人権論の光と影——環大西洋革命期リヴァプールの奴隷解放論争』(北海道大学出版会,2021 年)3 頁。

今日のアメリカ大使館ウェブサイトにおいて，アメリカ国務省が，それを以下のように引用している。

> 財産を持っている男性とともに，持っていない全ての男性にも投票権を認めようという気になれば，同じ論理で〔…〕女性や子どもにも，この権利を認めなくてはならないことになります。なぜなら，一般的に言って，女性や子どもも，全く財産を持たない男性と同じくらいの優れた判断力と独立心を持っているからです。〔…〕このことを考えると，閣下，有権者要件を変更しようとして，さまざまな議論や論争を引き起こすきっかけを作ることは危険です。この論争が終わることはないでしょう。新しい要求が持ち出されるでしょう。女性は投票権を要求し，12 歳から 21 歳までの若者たちも，自分たちの権利がしかるべき扱いを受けていないと考えるようになるでしょう。そして，あらゆる一文無しの男たちもことごとく，州の法令のすべてにわたって，他の人たちなみの発言権を要求するでしょう。それはあらゆる区分を混乱させ，破壊し，あらゆる階級を打倒して単一の大衆レベルにしてしまうことになりかねません。[7]

　こうしたアダムズの考え方が英米において当時は一般的であったことを，アメリカ国務省は以下のように説明している。

> このアダムズ（1797 年に 2 代目大統領に就任）の考えは，独立戦争の当時としては，一般的なものだった。それは合衆国憲法の草案作りの際も同じで，ここには投票権についての言及さえなかった。投票権については，英国本国も植民地も，財産要件を課していたが，その根拠を次のような 2 つの前提の上に置いていた。第 1 に，財産，特に土地を所有する男は，自分たちの富を

---

7) John Adams to James Sullivan, 26 May 1776; from Charles Francis Adams, ed., The Works of John Adams, Second President of the United States (Boston: Little, Brown, and Company, 1854). 邦訳 American Center Japan, 国務省出版物「権利章典－投票権」〈https://americancenterjapan.com/aboutusa/translations/2679/〉（2022 年 11 月 12 日 最終閲覧）

守るために社会と政府を維持することに関して,「利害関係」を持つ。第2に,財産を持つ男だけがある種の「独立性」を持って,重要な政治的決定を下し,また,そのような事柄について議論し決定する議会の議員を選ぶことができる。17世紀の英国の軍人であり,政治理論学者でもあったヘンリー・アイアトンは,自由の基礎とは「議員を選ぶ者は,他者に依存しない,自由な人間であること」だと述べている。上流および中流階級の人々にとっては,そうした独立性は,財産所有なしにはあり得なかった。[8]

1948年12月10日に国連総会が採択した世界人権宣言第1条「すべての人間は,生れながらにして自由であり,かつ,尊厳と権利とについて平等である」によれば,人権が「すべての人間」の自由を保障するのに対して,17・18世紀の英米においては,これとは正反対に,財産所有=独立=自由という事実が人権を保障したのである。これを現代の政治学者マクファーソンは,「自由は所有権の機能である」と表現している[9]。これについても,このサイトは以下のように説明している。

この「独立」という概念が,(夫に依存する)女性,(両親に依存する)若者,(主人に依存する)奴隷や召使,(生活のために臨時雇いで働かなければならない)賃金労働者を除外することにつながった。さらに,多くの植民地は,インディアンに加え,カトリック教徒やユダヤ教徒も締め出していた。[10]

このように,人類の圧倒的大多数の人々が排除されている権利を「人権」と呼ぶことが,そもそも正しいのだろうか。あまりに常識離れしているではないか。そこで,おとぎ話を離れて現実を見直さねばならないことになる。そもそも,「人権 Human Rights」という言葉が普及しだしたのは,後述のように,第二次世界大戦中である。人権という言葉以前に広く使われていたのは,Rights

---

8) *Ibid.*

9) C.B. マクファーソン『所有的個人主義の政治理論』(合同出版,1980年) 161, 165, 167, 299, 300頁。

10) American Center Japan 前掲。

of Man または Rights of men すなわち男の権利であった。1789 年フランス革命時に掲げられた，いわゆるフランス人権宣言も，正式名称は「Déclaration des droits de l'Homme et du Citoyen 男および市民の権利」なのである。ここでも白人男性財産資格選挙権が当然視されていた。実際，1791 年に『女および市民の権利』を著したオランプ・ド・グージュは，革命政府によってギロチンに処されたのである。

　こうした現実を知れば，「人権の歴史的動態」という問題に対する回答は自ら明らかになる。それは，白人男性有資産者による支配人権から，その解放を目指す解放人権への動態に他ならない。

Ⅲ　支配人権の歴史の出発点はどこか

　結局，今日，人権の歴史として語られているのは，「人権の普遍性」を前提として，語り手が恣意的に過去の事象を取捨選択して配列したおとぎ話に過ぎない。では，私たちの語りの出発点はどこに定めればよいのだろうか。そもそも，恣意的でない事実の配列はいかにして可能なのだろうか。それは，「人権の普遍性」などといったファンタジーを過去に投影するのではなく，あくまで現実から出発して「ああしたからこうなった」という，だれにでも理解可能な論理のつながりを明らかにすることである。そこで，現実をもう一度見直すと，先のアメリカ大使館のウェブサイトにおいて，国務省がヘンリー・アイアトン（Henry Ireton）を参照していることの不思議に気づく。なぜなら，彼はジョン・アダムズから 100 年以上前の人間であり，しかも，アメリカ人ではなくイギリス人だからである。では，ヘンリー・アイアトンとはどのような人物だったのか。彼はクロムウェルとともにイギリス清教徒革命（1642–60）を戦った英雄である。それなら，人権の起源は宗教的自由にあるということになるのだろうか。もちろん，そういう歴史の語りも存在しえよう。しかし，それではその後の動態を説明することができない。実際に，このサイト自体，宗教的自由については言及していない。ましてや今日の人権の状況を説明できない。つまり，「ああしたからこうなった」が説明できない。結局，人権の起源を宗教的自由に求めんとする語りもファンタジーにすぎないのである。

そこで，このサイトが説明する財産資格選挙権の根拠の前提を，もう一度確認しよう。「第1に，財産，特に土地を所有する男は，自分たちの富を守るために社会と政府を維持する」。「第2に，財産を持つ男だけがある種の「独立性」を持って，重要な政治的決定を下」す。ここに，誰が，なぜ，社会と政府を作りその意思決定を担うのかが明確に示されている。「財産を持つ男だけ」が，「自分たちの富を守るために社会と政府を維持」し，そのために，「重要な政治的決定を下」すというのである。これは，貴族身分が平民身分を支配するという従来の身分支配から，財産所有者が非財産所有者を支配するという階級支配への変換だったのである。財産所有者は企業経営によって，つまり人を働かせて自分の利益を拡大することができるのに対して，財産なき人々は，企業経営者に自分の労働力を売ることによってしか生活することができない。よって，財産所有者の自由とは企業活動の自由であり，労働者を働かせて自分が利益を得るという搾取の自由に他ならない。たしかに，17世紀のイギリスにも「人は生まれながらに自由」という「生得の自由」の考え方は存在した。しかし，賃金労働者は自己が所有する労働を他者に売ることによって自由を放棄したと考えられていたのである[11]。こうして，企業経営者による労働者支配という，新たな支配従属関係が生まれてきたのである。実際，アダム・スミスは，17世紀のイギリスを以下のように描写している。

　　エリザベスの治世の当初から，イングランドの立法府は，商業や製造業の利益について格別の注意を払っていたのであって，実際のところ，全体として法律がこういう部類の産業を好遇しているという点では，ヨーロッパ中でこの国にまさるものは一国もなく，オランダでさえもその例外ではないのである。したがって，商業や製造業は，この全期間をつうじて不断に進歩してきた。[12]

　さらにアダム・スミスは，「あらゆる人は，交換することによって生活し，

---

11)　マクファーソン前掲 136–151 頁。
12)　アダム・スミス『諸国民の富 (2)』（岩波書店，1995年）494頁。

つまりある程度商人になり，また社会そのものも，適切にいえば一つの商業社会（commercial society）に成長するのである」とものべている[13]。つまり，イギリスの 17 世紀とは，清教徒革命そして名誉革命によって，企業支配を打ち立てようとする資産家勢力が従来の身分支配を維持しようとする国王貴族勢力にとってかわる戦いの世紀であったのである。よって，金持ちによる企業支配はこの時代に優勢になったのであり，このアメリカ大使館のサイトの記述は，17 世紀から 18 世紀にかけての，イギリスからアメリカへのそうした支配の連続性を証明しているのである。フランス革命においても，『第三身分とは何か』を著して革命を鼓舞したシエイエスが，1789 年 9 月 7 日の演説で，「ヨーロッパの国々が巨大な工場になるように思われる」と述べ，ヨーロッパの企業社会化を宣言している[14]。

IV　ジョン・ロック──支配人権による時空認識支配

　こうして，白人男性有資産者による企業支配という意味での人権が 17 世紀イギリスを出発点としていること，そして，それが 18 世紀のアメリカ独立革命，フランス革命にもつながっていることが明らかになった。17 世紀イギリスにおける人権論の著者として，人権の歴史に関するいかなる教科書も必ず触れるのがジョン・ロックである。その偉大な名声は，彼がイギリスのみならず，アメリカにおいても大いに受け入れられたことによる。アメリカの哲学者であり，1902 年から 46 年までハーバード大学で教えたラルフ・バートン・ペリー（Ralph Barton Perry）は，そのロックの影響力を以下のように述べている。

　　啓蒙時代の偉大な代表者かつ体現者がジョン・ロックであった。そして，ジョン・ロックはとりわけ──もっとも広く読まれ，最も影響力のある──アメリカの哲学者なのである。彼はピューリタンとして育てられた，ピューリタンの息子であった……。アメリカ独立宣言は，彼の『統治二論』からほぼ

---

13)　アダム・スミス『諸国民の富 (1)』（岩波書店，1995 年）133 頁。
14)　シエイエスの 1789 年 9 月 7 日演説，石崎学『人権の変遷』（日本評論社，2007 年）101 頁。

文字通り引き抜かれたようである。[15]

　つまり，アメリカの独立と支配は，ロックの『統治二論』によって直接に根拠づけられているというのである。実際，ロックは自らがアメリカの植民地支配の当事者であった。彼はイギリスの通商植民委員会委員であり[16]，「公的にも私的にもアメリカ植民地の統治と経営に深くかかわ」り[17]，奴隷貿易に投資していたからである[18]。ロックが起草にかかわった北米カロライナ州基本憲法の目的のひとつは，その前文に明記されているように，「平等にかつ混同することなしに領主たちの利益を設定すること」であった[19]。要するに，ロックはアメリカの植民地支配者の直接の先輩なのである。

　『統治二論』はその題名が示すとおり，ふたつの論文から成る。第一論文は，従来の身分制支配の象徴である王権神授説を批判する。第二論文は，身分制支配にかわる企業支配の正当化である。では，ロックはどのように正当化するのだろうか。その方法は単純である。企業支配者として最大利益を得たいという自分の欲望を，神の意志＝自然法＝理性とすればよい。支配の欲望は自然法＝理性という普遍法として表現される。つまり，神は人間に，「世界を生活の最大利益と便宜のために最もよく利用するための理性をも与えた」[20]。すると，ロックの欲望の前に，世界は神を社長とする一大企業として立ち現れることになる。

---

15)　R.B. Perry, Shall Not Perish form the Earth, Vanguard Press, New York, 1940, p. 41 in H. Kohn, The Idea of Nationalism: A Study in Its Origins and Background, Macmillan, New York, 1961, p. 637, n. 77.

16)　三浦永光『ジョン・ロックとアメリカ先住民——自由主義と植民地支配』（御茶の水書房，2009 年）50 頁。

17)　同上。

18)　同上，180 頁。

19)　大谷恵教「ジョン・ロックと 1669 年の北米カロライナ州基本憲法」拓殖大学論集，25 巻，1960 年，265 頁。

20)　J. Locke, The Second Treatise of Civil Government, para. 26. なお翻訳にあたっては，以下を参考にした。ジョン・ロック『全訳統治論』（柏書房，1997 年），ロック『市民社会論』（岩波書店，1995 年）。

人間はすべて，唯一全能でこの上なく賢明なメーカー Maker の製品（work-manship）であり，唯一最高の支配者の命によって，彼のビジネス（his busi-ness）をおこなうために，この世に送られた召使である。すべての人間は神の所有物，製品（workmanship）であって，人間相互の好みによってではなく，神の好みによってのみ生存するように造られている。[21]

ロックはまず，世界という空間を支配関係に置いた。すなわち，世界は企業支配者たる神と，製品化すなわち商品化された労働者から成る。労働が商品であることはロックのみならず，当時のイギリスにおいては常識となっていた[22]。次に，ロックは世界史という時間も支配関係に置く。

この人類全体に共通の法によって，全人類はひとつの共同体となり，他のすべての被造物とはことなるひとつの社会をつくる。そして，もし，堕落した人間の腐敗と悪徳さえなければ，それ以外の別の社会をつくる必要はなかったのである。すなわち，人びとがこの偉大な自然の共同体から分離して，明文の同意によって，もっと小さく分割されたアソシエーションに結合する必要もなかったのである。[23]

元来，人類は，共通の法すなわち自然法によって，たったひとつの社会をつくるはずであった。ところが，人間は堕落し，バラバラの社会を作ってしまった。だから，本来の単一企業社会に戻らねばならない。人類の歴史は，キリスト教によって人類が回帰することを運命づけられた，神が支配する「千年王国 millennium」のごとく，単一企業世界への回帰を運命づけられたのである。つまり，ロックは過去としての歴史ではなく，未来としての歴史を創造したのである。歴史とは過去の出来事ではなく，未来のプログラムなのである。

ロックは，みずからの支配欲を，空間と時間を超えた普遍的な自然法として設定した。なぜか。自分が直接かかわっている植民地支配を正当化するためで

---

21) J. Locke, The Second Treatise of Civil Government, para. 6.
22) マクファーソン前掲 60, 63, 66, 71, 73, 76, 77, 102, 163–5, 167–8, 242–7 頁参照。
23) J. Locke, The Second Treatise of Civil Government, para. 128.

ある。どのように。それも以下のような単純な支配のレトリックである。「我々はお前たちを支配する。なぜか。お前たちは悪だからである。なぜ悪か。自然法という普遍的規範に反しているからである」。このレトリックは，彼が今支配しようとしているアメリカ先住民族に対して以下のように適用される。神は人間に最大利益を命じた。

> 神は世界を人間が利用し，そこから生活の最大利益を引き出し得るように，与えたのであるから，それがいつまでも共有し未開のままであっていいと神が思し召しであったとは考えられない。[24]

> 労働によって土地を占有する者は，人類の共同財産（the common stock of mankind）を減らすのではなく，かえって増しているのである。〔…〕土地を囲い込み（encloses land），10エーカーの土地から，自然のままに放置された100エーカーの土地から得られるより多くの利便を得る者は，人類に対して90エーカーの土地を与えたことになると言ってよいであろう。[25]

ところが，アメリカ先住民族は自然法に反している。なぜなら，土地から最大利益を引き出すことを怠っているからである。

> この点について証明するには，豊かな土地を持ちながら，あらゆる生活の便宜においては貧しいアメリカの諸ネイションほど，よい例はありえないであろう。自然は彼らに，他のどの人民peopleにも劣らぬほど豊富な資源，すなわち，食物，衣服，便宜品として役立つものを豊かに生産することのできる肥沃な土地を与えたのである。しかし，それを労働によって改良することをしなかったため，われわれの享受している便宜品の100分の1ももっていない。そして，そこでは広大で豊かな領地の王が，イングランドの日雇労働者より粗末なものを食べ，貧しい家に住み，粗末な服を着ているのである。[26]

---

24) J. Locke, The Second Treatise of Civil Government, para. 34.
25) J. Locke, The Second Treatise of Civil Government, para. 37.
26) J. Locke, The Second Treatise of Civil Government, para. 41.

こうして，ロックは，神による処罰としてアメリカ先住民族支配を正当化した。ここでロックが「囲い込み」に触れていることに注意しよう。「囲い込み」とは，14世紀以来のイギリスにおいて，支配エリートが土地を柵で囲い込んで，そこにいた借地農民を追放して羊を飼う牧草地とし，羊毛を生産販売することによって一層の経済力を獲得したことをさす。追い出された住民たちは，賃金労働者として劣悪な条件で生活せざるをえないことになる。トマス・モア（Thomas More）は，著書『ユートピア』（1516年）の中で，当時の状況を以下のように描写している。

　　この王国で特に良質の，したがってより高価な羊毛ができる地方ではどこでも，貴族，ジェントルマン，そしてこれ〔怠惰とぜいたく〕以外の点では聖人であらせられる何人かの修道院長さえもが，彼らの先代当時の土地収益や年収入だけでは満足せず，また公共のためになることをなんにもせずに怠惰でぜいたくな生活を送っているだけでも満足しなくなっており，かえって公共の害になるようなことをしています。つまり耕作地を一坪も残さずにすべてを牧草地として囲い込み，住家をとりこわし，町を破壊し，羊小屋にする教会だけしか残しません，さらに，大庭園や猟場をつくるだけでは土地をまだ占領し足りなかったかのように，こういう偉い方々はすべての宅地と耕地を荒野にしてしまいます。[27]

　トマス・モアの約50年後にも，トマス・ビーコン（Thomas Becon）は，囲い込み経営者を「彼らは人殺し以外の何者であろうか」と厳しく告発している[28]。このように，ロックにとって「囲い込み」とは，イギリス国内においても植民地においても，企業家による労働者支配という意味では同じであった。このように見てくれば，人権の歴史的動態が，企業家に対して労働者が自分たちを「人」として認めよという要求，そして，植民地の人々が自分たちを「人」

27）　トマス・モア（二宮敬訳）「ユートピア」『世界の名著17　エラスムス／トマス・モア』（中央公論社，1969年）367頁。
28）　T. Becon, Works, 1564, Vol. 2, Cambridge University Press, 1843, p. 435.

として認めよという要求となっていくこと，すなわち，「ああしたからこうなった」という歴史的論理の把握が可能となる。

V　国際連盟——支配人権と解放人権の対立可視化

　実際，このふたつの要求が結実したのが，「万国の労働者よ，団結せよ」をスローガンとする，1917年のロシア革命だった。この言葉の初出は，ペルー・アステカ帝国の末裔であり，女性運動家であり，労働運動家であった，フランスの作家フローラ・トリスタン（Flora Tristan）の1843年の『労働者連合』である[29]。まさに，白人男性有資産者に支配されていた，女性を含む植民地の人々，そして，女性を含む労働者の人々の立場に立った人間が生み出したスローガンだったのである。1918年1月，ロシア革命政府は「勤労し搾取されている人民の権利の宣言」を採択する。この宣言は，「アジア，植民地全般および小国において数億の勤労者を奴隷にして，選ばれた少数の民族の搾取者の幸福をきずいてきたブルジョア文明の野蛮な政策と完全に袂をわかつ」ことを高らかに謳い，従来の被支配者の解放を宣言しているのである[30]。高木八尺・末延三次・宮沢俊義編『人権宣言集』において，この宣言の解説を担当した稲子恒夫は，「宣言は，社会主義革命の人権宣言として，1789年のフランス人権宣言と対比されなければならない」と明言して，ふたつの宣言の比較を行っている[31]。

　これに慌てたのが，第一次世界大戦後の世界支配構想をベルサイユ平和会議で練っていた戦勝大国である。彼らは，ロックが示した白人男性有資産者による世界支配体制の構築を目指していたといえるからだ。それは，国際連盟規約第22条によって設立される委任統治制度が示すとおり，少数の西欧政治的エリートが「文明の神聖なる使命」にもとづいて，他の多数者を人種によって階層的に支配するというおぞましいアパルトヘイト世界である。ところが，ロシア革命が，ヨーロッパ各国の労働運動を高揚させた。「ILO創設以来ながい間

---

29)　Marie M. Collins and Sylvie Weil-Sayre（1973）, *Flora Tristan: Forgotten Feminist and Socialist*, Nineteenth-Century French Studies 1（4）: 229–234.

30)　高木八尺＝末延三次＝宮沢俊義編『人権宣言集』（岩波書店，1996年）278–279頁。

31)　同上，276頁。

職員であり，総長をつとめたこともあるアイルランドのエドワード・フィーラン氏」は，「第一次世界大戦後の危急な情勢」について，こう語っている[32]。

　　革命気分が瀰漫していた。ロシヤのボルシェヴィキ革命に引続いて，ハンガリーではベラ・クンの支配が起こった。イギリスで職工代表運動が多数の有力な労働組合の団結に穴をあけ，その合法的な幹部達の権威を覆した。フランスとイタリーの労働組合運動は益々過激に走る兆候を示した。武器使用の訓練を受けた幾百萬の人口は将に復員されようとしており，その人々にはいろいろな途方もない約束が惜しげもなく與えられていた。この不安は，オランダやスイスのような安定した平和な民主國にまでも波及したのであった。かかる情勢が如何に危惧されたかは，平和會議續行中ですら，クレマンソーが街頭における暴動の予防策として，数千人の兵士をパリに進駐させた事実によって示されるであろう。[33]

　こうして，列強大国内の企業支配エリートが列強大国内の労働者の要求に妥協してできたのが，ベルサイユ条約第13編が明記する国際労働機関（ILO）である。これが，上述のエマニュエル・ドゥコーが指摘した，「国際労働法が現れたのは1919年」という意味である。

VI　国際連合──世界支配の道具としての普遍的人権

　では，同じくエマニュエル・ドゥコーが主張する「国際人権法が現れたのは1945年からである」とは，どういう意味であろうか。それは，第二次世界大戦において，日本を含む枢軸国を相手として戦った，米英を中心とする連合国が創設した連合国組織 United Nations Organization（以下，国連）が，その組織の目的のひとつとして「人権」を掲げたことを意味する。なるほど，人権の国際化＝普遍化は，「国内において人権を抑圧する国は，国際社会においても

---

32)　上杉捨彦『国際労働法史』（日本評論新社，1952年）15頁。
33)　同上，16頁。

ルールを尊重せず」[34]，ホロコーストなどの人権侵害が世界戦争につながったことの反省の上にたって行われたというのが一般的な説明である。実際，ドゥコーの説明もそれを前提としていると思われる。なぜなら，1945 年は第二次世界大戦が終結した年だからである。ところが，これは，以下のふたつの現実から誤った説明であることがわかる。

　まず，ホロコースト反省説が語られるようになったのは，ダニエル・コーヘンによると，世界人権宣言が採択されて 10 年以上経た 1960 年代である[35]。

　　1950 年に国連が人権について最初に発行したパンフレットは，ナチスによるユダヤ人への暴力については，わずかしか触れていない。国連広報局の説明によると，第二次世界大戦後，「自由世界の良心を何よりもまず揺さぶったのは，ファシズムおよびナチズムの下での「絶対的国家権力」と「政治的自由の消失」であった。[36]

　次に，反省というからには，人権の国際化＝普遍化は，第二次世界大戦「後」または少なくとも「末期」に始まったことを意味するはずである。ところが現実は，アメリカ大統領フランクリン・ルーズベルトが人権の普遍性を公に語ったのは，アメリカが第二次世界大戦に参戦する 1941 年 12 月 8 日より「前」であるどころか，同年 8 月 14 日の大西洋憲章より「前」どころか，さらに遡って同年 3 月の武器貸与法より「前」どころか，なんと，大統領 3 選を果たした同年 1 月 6 日の就任演説なのである。しかも，ルーズベルトは参戦しないことを約束して当選していたのだった。それがかの有名な「4 つの自由」演説である。

　　われわれが確実なものとすることを追求している将来の日々に，われわれ

34）　田畑茂二郎『国際化時代の人権問題』（岩波書店，1988 年）23 頁。

35）　G. Daniel Cohen, *The Holocaust and the "Human Rights Revolution"* in Akira Iriye et al. (eds), The Human Rights Revolution : An International History, Oxford University Press, 2012, p. 54.

36）　UN Department of Public Information, These Rights and Freedoms (NewYork : United Nations, July 1950), 2 in *Ibid.*, note. 7.

は人̇類̇の̇普̇遍̇的̇な̇〔強調引用者〕4つの自由を土台とした世界が生まれること
を期待している。

　第1は，世界のあらゆる場所での言論と表現の自由である。

　第2は，世界のあらゆる場所での，個人がそれぞれの方法で神を礼拝する
自由である。

　第3は，欠乏からの自由である。それは，世界的な観点で言えば，あらゆ
る国に，その住民のための健全で平和時の生活を保証するような経済的合意
を意味する。

　第4は，世界のいかなる場所でも，恐怖からの自由である。それは世界的
な観点で言えば，いかなる隣国に対しても，物理的な侵略行為を犯すことが
ないような形で，世界中の軍備を削減することを意味する。[37]

　そして，この段落の直後に「これは，千年王国 millennium の幻想ではない。
われわれの時代と，この世代のうちに実現可能な形の世界の，明確な基盤であ
る」と続く。つまり，ルーズベルト本人が意識しているいないにかかわらず，
じつはこれは，ジョン・ロックが提示した支配正当化としての千年王国説に基
づく普遍的人権プログラムにほかならないのである。実際，この演説は以下の
ように「勝利」すなわち支配を正当化するための人権を称揚して終わっている。

　　自由とは，あらゆる場所で人権が至上であることを意味する。そうした人権
　　を獲得したり維持したりするために苦闘する人々に，われわれは支援の手を
　　差し伸べる。われわれの強みは，われわれの目的の一致である。その崇高な
　　概念には，勝利以外の終わりはあり得ないのである。[38]

　しかも，ジョン・ロックが上述のように人種差別主義者であったのと同様，
ルーズベルトも人種差別主義者であった。1912 年，ルーズベルトは，「過去数

37）　American Center Japan, 国務省出版物，米国の歴史と民主主義の基本文書大統領演説
　　　「四つの自由」（1941 年）〈https://americancenterjapan.com/aboutusa/translations/2383/〉
　　　（2022 年 12 月 3 日最終閲覧）

38）　*Ibid.*

千年の歴史は，個人の自由獲得のために戦うアーリア人種」の物語であると演説している[39]。実際，戦争中の日系人強制収容を行ったのもルーズベルトであり[40]，上述のホロコースト反省説とは逆に，モーゲンソー財務長官が，「ユダヤ人の救出に真剣に取り組んでいないことを強く非難した」のも，ルーズベルト政権下の国務省である[41]。

さて，ルーズベルトによる人権の普遍性の強調はさらに続く。日本による真珠湾攻撃から1週間後の1941年12月15日アメリカ権利章典批准150周年記念日，ルーズベルトは，国民に向けたラジオ放送において，日独伊に対抗するべく，アメリカ権利章典を世界に普遍的な「人権宣言 a declaration of human rights」と称揚する。

> 自由なアメリカ人たちよ
> 長き自由の歴史において，1791年12月15日ほど，すべての自由愛好国の自由愛好者にとって意味ある日付は存在しません。150年前のこの日，新しいネイションが選挙で選ばれた議会をとおして人権宣言を採択し，これが，世界の端から端までにわたる人類すべての考えに影響を及ぼしてきたのです。

> アメリカ権利章典に明記された，人間の自由と精神の自由の基本原則を，国家の基本法に取り入れていない国家は，この半球に一国たりとも存在しません。

> この文書の影響を，直接的にせよ間接的にせよ感じていない国は，大国であ

---

39) Address before the People's Forum, Troy, New York, March 3, 1912, Master Speech File Number 14, FDRL. in Michael S. Bell, The Worldview of Franklin D. Roosevelt: France, Germany, and United States Involvement in World War II in Europe, Dissertation submitted to the Faculty of the Graduate School of the University of Maryland, College Park in partial Fulfillment of the Requirements for the Degree of Doctor of Philosophy, 2004. ⟨https://drum.lib.umd.edu/bitstream/handle/1903/1393/umi-umd-1397.pdf?sequence=1&isAllowed=y⟩（2022年12月2日最終閲覧）

40) 油井大三郎＝古田元夫『世界の歴史28　第二次世界大戦から米ソ対立へ』（中央公論社，1998年）82-89頁参照。

41) 佐藤千登勢『フランクリン・ルーズベルト』（中央公論新社，2021年）228頁。

ろうが小国であろうが，この大陸にもこの世界にもひとつもないのです。

　確かに，1933 年以前には，アメリカ権利章典の本質的な有効性は，少なく
ともその原則において，いたるところで受け入れられていました。今日でさ
え，ドイツ，イタリア，日本を除けば，全世界の人々──おそらくその 5 分
の 4 ──が，その諸原則，その教え，その栄光ある結果を支持しているの
です。[42]

　これほど明確かつ断固とした人権の普遍性宣言は，かつてあっただろうか。
人権の国際化＝普遍化とは，すでに起こった戦争の反省ではなく，これから行
う戦争の正当化であった。しかもそれは，アメリカ権利章典の国際化＝普遍化，
すなわち，アメリカによる世界支配宣言だったのである。これは，以下のふた
つの事実からも裏付けることができる。
　ひとつめは，ハミルトン・フィッシュ，アメリカ連邦下院議員の証言である。
岡崎久彦元駐米公使が，「決して嘘を吐かない，時流と迎合していい加減なこ
とは言わない，言行不一致のことはしない，というインテレクチュアル・オネ
スティに徹した良きアメリカ人の典型」と評するフィッシュ議員は，「第二次
世界大戦が始まるやいなや，ルーズベルトは，われわれを戦争に引き込むこと
にきめた。その理由」のひとつに，「国際連合を結成し，それの実質上の支配
者ないしは，スターリンとの共同支配者になろうとしていたからである」と評
している[43]。
　もうひとつは，以下の事実である。この放送からわずか 2 週間後の 1942 年
1 月 1 日，ルーズベルトによって名付けられた連合国（United Nations）[44] の 26
か国政府代表は，「敵国に対する完全な勝利が，生命，自由，独立及び宗教的

42)　Radio Address on the 150th Anniversary of the Ratification of the Bill of Rights.
　　〈https://www.presidency.ucsb.edu/documents/radio-address-the–150th-anniversary-the-
　　ratification-the-bill-rights〉（2022 年 12 月 3 日最終閲覧）
43)　ハミルトン・フィッシュ（岡崎久彦監訳）『日米・開戦の悲劇──誰が第二次大戦を招
　　いたのか』（PHP 研究所，1985 年）8, 100–101 頁。
44)　国際連合広報センター「国際連合：その憲章と機構」〈https://www.unic.or.jp/info/
　　un/〉（2022 年 12 月 3 日最終閲覧）

自由を擁護するために，そして，自国の国土及び他国の国土において〔強調引用者〕，人権及び正義を保持するために欠かせない」ことを認め，人権の普遍性を承認する。まさに，ジョン・ロックが提示した支配のレトリックそのもの，すなわち，「我々はお前たちを支配する。なぜか。お前たちは悪だからである。なぜ，悪か。人権という普遍的規範に反しているからである」なのである。こうして，人権は国連憲章第1条3として，国連の目的の中に取り入れられ，その後各種人権宣言・条約をつうじて普遍的規範を形成することになる。

> 経済的，社会的，文化的又は人道的性質を有する国際問題を解決することについて，並びに人種，性，言語又は宗教による差別なくすべての者のために人権及び基本的自由を尊重するように助長奨励することについて，国際協力を達成すること。

1945年4月12日，ルーズベルト死亡。国連憲章が調印された1945年6月26日，サンフランシスコ会議の閉幕にあたってルーズベルト政権の副大統領であったトルーマンが大統領を引き継いで行った演説は，アメリカ権利章典を普遍化することを宣言したルーズベルト・プログラムの反復に他ならない。

> この文書の下で，関係するすべての国に受け入れられる国際権利章典の枠組みを期待する正当な理由があります。その権利章典は，私たち自身の権利章典が私たちの憲法の一部であるのと同じくらい，国際生活の一部になるでしょう。憲章は，人権と基本的自由の達成と遵守に専念しています。人種，言語，宗教に関係なく，あらゆる場所のすべての男性と女性のためにこれらの目標を達成できなければ，恒久的な平和と安全を手に入れることはできません。[45]

---

45) Harry S. Truman, Address in San Francisco at the Closing Session of the United Nations Conference. June 26, 1945. 〈https://www.presidency.ucsb.edu/documents/address-san-francisco-the-closing-session-the-united-nations-conference〉（2022年12月4日最終閲覧）

ルーズベルト・プログラムの反復ということは，ジョン・ロック・プログラムの反復ということになる。実際，ルーズベルトが唱えた4つの自由のひとつである「貧困からの自由」は，大国の支配する経済的自由を意味することが，このすぐ前の段落で語られているのである。

　　世界中のできるだけ多くの人々の生活水準を向上させるために，人為的で非経済的な貿易障壁を取り除く必要があります。欠乏からの自由は，私たち全員が目指している基本的な4つの自由の1つです。世界の大国と強力な国は，他のすべての分野と同様に，この経済分野でも主導権を握らなければなりません。[46]

　ここで大きな疑問が生じる。ルーズベルト政権は，ニューディール政策で有名なとおり，国家による社会政策の必要性を認め，レッセフェール政策を批判しているのではなかったか。実際，1936年10月15日の演説で，ルーズベルトは，レッセフェール政策について，「人権よりもドルを優先していたような個人主義」と批判している[47]。こうした相違にもかかわらず，そのプログラムがロックのプログラムと類似しているのはなぜか。それは，プログラムの内容よりもむしろその位置づけが同じだからである。どちらも，支配者の提示するプログラムのみが普遍的に正しく，時空を超えてすべてがそれに従うべきことを前提としているからである。実際，フランクリン・ルーズベルトの親戚には，彼より6代前の大統領セオドア・ルーズベルトがいる。彼の政権のもとで国務長官を務めたエリフ・ルート（Elihu Root）は，1912年にノーベル平和賞を受賞した。その彼の主張は，ノーベル平和賞の趣旨とは正反対の，まさに「すべての敵をやっつけろ」なのである。

　　民主主義が安全であるためには，敵を殺せるときに，殺せる場所で，殺さなければならない。世界は半分民主的で半分独裁的というわけにはいかない。

---

46)　*Ibid*.
47)　Franklin D. Roosevelt, Address at Detroit, Mich. 〈https://www.presidency.ucsb.edu/documents/address-detroit-mich〉（2022年12月3日最終閲覧）

すべてが民主的かプロシア的かでなくてはならない。妥協はあり得ないのである。[48]

　こうした主張は例外的なものではない。むしろ，アメリカにおいては今日にいたるも一般的なものである。今日の政治学者であり歴史学者であるアンソニー・パグデン（Anthony Pagden）によると，「アメリカが過去の多くの帝国と共有する特徴のひとつは，その政治的価値観を他の世界に押しつけようとする欲望である」[49]。よって，トルーマンも，「アメリカのシステム」が生き残るのは，「世界システムになる」ことによってのみであると主張するのである[50]。

　重要なことは，「システム」にせよ，「民主主義」にせよ，「人権」にせよ，支配の道具として用いられている場合が多く，それゆえ，そうした概念の意味内容はむしろ不明確である方が支配者にとっては都合がよいということである。道具の恣意的な使用を可能にするからである。実際，『人権法の理念』の著者であるスティーブン・ウィートレイ（Steven Wheatley）は，「「人権」という表現が，1940年代に新たな世界秩序に向けた政治的解決の一部として初めて登場し，ファシズムに対する連合国の大義を定義したが，フランクリン・D. ルーズベルトの「4つの自由」演説との関連性を超えて，その内容に関する合意がないまま英語に入ってしまった」ことを明らかにしている[51]。彼によると，「オックスフォード英語辞典には，この言葉がそれ以前にも使用されていたことが記されているが，その著者たちが特定の意味を念頭に置いていたかどうかは明らかではなく，確かなことは，「人権」という表現が広く使用されるようになったのが第二次世界大戦後だったということである」[52]。こうして，意味内

---

48)　Elihu Root, « The Effect of Democracy on International Law » (1917) Proceedings of the American Society of International Law at its Annual Meeting (1907-1917) Vol. II, p. 10.

49)　Anthony Pagden, *Imperialism, Liberalism & the Quest for Perpetual Peace*, Daedalus, Vol. 134, No. 2, 2005, p. 53.

50)　Niall Ferguson, Colossus: The Price of America's Empire, Penguin Press, 2004, p. 80 in Anthony Pagden, *supra* note (49).

51)　Steven Wheatley, The Idea of International Human Rights Law, Oxford University Press, 2019, p. 65.

52)　*Ibid.*, p. 66, note. 4.

30

容が不明なまま，「人権」という言葉が広がってゆく。実際，国連憲章が調印されてから1年半が経過したにもかかわらず，アメリカ国務省の法律家であるマージョリィ・ホワイトマン（Marjorie Whiteman）は，憲章規定の法的性格の議論を回避しようとして，「現在〔国連〕人権委員会が，人権の意味は何かをある程度詳細に定めるために取り組んでいます」と法務省の同僚に述べている[53]。では，つづいて「人権の普遍的宣言 Universal declaration of human rights」いわゆる世界人権宣言が，どのように支配の道具となったかを見てゆこう。

Ⅶ　世界人権宣言——反マイノリティと反共の道具としての普遍的人権

1948年12月10日，国際連合総会は世界人権宣言を採択した。その第1条は個人の人権を以下のように高らかに謳う。

> すべての人間は，生れながらにして自由であり，かつ，尊厳と権利とについて平等である。人間は，理性と良心とを授けられており，互いに同胞の精神をもって行動しなければならない。

こうして，白人男性有資産者に限られない，すべての人間の人権が承認されたはずであった。しかし，現実にはこのとき，アジア・アフリカの多くは，日本人が今日「国連」と呼んでいる第二次世界大戦戦勝国，すなわち「連合国＝国連」による植民地であった。では，この世界人権宣言がどのように世界支配

---

53) Human Rights — Treaty Obligation under Article 55 and 56 of the Charter — Shelley vs. Kraemer, Memorandum of Conversation between Mr Silverberg (Department of Justice), Miss Whiteman and ML Hendrick (Department of State), January 2nd 1947, RG–59, Decimal File, 1945–1949, 50l.BD Human Rights/6–148 to 501.BD Human Rights/5–3149, Box 2189 in Université du Québec à Montréal, La guèrre froide, Les États-Unis et la genèse de la Déclaration universelle des droits de l'homme, 1945–1948, Mémoire présenté comme exigence partielle de la maîtrise en droit (LL.M.) par Olivier Barsalou, 2008, note. 159.〈https://www.google.com/url?sa=t&rct=j&q=&esrc=s&source=web&cd=&cad=rja&uact=8&ved=2ahUKEwjvmo-O3t37AhUIPXAKHR-yCKcQF-noECAEQAQ &url=https%3A%2F%2Farchipel.uqam.ca%2F1091%2F1%2FM10173.pdf&usg= AOvVaw0dcZoonYLT-bBcdgWJVDbu〉（2022年12月3日最終閲覧）

の道具として機能したのであろうか。

　そもそも，個人の人権が認められるとして，それで人間は生きていくことができるのだろうか。人間はひとりで生きていくことはできない。他の人とのコミュニケーションをとおしてしか生きていくことができない。コミュニケーションを媒介するのが言語であることは言うまでもない。元来，民主主義とは人々の間の討議というコミュニケーションを経て成立するものではなかったか。確かに，世界人権宣言は，民主主義について，以下のように規定する。

　　第21条
　　1. すべての人は，直接に又は自由に選出された代表者を通じて，自国の政
　　　治に参与する権利を有する。
　　2. すべて人は，自国においてひとしく公務につく権利を有する。
　　3. 人民の意思は，統治の権力の基礎とならなければならない。この意思は，
　　　定期のかつ真正な選挙によって表明されなければならない。この選挙は，
　　　平等の普通選挙によるものでなければならず，また，秘密投票又はこれと
　　　同等の自由が保障される投票手続によって行われなければならない。

　しかし，言語の自由もコミュニケーションの自由も明記してはいない。それどころか，逆に，世界人権宣言は，「種族的，言語的，宗教的マイノリティ」の権利を正式に退けたのである[54]。宣言の起草に大きな貢献をしたエレノア・ルーズベルト（Eleanor Roosevelt）は，国家による支配人権を以下のように明言する。

　　国家の目的は同化であり，広範な外国人集団を吸収し，その者たちを国家の
　　一部分とすることにあります。ある国の全市民が同一の言語を話すことがで
　　きないなら，自分たちがマイノリティとなっている国において，市民として
　　の義務を理解できない者たちによって公の秩序が乱される危険性が生じます。
　　問題はマジョリティと異なる言語で子供を教育することではなく，ナショナ

54）　窪誠『マイノリティの国際法』（信山社，2006年）302頁。

ルな規模において市民の義務をはたすことのできなくなる恐れのある大人の
問題なのです。[55]

エレノア・ルーズベルトにとっての敵は「種族的，言語的，宗教的マイノリ
ティ」にとどまらない。第二次世界大戦後の冷戦下において，より大きな敵が
ソ連であったことは言うまでもない。世界人権宣言が採択されるおよそ2か月
半前の1948年9月28日，エレノア・ルーズベルトはフランス・パリのソル
ボンヌ大学において「人権のための闘い」と題する講演を行う。それは，ソ連
をナチスドイツと同列の全体主義国家として厳しく非難するものであった。以
下にその断片を引用するが，これだけでも，彼女の非難の厳しさが伝わってく
る。

　　フランス革命の時，そして，アメリカ独立戦争の時に戦われたのと同じく，
　　私たちは今日再びこの闘争を戦っているのです。人間の自由の問題は，当時
　　と同じく今も決定的なものです。

　　全体主義国家に典型的なのは，人民の意志を，トップの数人の男が下す命令
　　より，二の次に置くことです。

　　世界全体が，全体主義体制に支配された人間の悲劇的な結末に気づいていま
　　す。[56]

　カナダ人のジョン・ハンフリー（John Humphrey）国連人権部長は，エレノ
ア・ルーズベルトがアメリカ国務省の道具になってしまったことを強く批判し，
かつ，残念がっている。

---

55)　E/CN.4/SR.73, 1948, p. 9.
56)　Eleanor Roosevelt Papers Project, Columbian College of Arts & Sciences, The Struggle
　　for Human Rights（1948）〈https://erpapers.columbian.gwu.edu/struggle-human-
　　rights-1948〉（2022年12月4日最終閲覧）

群衆は，人権委員会の議長であり，亡くなった偉大な人物の妻の話を聞きに来ていたのだ。〔ところが〕私が聞いた演説は，明らかに，国務省で書かれたものであり，その99パーセントがソ連に対する攻撃に費やされていた。私は，〔国務省の〕アメリカ人が反論するのを攻めるつもりはないが，心から悔やまれるのは，彼らがルーズベルト夫人を使って，こうした論争における彼らのスポークスマンにしたことであり，今夜の演説で彼女の地位が大きく揺らいでしまったことである。[57]

　こうしてエレノア・ルーズベルトは，自らが国務省の道具となって，人権の支配道具化に寄与した[58]。彼女はそのことを以下のように，皮肉な言い方で誇っている。

　　この宣言について，私はいろいろなことを言われました。ソ連は最終的に投票を棄権し，その衛星国も棄権したという事実にもかかわらず，それが共産主義の文書であると私は言われたのです。これは非常に興味深いことです。それを共産主義の文書と呼ぶなんて。なぜソ連とその衛星国はそれに投票しなかったのですか。[59]

　支配者が人権の普遍性を欲望しているのであるから，そういうものとして人々の認識を支配せねばならない。1968年，ユネスコは，世界人権宣言20周年を記念して，『語録／人間の権利』を出版する。そこには，「「人間の生まれながらの権利」の確認」[60]として，孔子や孟子，さらには，紀元前2200-1800

57)　A. J. Hobbins, *Human Rights inside the United Nations: The Humphrey Diaries, 1948-1959* (1991) Fontanus, Vol. 4, p. 154.

58)　「人権はソ連の脅威を封じ込めることに向けられた」。Université du Québec à Montréal, *ibid.*, p. 194. Cf. p. 148.

59)　National Conference on the United Nations―Address at General Session of Conference: Developments on Human Rights at the Paris Meeting of the General Assembly (by Eleanor Roosevelt), January 14th 1949, RG-59, Records of Ambassador-at-Large Philip C. Jessup Official Chronological File, 1948-1953, Box 2, Lot File 53D211 in Université du Québec à Montréal, *ibid.*, p. 194.

60)　Jeanne Hersch, Le droit d'être un homme, UNESCO, R. Laffont, 1968. ユネスコ編（桑

年まで遡って，インドバラモン教の聖典であるアタルヴァ・ヴェーダが引用されている[61]。なぜなら，同書の目的は，人権の「時間と空間における普遍性を顕揚する」ことだからである[62]。同書の邦訳監訳をつとめた桑原武夫も，「まえがき」において，人権の普遍性を以下のように強調している。

> 本書が明らかにしたように，人権尊重の思想は，人類のあらゆる時代の，また，あらゆる地域における文化の中に根源的なものとしてつねにひそんでいたのである。[63]

こうして，世界の錚々たる知識人が，普遍的な人権を，人類の過去の歴史の中に「事実」として「創造」したのである。

VIII　国連ウィーン世界人権会議——普遍的人権による世界支配の実現

1991年，アメリカの長年の願望であったソ連崩壊が実現された。なぜか。さまざまな要因を挙げることができようが，私たちが把握した人権の歴史的動態から明らかになることがひとつある。私たちは，人権の歴史的動態を，支配人権と解放人権の間の動態と捉えた。上に見たように，ロシア革命には当初，植民地解放と労働者解放という，解放人権の様相が大いに存在した。ところがその後，一党独裁により粛清の嵐が吹き荒れ，ソ連自体がロックのプログラムとはまた別の形の支配人権に陥ってしまったのである。そうなれば，支配人権に長けた英米の支配人権にかなうべくもない。

ソ連崩壊によって，アメリカによる世界支配のストッパーが外されたのである。これまでの検討から，「ああしたからこうなった」として人権の歴史的動態を把握してきた視点からすると，このあと，支配人権がフル活動しロックの

原武夫監訳）『語録・人間の権利』（平凡社，1970年）序文，vii 頁。
61)　孔子については，同上，文献目録，6頁。孟子については，同 15 頁。アタルヴァ・ヴェーダについては，同 2 頁。
62)　同上，序文，vii 頁。
63)　同，まえがき，v 頁。

世界支配プログラムの実現に突き進むことが容易に理解される。1993年6月25日，国連ウィーン世界人権会議は，「ウィーン宣言及び行動計画」を採択した。その本文第1段落は，以下のように始まる。

> 世界人権会議は，国際連合憲章，その他人権に関わる文書及び国際法に従って，すべての者のためのすべての人権及び基本的自由の普遍的尊重，遵守，及び保護を促進する義務を履行すべきすべての国の厳粛な責務をあらためて確認する。これらの権利及び自由が普遍的な性格を有することは疑問の余地がない。

　すでに見てきたように，人権の普遍性は「事実」として認識するように仕向けられてきた。ここでも，人権が「普遍的な性格を有することは疑問の余地がない」と断定されている。この会議の開会式においても，ブトロス・ブトロス＝ガーリ国連事務総長は，開会の辞の半分近くを人権の本質としての普遍性に充てている。

> 　まず，普遍性という命題を取り上げましょう。確かに，人権は歴史の産物です。それゆえ，人権は歴史に従っており，歴史と同時に展開し，様々な人々や国民に自らを認識する自己反省の機会を与えます。しかし，人権は歴史の推移に歩調を合わせるという事実が，その本質を構成する要素，つまり普遍性を変化させてはなりません。〔…〕
> 　普遍性という命題は，疑問の余地なく，われわれの討論全体を通じて顕著なものとなりましょう。そうならないわけがありません。普遍性は，人権において本質的に内在するものです。〔…〕
> 　しかしながら，こうした普遍性の概念は，万人に明確に理解され容認されなければなりません。人権に関するわれわれ共通の概念が基礎とすべき普遍性という命題が，もしわれわれの誤解の種になるならば，名辞矛盾でしょう。
> 　したがって，できるかぎり明確な言葉で，普遍性は命令によるものでないし，ある国家グループが他のグループをイデオロギー的に支配することの表

明でもないと述べなければなりません。[64]

　事務総長は，「事実」としての人権の普遍性にこだわるあまり，国際人権法という国際「法」の話をしていることを忘れてしまったのだろうか。国際法の初歩の初歩である，主に慣習から成る一般国際法と，主に条約から成る特別国際法の区別すらしていないのである。実は，エレノア・ルーズベルトがそうであったように，彼もアメリカ政府の道具であった。「ウィーン宣言及び行動計画」採択に3週間ほど先立つ1993年6月2日，ウィーン世界人権会議へのアメリカ代表団長であるティモシー・ワース（Timothy Wirth）連邦上院議員は，シャタック（John Shattuck）国務次官補とともに行った，ウィーン世界人権会議についての記者会見において，「バンコクでは，人権の普遍的適用可能性が実に，かなり堕落したように思われますが，このことに我々は懸念を抱いています」と述べ，以下のように宣言した。

　　基本的な国連基準を徐々に損なおう，そして，1968年テヘランにおいて達した基本的合意を損なおうとしているように思われる数多くの国々があります。そのことを我々は憂慮しています。それが，ウィーンでの2週間，我々にとっての主要な挑戦〔強調引用者〕となるでしょう。[65]

　この挑戦的な発言は，当然のことながら，アメリカ政府による介入の懸念を記者の間に生じさせ，以下のような質問を引き起こした。

　　政府は，人々が普遍的な原則に署名していようがいまいが，何らかの行動をとることに賛成なのですか。つまり，たとえば女性性器切除とか，その他，我々西欧人から見ればおぞましいことをやめない国があったら，つまり人権

---

64)　国際連合広報センター「世界人権会議ウィーン宣言および行動計画」（www.unic. or.jp/centre/txt/vienna.txt　2013年2月8日最終閲覧）　なお，邦訳は自由人権協会による。

65)　US Department of State Dispatch Volume 4, Number 23, June 7, 1993 Published by the Bureau of Public Affairs.〈http://dosfan.lib.uic.edu/ERC/briefing/dispatch/1993/html/Dispatchv4no23.html〉（2013年2月8日最終閲覧）

基準を満たさない国に対して合衆国が取るべきだとあなたが考える措置とし
ては，単なる口頭での非難を超えた別の措置がありうるということですか。[66]

　この質問に対する回答は，まさに「人権の普遍性」を理由に介入を肯定する，
新たなアメリカ外交政策の宣言であった。

　ご存じのように，我々の外交政策全般は変わりつつあるのです。過去40年
間，我が外交政策および援助計画は冷戦に引きずられてきました。今や，新
たな目標によって大きく導かれようとしているのです。その新たな目標とは，
人権と民主主義のみに関わっているのではありません。環境や人口，持続可
能な発展にもかかわっているのです。ですから，我々が他の国にどのように
対処するかは，新しいレンズを通して見られることになるのです。〔…〕我々
は今まさに合衆国において，さらに西欧世界において，新たな進歩を経験し
ています。そして，それにあたっては合衆国のリーダーシップが非常に重要
なのです。しかし，もし，我々がそのような基準を決めなければ，それはわ
が外交政策にはなりませんし，世界のものにもなりません。ですから，そう
ならねばならないと我々は思うのです。[67]

　実際，BBCワールドサービス・インターネットページが説明するように，
このあと人権保護の名による再植民地化が推し進められることになる。

　1990年代には，かつてない数の介入が，人権保護と称しておこなわれた。
軍事介入は程度の差はあれ，人権を理由に正当化されたものとして，1990-
1991年イラク，1991-1993年ソマリア，1999年東チモールとシエラレオネ，
1990年代を通して旧ユーゴスラビアがあげられる。[68]

ジョン・ロックのプログラムは，企業支配の下での植民地支配と労働者支配から成り立っていた。ストッパーがなくなれば，人権保護の名による爆撃占領によって再植民地化が進むのも，グーグル，アマゾン，フェイスブック，アップル，マイクロソフトといった巨大企業支配が拡大するのも，理の当然である。そして，もう一方の労働者支配が進むのも理の当然である。日本をはじめ世界各国で，労働者の権利が後退し，従来禁止されていた派遣労働が合法化されるようになる。それにともなって，そうした不安定労働者をあらわす「プレカリアート」という言葉がはやりだす。ついには，ILO において，雇用者代表が労働者のスト権を否定する主張をするほどになっている。[69]

　教育においても，人々の歴史認識を支配人権の方向に推し進める力が強くなる。たとえば，ロバート・L. マデックス『国際人権百科事典』を見てみよう。これは，2000 年に英文で発刊された 400 頁を超える大著であり，関西学院大学人権教育研究室に集う研究者たちが邦訳した労作である。この事典に「勤労し搾取されている人民の権利の宣言」は掲載されていない。一方，民間企業活動は高く評価され，「Economic Rights　経済的権利」の項は，「1917 年のロシア革命」について言及はするものの，その直後で，ソ連崩壊後の民営化を以下のように高く評価するのである。

　　1989 年のソヴィエト連邦及び東欧の共産主義支配の崩壊以来，経済的権利の問題は，もはや絶対的な資本主義対絶対的な共産主義という形ではなく，つまり国家の経済の公的管理というよりは私的管理となったのであるが各国の経済生活において政府と民間の関与の適切な調和という形である。[70]

　こうして，人々の認識は企業支配の下，労働者の権利はないのがあたりまえとなってゆく。ロックの千年王国プログラムは日々完成に近づいているのであ

---

69)　Cf. Janice R. Bellace, *Pushback on the Right to Strike : Resisting the Thickening of Soft Law*, in Adelle Blackett and Anne Trebilcock eds., Research Handbook on Transnational Labour Law, Edward Elgar Publishing, 2005, pp. 181–193.

70)　ロバート・L. マデックス『国際人権百科事典』（明石書店，2007 年）140 頁。

る。

IX 解放人権の闘い

　以上，支配人権の歴史的動態を概観してきた。「人権の普遍性」なる概念は，認識支配のための道具であることが明らかになった。では，このことは，「人権の普遍性」を信じて，抑圧からの解放のために戦ってきた人々を侮辱することになるのだろうか。まったく逆である。本論の考察こそ，彼らの闘いを正当に位置づけるための前提作業なのである。植民地主義者であり，アメリカ先住民族虐殺を正当化するジョン・ロックを「人権の歴史」の先駆者として讃えることは，植民地支配に苦しむ人々や，今の瞬間も苦しんでいるアメリカ先住民族に対する冒瀆ではないのか。第二次世界大戦が人権のための戦争であるという主張を認めてしまうことは，ドイツや日本で軍事目標でもない大都市への無差別大量爆撃で殺された一般住民の人権を，たとえ彼らの戦争加害者性を認めたとしても，無視することではないのか。さらに，イラク，ソマリア，東チモール，シエラレオネ，旧ユーゴスラビアにおける，アメリカによる人権を名目にした爆撃占領にいたっては，人権を守られるはずの住民がなぜ数十万人も殺され傷つけられねばならなかったのか。彼らの痛み苦しみを真摯に理解するためにこそ，支配の口実正当化としての「人権」に目を向けねばならないのではないだろうか。また，そこに目を向けてこそ，解放人権の闘いの困難さと，それを乗り越えんとする人々の努力を正しく理解できるのではないか。

　そこで，解放人権が成し遂げてきた数々の成果の中で，最も重要と考えられる３点を確認しよう。一つめは人権条約の成立である。第二次世界大戦後，世界人権宣言，自由権規約，社会権規約のいわゆる国際人権章典が制定された後，1965年には人種差別撤廃条約，1979年には女性差別撤廃条約，1989年には子どもの権利条約，2007年には障害者権利条約が採択された。どれも，支配人権に抗ってきた人々の権利なのである。二つめは，障害者権利条約が，「私たちのことを私たち抜きで決めるな Nothing about us without us」を合言葉として，世界中の障害当事者が参加して作成されたことに象徴されるように，当事者のイニシアチブを勝ち取ってきたことである。世界人権宣言がマイノリティ

の権利を認めなかったことは，上に見たとおりである。しかし，当事者の絶え間ない努力によって，ついに 2007 年国連総会は，「先住民族の権利に関する国際連合宣言」を採択し，「先住民族は，自決の権利を有する（第3条）」ことを認めた。国連「国内人権機関の地位に関する原則（パリ原則）」は，国内人権機関の構成メンバーに，「人権と人種差別と闘う努力とを責務とする NGO，労働組合，例えば弁護士会，医師会，ジャーナリスト協会，学術会議のような関係社会組織や専門家組織」の代表を入れることを命じている[71]。最後の三つめは，従来，差別は差別される側の問題と考えられていたが，今日では被差別者の闘いによって，社会の構造的問題と捉えられるようになってきたことである。筆者はこれを「社会連帯パラダイム」とよんでいる[72]。たとえば，男であり女であることは，従来は生物学的本質に由来すると考えられてきた。ところが，今日では，ジェンダーという社会文化的な性のあり方を意味する概念が主流になってきた。また，障害者における障害は，従来は心身の疾病または故障という器質的原因に由来すると考えられてきた（医学モデル）が，今日では，障害者の権利条約に見られるように，社会との関係性によって規定される概念であることが理解されるようになってきた（社会モデル）。こうして人々は，たとえ支配者側が敷いた土俵の上であっても，たくましく解放人権を勝ち取ってきたのである。

X　日本における認識支配

　以上，英米を出発点として国際社会における人権の認識支配状況と解放人権の闘いを検討してきた。では，日本における人権の認識支配状況とはどのようなものなのだろうか。「人権」にせよ「人権の普遍性」にせよ，人々は言葉＝概念をとおして，対象世界を認識する。そのため，言語が違えば認識世界自体が異なることになる。たとえば，「国家」は，ラテン語では民の publicus 物事

---

71)　山崎公士『国内人権機関の意義と役割——人権をまもるシステム構築に向けて』（三省堂，2012 年）参照。

72)　拙稿「1. 国際人権法のパラダイムチェンジ」拙著『人権法・人権政策のダイナミズム』（信山社，2023 年）。

res を意味する respublica であり，それが英語では republic に，フランス語では republique に派生してゆく。ところが，日本語の国家を見ると，国の中の口は領土を表し，玉は，もともとは王であった。つまり，同じ国家でも欧米では民を認識するのに対して，日本では王を認識することになる。しかも，漢字の「民」の語源は，目を針でさす様子を描いたもので，目を見えなくされた奴隷にある。つまり，国家と民との関係について，欧米では民が国家を作るという認識に結びつくのに対して，日本では民は王すなわち支配者の奴隷という認識に結びつく。

　また，言葉＝概念は，ひとつひとつが独立してバラバラに存在しているのではない。それは，いくつかのつながりの中で存在している。たとえば，ヨーロッパにおける「権利」はラテン語の jus を語源とするが，jus は同時に正しいこと＝正義＝法＝権利＝裁判という認識につながっている。こうして，欧米では respublica や jus をとおして認識される世界は，民が法や権利にもとづいて正義を行う場である。実際，「救済なくして権利なし」という法格言が示すとおり，権利侵害は救済によって正義が回復されると考える。

　一方，日本で認識される世界は，上述のように，支配者すなわち「お上」による奴隷支配である。実際，「お上」は，「民は由らしむべし，知らしむべからず」という認識の下で，民に対して「施」策を「施し」として「施」行する。よって，権利と救済の間に何らのつながりも存在せず，それぞれ別個の支配者による施しにすぎない[73]。庶民は権力者を「お上」として敬い，政治的事柄については，「見ざる聞かざる言わざる」の認識の下で思考停止する。逆に，自分の考えを主張すること，とりわけ権利の主張はわがまま以外の何物でもない。実際，日本には小学校から大学に至るまで，自分の考えを論理的に表現するための文章の書き方をきちんと教える教育が存在しない。作文は感想文のレベルにとどまり，国語の授業や試験問題でしばしば出題されるのは「作者の意図を述べよ」であって，自分の考えを論理的に述べることは求められない。同様に法学教育すら，自分の考えの構築ではなく，「裁判官ならばこの問題をどう解決するか」アプローチ，さらには，「裁判所の判断こそ法」アプローチを採用

---

73)　本書は，人権として，権利と救済を結びつける試みである。

してきたことを紙谷雅子教授は以下のように指摘している。

> 「裁判所の判断こそ法」アプローチでは，裁判所の論理を理解するには効果的であっても，裁判所に衝撃を与え，裁判所のこれまでの理論構成を脅かし，覆すような，そして，市民の望む社会を実現するのに有効であるかもしれないようなオリジナルな視点は評価されにくい。上告趣意書に記載したとしても，「畢竟独自の理論にして……」と棄却されるのがオチである。[74]

　日本には人格をもった主体的個人の存在は想定されていないのである。それどころか，「滅私奉公」や「素直」といった自己を滅却し主体的に従属することが美徳とされ，学校で学ぶことは権威への従属とまわりの空気を読むことである。つまり，日本の知には支配者側の概念が大勢を占め，奴隷ではない民の存在，そして，人間の存在を示す概念が希薄なのである。

　その典型的な例のひとつが人権概念である。今述べたように，日本には人格をもった主体的個人の存在は想定されていないので，人権も支配者の視点で見た「思い遣り」としてしか捉えることができない。人権侵害被害者に「思い遣り」を説いて何になるのだろう。少し考えれば誰にでもわかる常識的思考を排除してしまうほど，認識支配が強力なのである。「思い遣り」は，しばしば，consideration, compassion と英訳されるがそのニュアンスは異なっている。「遣る」は一方から他方への方向性を示しているのに対して，ふたつの英語に共通する接頭語 con, com は，どちらも「共」を表しているからである。ところが，日本語の「共」自体，その語源は，右手と左手をあわせた形に由来し，両手を合わせて，「お上」にお供え物をささげることを表している。どこまでも，支配従属の認識支配が日本を覆っている。では，現実に存在する，たとえば，部落問題などはどうなるのか。支配従属の認識支配から見れば，対処は容易である。認識から外せばよい。「部落は集まって住んでいるから差別される。バラバラに住めばよい」。「部落問題を教えるから差別がなくならない。寝た子を起こすな」。こうして，問題を被害者の側の責任に押しつけてフタをしてしまう

74）　紙谷雅子「市民のための憲法学とは」前掲拙著（注 72）第 18 章。

か，問題を矮小化してしまうのである。これは，部落問題に限られない。いじめやセクハラについても，被害者に原因を帰す声は依然として大きい。さらに，被害者が勇気を振り絞って自分の人権を主張しても，わがままや迷惑とみなされることが多い。実際，日本国憲法が人権を保障しているにもかかわらず，2017年に内閣府が行った「人権擁護に関する世論調査」は，「人権尊重と権利の主張による他人への迷惑について」というタイトル一の下，「「人権尊重が叫ばれる一方で，権利のみを主張して，他人の迷惑を考えない人が増えてきた」という意見について，どう思うか」問うている。そして，「「そう思う」とする者の割合が72.1％（「非常にそう思う」20.3％ ＋「かなりそう思う」51.8％）」なのである。

　こうした日本における認識支配状況が，先に見た「社会連帯パラダイム」の対極にあることは言うまでもない。差別や人権の問題を個人の問題ではなく，社会の問題として認識し捉え直し法整備することが早急に求められている。ところがここにも認識支配の壁が立ちふさがってきた。従来，法学は既存の法の解釈のみに重点を置き，救済を含めた政策的考慮をしてはならないと厳しく戒められてきたのである。法学が政策を考慮しだしたのは最近のことであり，人権政策学はまだ若い学問なのである[75]。とはいえ，若いゆえの強みも存在する。権威的な通説なるものが存在せず，本書のように，各論者の個性的な論議の展開により，現実の市民生活に根差した新たな認識が形成される可能性があるからである。

おわりに――認識支配を超えて

　人権の歴史的動態を，支配人権から解放人権への動態と捉えて検討してきた私たちは，今，人権世代論がどれほど誤った認識を人々に植え付けてきたかを理解した。さらに，日本における人権認識は「思い遣り」といった感情論にとどまったまま，解放人権が国際社会で勝ち取ってきた「社会連帯パラダイム」に背を向けて，問題の所在を被害者に押し付けたまま思考停止している。一方，

75）　江橋崇＝山崎公士編『人権政策学のすすめ』（学陽書房，2003年）参照。

支配者は古代からその権威を利用して，自分たちに都合のよい認識を被支配者に与え，その認識があたりまえであり常識であると信じ込ませてきた。本論の検討から明らかになったのは，現代においてそのような機能を果たしてきた，国連やユネスコといった国際機関の役割である。国家代表からなる国連が，国家による人々の認識支配に加担するのはまだ理解できるとしても，ユネスコという，より一般市民に近い活動をしているはずの機関の活動の一環であった『語録／人間の権利』の執筆や，邦訳に携わった人々の多くは，言うまでもなく世界各国の第一級の研究者，知識人だったのである。第一級とは，現状に対して批判的な眼差しと独自の思考を持っているということである。にもかかわらず，国際機関の権威に易々と乗っかってしまったのである。この態度については，ふたつの解釈が可能であろう。ひとつは，批判精神を捨て，国際機関の権威を自己の権威づけのために利用する態度。もうひとつは，逆に，自分は批判しているつもりなのだが，問題を理想化（ロマン化）してしまい，結局は批判対象を利してしまう態度。前者は本人の主観と結果が一致しているので，たとえ道徳的に非難されることがあっても問題は少ない。後者は，本人の主観とは反対の結果が生じるので問題が大きい。実際，上に見たように，「世界人権会議ウィーン宣言および行動計画」が「人権の普遍性」を強調した時，世界中の多くの人々は，人権があらゆるところで保護されるという理想を「人権の普遍性」に託して，大歓迎したのである。しかし，筆者が以前書いたように，だれでも少し考えれば，「人権の普遍性」などありえないことが常識としてわかるはずなのである。以下，それを再録しよう。

　　人権とは概念である。ところで，概念とは何か。言うまでもなく，言葉である。そこで，考えてみればすぐわかるように，言葉に普遍性などありえない。日本語使用者がいくら「普遍性」と叫んでも，日本語使用者以外の者にとっては，無意味な音の羅列に過ぎない。逆に，大部分の日本人は，ウィーン宣言を６つの国連公用語のいずれの言語で聞いても，やはり無意味な音の羅列に過ぎず，人権の普遍性どころか，何を言っているのかさっぱりわからないであろう。わけのわからない理解不能なものについて普遍性を語ることは不

可能であると考えるのが常識であろう。[76)]

　ところが，国連という権威に惑わされて，人々は常識を失ってしまい，その結果，上に見たように，人権を口実としたアメリカによる数か国に及ぶ爆撃占領に加担する結果を招いたのである。こうした状況を，筆者は「知的ロマン主義状況」とよんでいる[77)]。実際，『語録／人間の権利』の監訳者である桑原武夫の言葉，「本書が明らかにしたように，人権尊重の思想は，人類のあらゆる時代の，また，あらゆる地域における文化の中に根源的なものとしてつねにひそんでいたのである」を上に見たが，そのすぐ後に，「私たちは，この理想〔強調引用者〕に向かってつねに一歩ずつ近づく覚悟が必要である」が続くのである。つまり，自分の理想が過去の歴史の中に人権の普遍性を構築してしまったことを，桑原武夫は正直に白状してしまっているのである。

　結局，教科書やメディアで流布される認識をそのまま自己の認識とする前に，いったんそれを相対化し，批判することが大切なのである。生身の本当の人間の痛みを理解するために[78)]。

---

76)　拙稿「9. 国際人権の光と闇——普遍性論議を超えて」前掲拙著（注72）。

77)　拙稿「まえがき」前掲拙著（注72）。

78)　この視点からの考察について，本書第2章参照。

第 **2** 章

人権の主体

人権政策論で措定される人権主体とは何か

鈴木尊紘

はじめに

　人権の観念は,「固有性・不可侵性・普遍性」の 3 つの要素によって説明される。この中でも本章の関心から焦点を当てるのは「人権の不可侵性」, 特に「国家からの自由」である。人権が公権力からの「自由」と理解されてきたのは, 歴史的に人間の権利・自由が国家によって最も多く侵害されたからであり[1], この「国家からの自由」というコンテクストは現在の人権状況を見てもいまだ清算されていないものと思われる。こうした問題意識から, 人権主体とはまずは国家からの不可侵性を保ち, ひいては国家へ抗し得る主体であると捉え, 人権主体の「自律性」について考察を行う。一方, 近年, 人権主体とはこうした言わば「強さ」を持つだけではなく, それ自身としてヴァルネラビリティを持つ存在であり, そうした主体の「弱い」存在様態を積極的に捉えた上で人権主体の定位を行わなければならないという指摘も出現してきた[2]。本章で

---

1) こうした指摘に関しては, 芦部信喜（高橋和之補訂）『憲法 [第 7 版]』（岩波書店, 2019 年）81 頁など。

2) 従来の憲法学の人権論は「一般国民のほかに, いかなる者が人権を享有するか」を問題とし, 天皇・皇族, 法人, 外国人を中心に検討してきた。そのため, 辻村みよ子が指摘するように, 国際条約との関係で重要な論点となってきた女性, 子ども, 少数民族（先住民族）, 障害者等の人権については詳細な論の対象にしてこなかったと言える（辻村

47

は，人権主体の「自律性」に着目しその重要さを確認した上で，ヴァルネラブルな主体とはいかなるものなのかについて検討する。最後に，こうした自律性とヴァルネラビリティの双方を身にまとう人権主体こそ，人権政策論にとって措定される主体であるという結論を導きたい。なお，近年の人権論を瞥見するも，ヴァルネラビリティ概念について明確に論じた論考は少ないと思われるため，この部分に関する考察が多くなることをあらかじめお断りしておく。

　本章で用いる訳語の説明をしておきたい。本論では"Autonomy"の訳語として原則的に「自律性」という訳語を与える。だが，経済的な文脈では「自律＝自立性」という訳語を用いることがある。また，"Vulnerability"の訳語としては直截ではあるが「ヴァルネラビリティ」と訳すことにする。というのは，この語それ自体に複数の重要な意味内容があるばかりでなく，これまでに「傷つきやすさ」，「脆弱性」，「攻撃誘発性」（山口昌男）や「可傷性」（後述するJ. バトラーの訳者の本橋哲也）などの訳語が与えられてきたが，どれもがこの語のコノテーションを十分にとらえているとは言えないと思われるからである。

I　人権主体と自律性

1．そもそも主体とその自律性とは何か——日本という文脈で

　「主体」とは"subject"（sujet［仏］, Subjekt［独］）の訳語である。"subject"はラテン語の"subjectum"に由来し，語源的には「下に置かれたもの」を意味する。この原義から派生して"subject"には，「統治者の支配や規則の下にあること」（Oxford English Dictionaryによれば，このような意味で"subject"が使用され始めたのは1330年だとされる[3]），ひいては「臣民」や「服従者」という意味がある。この点に関連するのは，フランスの哲学者ミシェル・フー

みよ子『憲法［第7版］』（日本評論社，2021年）102頁）。現実の人権問題に関してはこれらの具体的な人権主体に即して考える必要があるが，本章ではやや抽象的な形で人権主体について考察する。なお，女性，子ども，外国人，難民，民族文化的少数者，犯罪被害者の人権や「アニマル・ライツ」論については，愛敬浩二編著『講座 人権論の再定位2　人権の主体』（法律文化社，2010年）第II部「人権主体の多元化と人権論の変容」が参考になる。

3)　Oxford English Dictionary, 2nd ed. Clarendon Press, 1989.

コー（M. Foucault）の思想である。フーコーは 1970 年代に展開した権力論において，権力を通して近代の主体が形成されているというテーゼを打ち出す。彼にとって「主体化」（subjectivation）とは「臣民化＝従属化」（assujettissement）にほかならないのであり，ある人間が主体として生成するプロセスには不可避的に権力が介在することをフーコーは強調した。しかしながら，フーコーは 1980 年代（彼の後期哲学）に至って，主体の自由について積極的に考察するようになる。フーコーは，自己が自己に対して再帰的・反省的な関係を結ぶことに着目し，古代ギリシャ・ローマにおける「自己への配慮」と呼ばれる諸実践に，自己が自己を作り替える自由——「主体化」の可能性——を見出すのである[4]。

　このような「主体化」という契機は，人権主体が有するべき「自律性」に関係する。自律性とは，人権主体が他者の存在・意思に服することなく，自分の人生に統一性と秩序を与える「自己決定」を為しうる状態であると定義できる。しかし，もっぱら他者などの「外部からの独立」のみを指すのではなく，社会的文脈の中で，つまり，他者との関係性において，自分という土台から出発し「自己決定」を行うといったより積極的なものとして捉えることが不可欠である[5]。それではなぜ人権主体の自律性をまず問題にしなければならないのか。それは，戦前・戦中の日本という土壌で自律的な主体が圧殺されたという歴史的事実があり，それが現在においても継続している面があると考えられるからである。この意味において，日本という文脈で，具体的に「主体化」＝「主体」における「自律性」の「獲得」を考察することを通して，人権保障の基盤を確認する必要がある。こうした問題意識から第 2 節では，戦前・戦中の自らの経験から出発して「主体」の「自律性」とその「獲得」に正面から取り組んだ丸山眞男の初期思想を検討する。

---

4)　こうしたフーコーの問題意識と研究領域の変更については，フーコー自身の次の著作の言明を参照。ミシェル・フーコー（田村俶訳）『性の歴史 2　快楽の活用』（新潮社，1986 年）9–44 頁（Michel Foucault, Histoire de la sexualité 2: L'usage des plaisirs, Gallimard, 1984, pp. 9–45）。

5)　この部分に関しては次の 2 つの文献を参照した。佐藤幸治『日本国憲法と『法の支配』』（有斐閣，2002 年）135–140 頁，菊池馨実他編著『障害法』（成文堂，2015 年）24–25 頁。

2．丸山眞男における主体性獲得の議論

(1) 丸山の天皇制国家批判

　丸山が提示する主体像を論じるにあたって前提となるのが，彼の戦争体験に根差して執筆された「超国家主義の論理と心理」(1946年)[6]である。この論文を本章の関心に結びつけて要約すれば，次のようになる。すなわち，近代国家は倫理的価値について中立的であることを特徴とするが，戦前・戦中の天皇制国家はこれを否定し，自らが絶対的価値の実態であると説いた。そして，戦争国家の政治的中心・源泉は天皇であるから，天皇への接近度が権威のヒエラルキーを構築する。そこで現れる心理的メカニズムが上位者への「卑下」と下位者に対する激しい暴力を伴う「尊大」であり，それを丸山は「抑圧の移譲」と呼んだ。さらに，天皇という「権威」に宙づりになり，その「縦」意識のみを重視し，自己決定を一切行わない「無責任の体系」を生み出したと丸山は考察する。つまり，丸山の言葉を用いれば，天皇を含めたすべての人格が，状況から超越した〈作為的主体〉ではないのである。

　〈作為的主体〉，すなわち，状況から超越しその状況を少しでも変えようする主体性＝自律性を獲得した主体の不在は，悪しき意味での「現実主義」を作り出す。「「現実」主義の陥穽」(1952年) において丸山は，そもそも現実とは「一面において与えられたものであると同時に，他面で日々造られて行くもの」というのが概念的内容であるが，上記のような戦前・戦中の状況で「現実」というときは，「現実」の「与えられたもの」という側面だけが前に出て「現実のプラスティックな面は無視され」，「いいかえれば現実とはこの国では端的に既成事実と等値され」る，「現実的たれということは，既成事実に屈服せよということにほかならな」かったと考察する[7]。よく指摘されるとおり，丸山の知識人論はカール・マンハイムを下敷きとしているが，「インテリヂェンスというものは，立場に拘束されつつ立場を超えたものを持っているところに積極的な意味がある」[8]という丸山のスタンスからすれば，戦前・戦中の主体は現

---

6) 丸山眞男「超国家主義の論理と心理」『丸山眞男集 第3巻』(岩波書店，1995年) 17-36頁。

7) 丸山眞男「「現実」主義の陥穽」『丸山眞男集 第5巻』(岩波書店，1995年) 194-195頁。

8) 丸山眞男「インテリゲンツィアと歴史的立場」『丸山眞男座談1』(岩波書店，1998年)

実による拘束を超え，現実を新たに形成する「自律性」を獲得しないものであったのである。

(2) 丸山の希求する「自律的主体」

　それでは，丸山が希求した「自律的主体」とはどのように説明され得るのだろうか。それを明らかにするためには，戦中と戦後直後の論考，特に「福沢に於ける秩序と人間」（1943 年），「近代的思惟」（1946 年）及び「日本における自由意識の形成と特質」（1947 年）を読解する必要がある[9]。

　「近代的思惟」のテーゼは，戦中にさかんに言われた「近代の超克」論を批判し，要するに日本はこれまで「近代的主体」どころか「近代」すら獲得したことがないと主張するものである。丸山は言う。「我が国に於て近代的思惟は「超克」どころか，真に獲得されたことすらないと云う事実はかくて漸く何人の眼にも明らかになった」[10]。では，ここでいう近代的思惟を内包する「近代的人間」とは一体どのようなものであると丸山は考えているのだろうか。この点は，丸山が召集される直前に書いた「福沢に於ける秩序と人間」が重要な参照項になる。丸山は，福沢諭吉が「国家を個人の内面的自由に媒介せしめたこと」[11]にその思想の鍵があると述べているが，その国家という言わば「秩序」に囲まれる「近代的人間」とは，「秩序を単に外的所与として受取る人間から，秩序に能動的に参与する人間」への転換を体現する者であって，この受動性から能動性への転換は「個人の主体的自由を契機としてのみ成就される」[12]と述べられる。その上で，福沢をとおして丸山が見ているのは，戦前日本の「伝統的な国民意識に於てなにより欠けていると見たのは自主的人格の精神であっ

---

296 頁（なお，これは丸山と高見順の対談である）。

9)　これ以下の考察は次の 2 つの論考を参照した。松本三之介「主体的人格の確立をめぐって——丸山眞男の思想についての一考察」駿河台法学 10 巻 2 号（1997 年）203-238 頁，宇野重規「丸山眞男のおける三つの主体像——丸山の福沢・トクヴィル理解を手がかりに」，小林正弥編著『公共哲学叢書② 丸山眞男論——主体的作為，ファシズム，市民社会』（東京大学出版会，2003 年）40-74 頁。

10)　丸山眞男「近代的思惟」『丸山眞男集 第 3 巻』（岩波書店，1995 年）4 頁。

11)　丸山眞男「福沢に於ける秩序と人間」『丸山眞男集 第 2 巻』（岩波書店，1996 年）219 頁。

12)　同上，220 頁。

た」[13]という点である。丸山は，（召集後戦地に赴き生きて帰ってこられなかったらという意味での）自らの「死後の生」において，こうした日本の状況が次のように変化することを希求した。「若し日本が近代国家として正常な発展をすべきならば，これまで政治的秩序に対して単なる受動的服従以上のことを知らなかった国民大衆に対し，国家構成員としての主体的能動的地位を自覚せしめ，それによって，国家的政治的なるものを外的環境から個人の内面的意識の裡にとり込むという巨大な任務が，指導的思想家の何人かによって遂行されなければならぬわけである」[14]。つまるところ，丸山は「近代的人間」が主体的な責任意識を持ち，能動的に国家の政治に参加していくことを望んだのである。

それでは，「近代的人間」は「個人の主体的自由」を有するとされるが，ここでいう「自由」とはどのようなものであるのか。丸山は，この点について「日本における自由意識の形成と特質」において考察を行なっている。この論考では，まず丸山が依拠する西洋の哲学者が挙げられる。すなわち，一方ではトマス・ホッブズであり，他方ではジョン・ロックである。ホッブズが自由とは「拘束の欠如」に尽きると定義するのに対して，ロックは「より積極的に理性的な自己決定の能力」と考える[15]。丸山は，自由の本質を「拘束の欠如」とするホッブズ的な「消極的自由」よりも，自らを規律する社会的ルールや公的秩序の形成に参加する「積極的自由」を持つ主体，換言すれば「自律性」を持ちつつ，「自己決定」を行う主体を重視する。そして，このような自律的な自己決定を行う主体こそが，「既成事実への屈服」を排し，「現実」を積極的に形成する（形成し直す）ものと把握されるのである。丸山は，「外部的拘束としての規範に対して単に感覚的自由の立場にたてこもることはなんら人間精神を新らしき規範の樹立へ立向わせるものではない」のであり，「新らしき規範意識に支えられてこそひとは私生活の平穏な享受から立ち出でて，新秩序形成のための苛烈なたたかいのなかに身を投ずることが出来る」[16]というロック的契機

13) 同上，221 頁。
14) 同上，220 頁。
15) 丸山眞男「日本における自由意識の形成と特質」『丸山眞男集 第 3 巻』（岩波書店，1995 年）154 頁。
16) 同上，157 頁。

を重視するのである。

＊

　丸山の希求する「自律的主体」とは，積極的自由を身にまとい，理性に基づく内面的自由と自己規律とに基づいて，自らの共同体を「より良い」方向に変えていく個人であると定義することができる。本節において，丸山の分析視角から導き出すべき人権主体の第一の要素とは，「国家からの自由」を求め，自分の理性的思考で自分の行動を考える自律性を有する主体であるということである。これは丸山が示す「あるべき」人権主体像である。この「あるべき」＝〈当為〉（Sollen）という位相を法学的に捉えつつ，検討を加えるのが次節の課題となる[17]。

II　「強い個人」論と「弱い個人」論
──丸山から引き継がれた人権主体はどのように批判されるのか

　「国家からの自由」に意識的で国家権力への「抵抗」を積極的に行う，丸山の希求する人権主体像はどのように法学的に理論化されるのか。そして，その理論はどのような批判を受けるのか。先んじて言えば，丸山からいわゆる「強

---

17)　このような丸山の近代化論には様々な批判が投げかけられているのも事実である。例えば，吉本隆明は，「丸山が描いているようなイメージとしての「西欧」近代の文物などは，どこにも「実在」していない」と批判している（吉本隆明「丸山眞男論」『吉本隆明著作集』第 12 巻（勁草書房，1969 年）71 頁など）。しかし，米原謙が的確に指摘するとおり（米原謙『シリーズ《政治思想の現在》⑤　日本的「近代」への問い──思想史としての戦後政治』新評論，1995 年，特に 90-95 頁），丸山は「近代」的理念を西欧近代から抽出しているが，この場合の「西欧近代」とは「方法的前提」であり，言い換えれば，西欧近代から日本の戦前・戦中の人権状況を批判するための座標軸を導きだしているだけであって，「実在しない」西欧近代から見た日本の後発性のみを指摘しているわけではない。また，米原がこれも的確に指摘しているように，丸山を批判するとすれば 2 つの方向がある。第一に丸山が提示した「近代」像が理念として正しいか否かであり，第二にそのような「近代」を目指すことが果たして良いことなのか，可能なのかということである。米原は前者の観点から丸山を批判するのは「至難」であろうと述べているが，私は丸山が彼の戦争体験に根差して示した「近代」への接近についても非難することは極めて難しいと考えている。

い個人」論が析出され，その個人像が「弱い個人」論によって批判されるのである。

1．丸山から樋口陽一へ――「強い個人」論

本節で詳述する「強い個人」論を展開する論者の代表格は樋口陽一である。樋口氏の理論は，どのように丸山の指摘する主体像と結びついているのだろうか。このことを解明するためのヒントとなるのが，前節で言及した丸山の「日本における自由意識の形成と特質」という論文である。樋口は，この論文で示された自由が「理性的な自己決定」につながるものであるという論点に着目し，高い評価を与えている。特に，丸山の次の一節，「ヨーロッパ近代思想史において，拘束の欠如としての自由が，理性的自己決定としてのそれへと自らを積極的に押進めたとき，はじめてそれは封建的反動との激しい抗争において新らしき秩序を形成する内面的エネルギーとして作用しえたといいうる」[18]に着目し，以下のようにパラフレーズしている。すなわち，「近代実定法は，国家「からの」自由を中心として権利体系を組み立てている。〔…〕国家「からの」自由という枠組をつくり上げるそのことのためには，「理性的な自己決定」による「規範創造的な自由」が不可欠であったのであ」ると，樋口は述べる[19]。ここにおいて前節で詳述した，人権主体の構築に不可欠な「自律性」とそれに裏打ちされる「自己決定」というモメント（樋口の表現を使えば「自分自身の判断によって充たすこと」[20]）が立ち現れるのである。そして，樋口はこのような人権主体を「強い個人」と呼ぶ。彼の説明を引用しよう。「ここで問題にしている「人」権は，自立して自律する個人を，その担い手として想定している。身分的共同体の拘束から解放されたと同時にその保護からも放り出され――その意味で「二重に自由な」（doppelfrei）諸個人が，それぞれに自己決定をする主体であり，自己決定の結果を自分自身にひきうけるという，強い個人を，想定している」[21]。樋口が「強者たろうとする意志を持つ」個人を人権というコン

18）　丸山前掲（注 15）155 頁。
19）　樋口陽一『憲法　近代知への復権へ』（東京大学出版会，2002 年）53 頁。
20）　同上，55 頁。
21）　樋口陽一『一語の辞典　人権』（三省堂，1996 年）50 頁。

セプトの前提として想定する理由は，氏が「公共」にのみこまれない「作為的な」「個人」を希求するからであり，「公共」に圧殺されない「強者であろうとする弱者」を追い求めるからである。さらに言えば，人権主体とは自己決定の主体となり得る自律的意志主体＝「強い個人」であるが，これはあくまでも想定上のものにすぎず，実態としての主体は集団の中で他者に依存して生きるような「弱い個人」でしかない。しかしそれだからこそ，「弱い個人」に自由を強制し，自由であることの重荷に耐え得る「強い個人」とすることが強く要請され，公共＝集団への依存は否定されなければならないというのである。加藤周一の言葉を用いた樋口の結論的言明とは，「弱者が弱者のままでは「自由」にはならない。「自由」は，単に弱者ではなく，強者になった弱者〔…〕でなければならない。／「権利のための闘争」を担おうする弱者，その意味で，「強者であろうとする弱者」，という擬制のうえにはじめて，「人」権主体は成り立つのである」[22]というものである。

2．奥平康弘の議論

　1980年代後半以降の憲法学において，人権主体が自律的個人であることを強調する人権理論が有力となったと言われる。その代表格に，前節で検討した樋口のほかに，奥平康弘，佐藤幸治が挙げられる[23]。愛敬浩二は，①「限定的人権論」と②「拡張的人権論」とを峻別し，①は「人権の主体・内容を限定する議論」であり，「人権の主体は「自律的個人」であり，「国家からの自由」が人権の核心的内容である」とする立場で，②は「人権の主体・内容の動態的発展に好意的な議論」であり，「労働者・女性・先住民族のように特定の属性を持つ集団に固有な自由・権利を人権と呼ぶことに寛容であり，社会権や文化享有権のように「国家による自由」を人権に含めることにも積極的である」立場であると整理している[24]。「強い個人」論が①に該当することは明らかであろう。

---

22)　樋口陽一『国法学［補訂］』（有斐閣，2007年）69頁。
23)　こうした整理については次の文献を参照した。渡辺康行「人権理論の変容」岩村正彦他編『岩波講座　現代の法Ⅰ　現代国家と法』（岩波書店，1997年）65-106頁。
24)　愛敬浩二「近代人権論と現代人権論——「人権の主体」という観点から」愛敬前掲（注2）7-8頁。

ここでは特に奥平氏の議論を見て，彼が提示する「強い個人」論の特徴を簡便にまとめたい。

　奥平は，その論「"ヒューマン・ライツ"考」[25]において，人権主体を「自発的に目的適合的な行為をなしうる者」と定義した上で，そこで前提にする主体とは「一人前の人間」であるという。この「一人前の人間」とは何か。また，この言葉に込められた含意とは何かについて，やや長くなるが氏の論を見ておこう。「一人前，すなわち最小限の程度において理性的な判断能力を具えている者，もっといえば，関連情報が与えられることにより，自分の行為の目的を自主的に選択し，目的適合的であるためにはなにが必要かということを自主的に判断して，自己の責任において行為する主体を意味する。ところが，いうまでもないことだが，すべて人間は，この意味での一人前とはいえないのである。こども，ある種の老人，精神障害者，脳疾患者などは，善かれ悪しかれ，この点で欠けるところがある」[26]。すなわち，この文脈で言えば，「一人前でない人々」は人権主体から除外されるのである。無論，奥平は，「一人前でない人々」の権利保障を否定しているわけではない。そうではなく，彼らは「平均的権利」としての人権以上のものを要求しているのだから，「人一般の権利」として「こどもの権利あるいは老人の権利」を語るのは誤りであると論じているに過ぎない。しかしながら，奥平は人権主体論を「一人前の人間」＝「平均的な人間」を前提にして構成しており，先述した「拡張的人権論」からは批判が為されることは必然的であると言わざるを得ない[27]。この点，佐々木雅寿は，自らの立場を「個人の尊厳性をかけ替えのない唯一性や個別性等に求め，人権の主体は，強さのみならず弱さも抱えた，ありのままの個人であると考える」と提示した上で，「人権の享有主体性を自律性等の特定の能力で判断する立場は，尊厳性および人権の認められる個人とそれが認められない個人という差別を内包し，女性，奴隷そして先住民等を差別し，その尊厳性を否定した近代人

---

25)　奥平康弘「"ヒューマン・ライツ"考」和田英夫教授古稀記念論集刊行会編『戦後憲法学の展開』（日本評論社，1988 年）117–150 頁。

26)　同上，136 頁。

27)　こうした観点からの奥平批判は次の文献を参照せよ。小畑清剛『「一人前」でない者の人権――日本国憲法とマイノリティの哲学』（法律文化社，2010 年）183–205 頁。

権宣言の過ちを繰り返すことになる」と指摘している[28]。また，西村祐一が指摘し[29]，横藤田誠が述べているように[30]，憲法学自身が差別に加担したくないのであれば，少なくとも「強くない人」の例として精神障害者などの特定の類型を挙げることは避けるべきであるという指摘は極めて重いものであると思われる。

3．「強い個人」論批判と「弱い個人」論

　上述した「強い個人」論に対して批判的な論者の一人である石埼学は，「強い個人」論とは，「人間を規範的存在と考え，そこに人権という規範を基礎づけようとするもの」であり，「事実としての人間自身を規範的存在として把握してしまった」[31]と喝破する。また，同様な立場をとる笹沼弘志は，「強い個人」とは「当為」（Sollen）＝「そうであるべき主体像」であり，「存在」（Sein）＝「そのようにしてある主体像」としての人間像を捉え損ねていると指摘する[32]（笹沼は「強い個人」とは「法の世界」であり，氏が提示する「弱い個人」とは「現実界」であるとも形容する）。笹沼が特に問題視するのが人権の「普遍性」という概念である。人権とは，人間であることに基づいて当然有する権利であり，「人間性」から論理必然的に生じるものであって，それゆえ普遍的なものであるとされる。しかし，ここでいう「人間」とは何なのか。人権が「人一般の権利」と言い換えられるように，「人間」が「人一般」を指すのだとすれば，さらに問われるのは，ここでいう「人一般」とは何なのか。それは，前述の奥平の言葉を用いれば「平均人」を前提にしていると言える。そして，ここで言う「平均人」とは，笹沼によれば啓蒙・市民革命期に支配的な人権概念であり，その代表格的論客はロック，ルソー，カントであるとされ，そこで意味されて

28）　佐々木雅寿「人権の主体——「個人」と「団体」の関係を中心に」公法研究 67 号（2005年）123 頁。
29）　西村祐一「近代日本と「個人の尊重」」論究ジュリスト 36 号（2021 春）49 頁。
30）　横藤田誠『精神障害と人権——社会のレジリエンスが試される』（法律文化社，2020 年）105 頁。
31）　石埼学『人権の変遷』（日本評論社，2007 年）3 頁。
32）　笹沼弘志「権力と人権——人権批判または人権の普遍性の証明の試みについて」憲法理論研究会編著《憲法理論叢書 2》 人権理論の新展開』（敬文堂，1994 年）39 頁。

いるのは，その論客からも分かるとおり「強い個人」を基礎とした人間観である。この「強い個人」観を石埼が整理する笹沼の言葉に沿って言えば，「自己決定，すなわち自己の定立した規則への服従＝オートノミーを基礎とした人権概念である」ということになる[33]。しかしながら，石埼・笹沼両氏は「強い個人」論が前提とする「自律性＝オートノミー」のみの強調では，人権主体を捉えきれないのではないかという問題提起を行う。そこで提示されるのが「弱い個人」論である。それでは「弱い個人」論とはどのように定義されるのか。それは，「他者に支配され，依存させられているがゆえに精神的・物質的な力をもたないものに支配への抵抗や補償措置の請求権を認め，「自己決定」の可能性を与えるもの」と定義される[34]。「弱い個人」として笹沼が提示する例は特に女性や無産者であるが，この立場は，「強い個人」論の影に隠れたもう一つの人権の系列に自覚的でなければならないことを主張するものであると言える。ここでは，笹沼の理論を説明する文脈で，石埼が引用する障害学からの「近代的個人批判」（近代的個人主義から派生する優生学批判）を見てみよう。

引用されるのは，市野川容孝の問題提起である[35]。市野川は，個人の自由の尊重という近代理念のもとで逆説的に優生思想が生まれた理由の源には，カントの個人主義・自由主義があったと述べる。氏によればカントの理論は次のように要約される。「カントの個人主義，自由主義においては，自由と自立性がある円環を形づくっている。人間は自立的である，つまり自分で自分の生活の秩序を維持できるがゆえに自由を与えられなければならないのだから，自立的たりえない，つまり他人の理性に依存しなければならない人間に自由を与えることはできない，というわけだ」[36]。続けて，「近代の個人主義は，すべての人間に自由を与えてきたわけではない。自立能力をもつ者だけが自由を享受してきたのであって，この能力を欠いているとされた人間に対しては，まさにそのことを根拠として，様々な抑圧や暴力が正当化されてきたのである」と指摘す

---

33) 石埼前掲（注31）30頁。
34) 笹沼前掲（注32）36頁。
35) 市野川容孝「優生思想の系譜」石川准他編著『障害学への招待——社会，文化，ディスアビリティ』（明石書店，1999年）127–157頁。
36) 同上，148頁。

58

る。そして，究極的には，「近代的個人主義は「他人の理性に依拠しなければ
ならない者」を，まさにそのことを理由に「低価値者」と名づけ，また抹消的
優生学の対象としたのである」と結論づける[37]。このように見てくると，「近代
的個人」概念は，個人主義・自由主義の前提条件として自律＝自立能力を要請
する論理に結びつきながら，淘汰されるべき人間像を明確に描きだしていく側
面があると整理することができる。

＊

　「弱い個人」論として石埼・笹沼両氏の議論を見てきたが，両氏は丸山＝樋
口の言うような「近代の啓蒙のプロジェクト」自体を否定しているわけではな
い[38]。しかしながら，「弱い個人」論は，「当為」としての主体ではなく「存在」
としての人権主体を志向しているのであり，主体とは原理的に他人に依存し，
ときには支配されざるをえないものであると考える。こうした主体は，本章の
中心的概念ではヴァルネラブルな主体という概念で呼ばれることになる。次節
ではヴァルネラビリティとヴァルネラブルな主体という2つの概念を深く考察
してみたい。

III　ヴァルネラビリティおよびヴァルネラブルな主体とは何か

1．ヴァルネラビリティ概念の定義とその必要性

　ヴァルネラビリティとは，一般的には，人間の「生」（life：生活・生命・生
存・人生）の「傷つきやすさ」「弱さ」「脆さ」を表す概念である。"vulnerable"
とはラテン語の "vulnus" に由来する言葉であり，Oxford English Dictionary
によれば英語では 1605 年に初出のもので，原義では「傷つけられた」または
「傷を受けた」，「身体に怪我を負った」状態を意味する[39]。こうしたヴァルネラ

---

37)　同上，149 頁。
38)　石埼前掲（注 31）33 頁。ただし，樋口は「強い個人」論への批判に十分自覚的であり，
　　その批判を検討した上で自説を展開している。特に，樋口前掲（注 22）54–69 頁を参照
　　のこと。
39)　Oxford English Dictionary, *supra* note（3）.

ビリティ概念は，心が傷つきやすい（トラウマ的な傷を受けた），病気に罹りやすいなどを意味するものとして，心理学や医学などの領域において用いられてきたが，この点，古川孝順は「社会的バルネラビリティ」という用語を持ち出し，包括的かつ網羅的な定義を行っている[40]。すなわち，「社会的バルネラビリティ」とは，「現在社会に特徴的な社会・経済・政治・文化のありようにかかわって，人々の生存（心身の安全や安心），健康，生活（のよさや質），尊厳，つながり，シティズンシップ，環境（のよさや質）が脅かされ，あるいはそのおそれのあるような状態にあること」と定義している。さらに，ターナー（B. Turner）は，「存在論的ヴァルネラビリティ」（ontological vulnerability）という概念を持ち出し[41]，ヴァルネラビリティは人間が元来持つ存在様態に他ならないと指摘する。そして，その具体的な様相とは「（尊厳の欠如に伴う）苦しみ」（suffering [a loss of dignity]）と「（安らぎの欠如に伴う）痛み」（pain [a loss of comfort]）によって特徴づけられると説明している[42]。

それでは，なぜヴァルネラビリティ概念を持ち出す必要があるのか。それは前節で示した「強い個人」論への批判につながるが，ヴァルネラビリティ概念により，「個々人が社会的・関係的な存在として自律的な生を営む諸条件が整っていること」，すなわち「十全な市民であること」が妨げられているケースがあるということを示す必要があるからである。前述のとおり，近代市民社会を構成する主体は，自分の意志によって物事を選択し，判断し，決定することのできる自律的主体であり，同時に他人に依存することなしに自己の生存と生活を確保できるという意味において，自足的なものとして規定される。しかし，近代市民社会を構成する主体すべてがそのような自律的で自足的な「自由な行為者」（free agent）[43]であるわけではない。就業上の地位，経歴，階層などの

---

40) 仲村優一他監修，岡村民夫他編『エンサイクロペディア社会福祉学』（中央法規出版，2007年）5頁。

41) Bryan Turner, Vulnerability and Human Rights, The Pennsylvania State University Press, 2006, p. 32.

42) *Id*., p. 27. また，ターナーによれば，ヴァルネラビリティ概念には宗教的な意味合いがあるとされ，とりわけ中世キリスト教の諸実践におけるキリストの受難と苦しみというコノテーションがあるという。

43) リン・ハント（松浦義弘訳）『人権を創造する』（岩波書店，2011年）16頁では，"free

社会的要因や，年齢，障害や傷病の有無，性別など個人的要因のために「自由な行為者」であることの難しい人々が少なからず存在している。それらの人々は，社会的，経済的，政治的，文化的に不利益や侵害を受けやすい状態にある人々であり，ヴァルネラブルな主体とはまさにそのような状況・状態にある人々を指すのである。

さらに，国際人権法の分野では，ヨハン・ガルトゥング（J. Galtung）が平和学で示した「構造的暴力」（structural violence）概念を下敷きにした「構造的ヴァルネラビリティ」（structural vulnerability）という概念も現れてきている。そもそも「構造的暴力」とは暴力行為の原因が容易に特定できる暴力ではなく，暴力を誘発する原因を特定の個人や集団に還元できないような社会構造に起因する暴力の形態を意味する。この概念を踏まえた「構造的ヴァルネラビリティ」とは，構造的暴力で人権が激しく強度に侵害された個人やグループの様態を指し，「人権侵害の経験に身をさらすことが増大する地域的度合い」（the heightened and endemic degree of exposure to experiencing human rights violations）と定義されている[44]。我が国で言えば，例えば東日本大震災に起因する原発事故から発生した多数の被害者や，その事故以後，岩手県・宮城県・福島県の3県で障害者死亡率が全体死亡率の約2倍になった状況が該当するものと言えよう[45]。

こうしたことを背景として，近年，道徳哲学，倫理学，政治哲学，社会学，フェミニズム理論などにおいて，ヴァルネラビリティ概念が「自由な行為者」という近代市民社会における支配的な主体観の虚構性を根底から暴いていく上

---

agent" を「自由な行為者」と訳している。ここではその訳語を採用した。

44) Dorothy Estrada-Tanck, Human Security and Human Rights under International Law: The Protections Offered to Persons Confronting Structural Vulnerability, Hart Publishing, 2016, pp. 50–51.

45) 東日本大震災とそれに起因する原発事故による避難とその地域子育て支援に関して，ヴァルネラビリティという言葉で説明した文献として次のものがある。小池由佳「バルネラビリティへのまなざし──避難と地域子育て支援」高橋若菜編著『奪われたくらし──原発被害の検証と共感共苦』（日本経済評論社，2022年）189–205頁。また，この文献で引用される障害者死亡率のデータ分析に関しては，立木茂雄「災害ソーシャルワークとは何か」月刊福祉（2014年3月）33–38頁を参照。

での論拠とされ，活発な議論や分析がなされてきた[46]。以下では，まず，マッケンジー（C. Mackenzie）[47]らが提示するヴァルネラビリティ概念の3類型を示しつつ，この概念の哲学的含意を検討し，その上でヴァルネラブルな主体の提示にはどのような意義があるのかについて考察を進める。

2. ヴァルネラビリティ概念の類型化

マッケンジーらは，ヴァルネラビリティ概念を分析し，その様態を以下の3つに分類している[48]。

・**生得的ヴァルネラビリティ**（inherent vulnerability）：人間存在に本来的に備わっているヴァルネラビリティを意味する。人間の身体性・社会性，他者への依存関係によって特徴づけられるヴァルネラビリティである。種々の必要や欲求を充たさなければならないという身体を持つ人間が避けては通れない性質から生じるものである。

・**状況的ヴァルネラビリティ**（situational vulnerability）：人間が置かれる特定の状況から生じるヴァルネラビリティである。個人や社会的グループを取りまく環境（社会・政治・経済的状況）から生まれるヴァルネラビリティである。具体例として自然災害があるが，自然災害からの復興は，財政・保険・機能的な社会的インフラストラクチャー，そして政府からの援助などによって促進されるので，このヴァルネラビリティは決して回復不可能なものではない。

・**発病的ヴァルネラビリティ**（pathogenic vulnerability）：深刻なヴァルネラビリティを生み出してしまう原因となるヴァルネラビリティである。状況的ヴァルネラビリティの下位概念であるとされる。ヴァルネラビリティを改善しようとする政策等が逆説的に既存のヴァルネラビリティを悪化させたり，新しい

---

46) このような指摘に関しては，例えば，坪洋一ほか著『問いからはじめる社会福祉学——不安・不利・不信に挑む』（有斐閣，2016年）6-7頁。

47) マッケンジーはフェミニズムを中心とした政治哲学を専攻する女性哲学者であり，オーストラリア・マッコーリー大学哲学科名誉教授である。

48) Catriona Mackenzie, Wendy Rogers and Susan Dodds, *Introduction: What is Vulnerability, and Why does it Matter for Moral Theory?*, in Vulnerability: New Essays in Ethics and Feminist Philosophy（Catriona Mackenzie et al. eds.），Oxford University Press, 2014, pp. 1-29. 特に pp. 7-9.

ヴァルネラビリティを生み出してしまう現象を指す。例えば，種々のヴァルネ
ラビリティに対処するために創設された各種の社会制度が，その専門分化ゆえ
に状況を改善できず，むしろ人々を結果的に脆弱化させていく現象が具体例と
して挙げられている。これは，前述したターナーがいう人権保障上の「制度的
不安定さ」（institutional precariousness）につながっている。しかしながら同時
に，ターナーは，こうした制度的不安定さと人間の身体性に基づくヴァルネラ
ビリティとが「動的かつ弁証法的関係」にあるとも述べる。すなわち，一方で
ヴァルネラビリティは人権保障制度を弱体化させることがあるが，他方では，
人間がその人権保障制度を更新することで，人間の持つヴァルネラビリティを
守る人権保障制度が創設・改善されるというプロセスが生じ得る[49]。このよう
にヴァルネラビリティは，人権保障制度と破壊的かつ創造的に関連しあってい
るのである。

3．フェミニズム理論を中心とした現代哲学におけるヴァルネラビリティ概念とそれが要求する人権主体

　それでは，このように類型化されるヴァルネラビリティ概念は，哲学的に，
また法学的にどのような人権主体を措定するのだろうか。この点で非常に参考
になるのが近年のフェミニズムを中心とした哲学的・法学的理論である。この
理論で着目すべきは，ターナー同様，ヴァルネラビリティを人間の存在論的・
普遍的様相と捉えていることであろう。後述するファインマン（M. A. Fineman）
は，人間の身体が「壊れやすく」，「傷を受けやすく」，「苦しみの対象になる」
ことから，ヴァルネラビリティは「人間の条件の普遍的，不可避的かつ永続的
な側面」であると指摘している[50]。

　以下では，まず，マッキンタイヤ（A. MacIntyre），ヌスバウム（M. Nuss-
baum），そして，バトラー（J. Butler）を順にみていくが，これらの思想家に共
通しているのは，人間の「身体性」から「動物性」を読み取り，人間が存在論
的に有する「動物性」に起因する形でヴァルネラビリティ概念を考察している

---

49)　Tuner, *supra* note（41），p. 32.

50)　Martha A. Fineman, *The Vulnerable Subject and the Responsive State*, 60 Emory Law
　　Journal, 251（2010），pp. 251–275.

ことである。これらの 3 人の哲学者の叙述を見た後で，ヴァルネラビリティ概念が何を目指しているのか——それは「自律的主体」批判であるが——について，ファインマンの論述に沿って詳しく考察する。

(1) マッキンタイヤ

マッキンタイヤは，徳倫理学を提唱するコミュニタリアニズム（共同体主義）の哲学者である。マッキンタイヤはその著『依存的な理性的動物』の冒頭で，「私たちヒトは，多くの種類の苦しみ affliction（受苦）に見舞われやすい vulnerable な（傷つきやすい）存在である」と述べる。しかし，道徳哲学はこうした苦しみ（受苦）やヴァルネラビリティへの認識を取り逃してきた。その理由は，「［…］私たちが私たち自身を動物とは異なるものとして，すなわち，「たんなる」動物性という危険な条件を免れたものとして理解し想像することに根ざして」いることにあると考察する。逆に言えば，人間がそもそも動物性を帯びている存在であることを認識すればするほど，私たちは受苦／ヴァルネラビリティに直面する。その上で，マッキンタイヤは，私たちが持つ身体と動物性との関係について，「私たちの身体は動物の身体としての自己同一性や連続性を備えた動物的な身体である」と言明し，動物としての身体が原因となる受苦／ヴァルネラビリティに直面してきた「女性や奴隷や従者，そして，農民や漁師や製造業者といった生産労働に従事する人々の経験」に関して，これまでの哲学は重きを置いてこなかったと分析する[51]。

(2) ヌスバウム

ヌスバウムは，規範倫理学を専門とするアメリカの女性哲学者であり，アマルティア・センとの共同研究でケイパビリティ・アプローチを提唱し，人間開発や貧困の問題にコミットしている人物である。ヌスバウムはその著『正義のフロンティア』において，ジョン・ロールズ批判を通したカント批判を行っている。彼女によれば，カント的な特徴を備えたロールズの人格概念は，「道徳

---

51) アラスデア・マッキンタイア（高島和哉訳）『依存的な理性的動物——ヒトにはなぜ徳が必要か』（法政大学出版局，2018 年）1–12 頁。

的な人格性」と「動物性」の「分裂」を示しており，ヌスバウムはこうした分裂線を引く哲学的伝統はギリシャ・ローマのストア派まで遡ることができると指摘する。その上で，この伝統には「人格性は理性〔…〕と同一のものとされ，またそのように解釈された理性は，人間を人間以外の動物および人間自身の動物性から明確に分離する特徴」があると述べる。ヌスバウムはこうした哲学的伝統を転倒させ，「〔…〕人間の合理性が人間の脆弱な動物性から独立している」と理解することは誤りであり，人間とその人間が持つ「脆弱な動物性」には「豊かな連続性」があると主張する。このようにして，ヌスバウムは動物としての人間とはそもそも可死的でヴァルネラブルな主体であると規定するのである[52]。

(3) バトラー

バトラーは，アメリカの女性哲学者でありその学問的領域は極めて広いが，彼女の主要な専攻分野としては，フェミニズムやジェンダー理論，クイア理論を挙げることができる。バトラーの著作『戦争の枠組——生はいつ嘆きうるものであるのか』において鍵となる概念は，「生のあやうさ」である。バトラーは「あやうさは人間の生の共通の条件として〔…〕承認されるべき」であると述べる。このことは，バトラーの理論の中で2つのことを意味している。第一には，「あやうさ」が「新しい身体の存在論」を裏付けるということである。「新しい身体の存在論」は，人間が「あやうさ，傷つけられ害をなされうるということ，相互に依存しあっているということ，さらされているということ，身体がもちこたえるということ」を示す。そして，ここから帰結するのは，あやうい身体により，〈私〉が〈他者〉と密接不可分に存在し，相互に依存し合い，さらには傷つけあうような関係性が発生するということである。第二には，「あやうさ」が「人間という動物の一般的な条件」をなしているということである。バトラーは，「もしもわたしたちの関心が人間の生の「生」の部分にあるのならば，まさしくその部分においては，動物のビオスを人間という動物の

---

52) マーサ・C.ヌスバウム（神島裕子訳）『正義のフロンティア——障碍者・外国人・動物という境界を越えて』（法政大学出版局，2012年）149-155頁。

・・・
ビオスから絶対的に区別する確固たる方法はない」と述べる。すなわち,「〔…〕
動物であるということは人間の前提条件であり,人間という動物でないような
人間は存在しない」のである。そして,この動物性を持つ人間とは原初的に
「あやうい」ものであり,本節の関心からバトラーの結論的言明を引用すれば
「身体は常に,個別身体の自律性を制限するような社会性と環境との様態に,
ひき渡されている」のである[53]。

(4) ファインマン

　ファインマンは,アメリカ・エモリー大学ロースクールの教授であり,フェ
ミニズムを基礎とした法理論や政治哲学を専攻する女性思想家である。上記3
人の哲学者が人間が不可避的に持つ「身体性」と「動物性」に引きつけてヴァ
ルネラビリティ概念を示したように,ファインマンもヴァルネラビリティは人
間存在にとって普遍的なものであるという立場をとる。彼女は,あらゆる主体
の基礎となる「普遍的ヴァルネラビリティ」(universal vulnerability)[54]という概
念を提示し,この概念によって不平等や不利な状況にある人々へのアプローチ
を強化することができると考える。具体的には,すでに差別禁止法(反差別法)
があり,その法規定には平等概念が基底として存在しているが,これらが社会
的排除や構造的不正義をただすことができないのは,これらの政策が「リベラ
ルな理論に基づく自律=自立的で,独立した成人の主体という「神話」」(the
"myth" of the autonomous, independent, adult subject of liberal theory)[55]を前提に
しているからであり,ファインマンはこの「神話」とは別体系の人権主体像を
構築する必要性があると主張するのである。

　それでは,ファインマンは「普遍的ヴァルネラビリティ」という概念によっ
て何を賭けようとしているのだろうか。それは,アメリカ憲法やアメリカ法で
示されるような人権の言説から離れて,より強固な平等概念を提示するという
ことである。彼女によれば,マイノリティである個人やグループが保護を求め

---

53)　ジュディス・バトラー(清水晶子訳)『戦争の枠組——生はいつ嘆きうるものであるの
　　か』(筑摩書房,2012 年)9–45 頁。
54)　Fineman, *supra* note (50), p. 267.
55)　Mackenzie et al., *supra* note (48), p. 5.

る際に，人種・ジェンダー・民族などの歴史的に差別されてきたグループに属するか否かによって保護の対象になるかどうかが判断される傾向にあるが，これをファインマンは「平等へのアイデンティティアプローチ」(identity approach to equality) と呼んでいる[56]。彼女はこうした集団への帰属による差別に対する対処がもはや有効ではないと主張するわけではないが，こうしたアプローチを超えたより普遍的で強固な平等概念を構築し，さらには，そのようにして国家がヴァルネラブルな主体に応答し，責任を持つことを強く要求したいと考えているのである[57]。

　本節の本筋に戻ろう。ファインマンは上述の目的に基づいてどのように人権主体を捉えているだろうか。ファインマンは，アメリカ法と社会契約という2つのアスペクトから「自律＝自立的主体」を批判している。

　アメリカの法体系において，すべての人々の平等を実現するという欲求は，アメリカ的自由主義社会が前提とする競争概念と合致しないものであり，「個人の自律＝自立または自由」(individual autonomy or liberty) という理念と相対するものと位置づけられる。ここでファインマンは，彼女自身が定義する「自律＝自立」概念を提示する。すなわち，「自律＝自立とは，自己充足の期待と個人の独立という観点から定義される」(Autonomy is defined in terms of expectations of self-sufficiency and independence of the individual)[58] というものである。しかしながら，この「自律＝自立」する主体は主体間の相互の依存関係と両立しないものであり，さらに言えば，こうした考え方をさらに押し進めると，国家に援助を求める人は依存的で，かつ失敗者だとスティグマを押されかねないことになる。また。この立場からは，国家は人権主体に不介入という態度が生まれ，富の再分配には否定的で，かつ，実力主義による競争社会を推進するものとなるとファインマンは述べる。

　近代市民社会が成立する重要な核となるのは「社会契約」である。この社会契約論で前提とされるのは「自律＝自立的で独立した行為者 (autonomous and independent actor)」である。しかしながら，ファインマンは，社会の根本にあ

---

56) Fineman, *supra* note (50), p. 254.
57) *Id*., pp. 255–256.
58) *Id*., p. 259.

るのは原理的な「依存関係（dependency）」ではないかと述べる。というのも，「依存関係」に基づく原初的な社会制度は家族であり，家族を基にして社会が形成されるからである。こうした依存関係をファインマンは「不可避的な依存関係（inevitable dependency）」と呼んでいる[59]。このようにして，やはり「自律＝自立」的主体性は，彼女の批判対象になるのである。

　しかしながら，ファインマンは，「平等」と「自律＝自立」を別々に捉えることはできない，一方が強調され，かつ特権視される場合は，他方が犠牲になっているときであるとも言及する。彼女にとって重要なのは，無際限の「自律＝自立」のメカニズムを制限することであると結論づけている[60]。

IV　ヴァルネラビリティと自律性との連関

　それでは，本章の最後に，どのように人権主体を捉えることが適切であるのかについて検討しよう。その結論に関して大きなヒントになるのがマッケンジーの論考である[61]。マッケンジーの論を見た後に，ヴァルネラブルな主体の「自己決定」の契機の必要性に関する検討に向かう。その上で，人権政策論において措定される人権主体とはどのようなものとして提示されうるのかについての結論を導きたい。

---

59)　*Id.*, p. 265.

60)　*Id.*, p. 261. ファインマンは，ヴァルネラビリティの反対は「傷つきにくさ（invulnerability）」ではないと述べている。というのも人権主体が「傷つかない」ということは不可能であるからである。むしろヴァルネラビリティの反対はレジリエンスであると彼女は説く。社会制度は，人権主体のヴァルネラビリティを緩和し，レジリエンスを回復するように構築されなければならない。そして，究極的な国家の目的とは，人権主体が，そのケイパビリティを可能な限り十全に実現する条件を作りあげ，「ヴァルネラブルな主体をエンパワーすること」にあると彼女は言う。*Id.*, p. 269.

61)　Catriona Mackenzie, *The Importance of Relational Autonomy and Capabilities for an Ethics of Vulnerability*, in Vulnerability : New Essays in Ethics and Feminist Philosophy, *supra* note（48）, pp. 33–59.

1. マッケンジーの指摘するヴァルネラビリティと自律性との関係

(1) 自律性への関係的アプローチ

　マッケンジー論文の骨子は，上述のファインマンの論述への批判によって成り立っている。その批判とは，ヴァルネラビリティと自律性とを（ヴァルネラブルな主体と自律的主体とを）二項対立的に捉えることは誤っているということ，ヴァルネラビリティに立脚する倫理とはヴァルネラビリティを尊重するだけでなく自律性も促進するものであるという点にある。このファインマン批判を敷衍させて，マッケンジーの主張するところを整理すれば，第一に，自律性を「独立した自己充足的なもの」と把握するのではなく，自律性を「関係的に」（relationally）捉えることが重要であること，第二に，ヴァルネラビリティを強調しすぎると国家をはじめとした社会権力のパターナリスティックな介入に無自覚になってしまう，そうではなく，自律性を促進することを通してヴァルネラビリティに応答する／責任を持つことが社会的正義の役目であるという２点に集約される。マッケンジーは「自律性を「関係的に」＝関係的存在として捉えること」を「自律性への関係的アプローチ」（relational approach to autonomy）と呼んでいるが[62]，この概念によって彼女が示そうとしていることは以下のように整理できる。

(2) 自己決定というモメントの重視

　マッケンジーは，ファインマンが消極的に評価していた自律的主体が有する「自己決定」という契機の重要性を主張する。というのは，フェミニズムでは特に女性を対象として理論が展開されるが，女性のみならず，支配・抑圧されている個人やグループの「自己決定」はやはり重要であり，その契機は社会内で必ず担保しておかなければならないと考えるからである。彼女は，自由至上主義的なリバタリアン的な立場とは距離を置きつつ，「自己決定」を行うことのできる「個人の自律」（individual autonomy）の重要さを再認識することを要求する[63]。

---

62) *Id*., p. 41.
63) *Id*., p. 42.

(3) 自己の社会的構成プロセスの重視

　関係的アプローチの第二の特徴は，自律性が社会構造に無関係に生まれるものではなく，むしろ自律性の発生とその能力を支える社会的条件に眼を向けることにある。換言すれば，自律性が主体間の相互依存的な「間人間間＝間人間的な諸関係」（interpersonal relationships）に基づいていることに自覚的であるということである。自律性を過剰に重視する立場は，自律的であるということはその主体の信念，価値観，目的，欲求やアイデンティティに基づいて自由に行動を選択し得ることだと考える。その一方で，関係的アプローチは，この行動と選択がそれ自体で生まれるのではなく，社会的諸関係やその主体が位置している環境に形成され，拘束されると理解する。（この場合の社会的諸関係とは，具体的には，特定の地理的，歴史的な政治的コンテクスト，ジェンダー，人種，才能，階層といった要素を指している。）マッケンジーは，こうした一連のプロセスを「自己の社会的構成」（social constitution of self）と呼んでいる。リバタリアン的な立場は，自己の選択が最大になるときが最大の自由であると捉えるが，関係性アプローチはそれとは異なり，自己の生成と行為選択が他者によって変化するプロセスをも重視するのである[64]。

(4) 自律性を確保する社会的諸条件を持つ国家

　関係的アプローチの第三の特徴は，社会的に正義を有する国家とは，人権主体の自律性を強化する社会的，政治的，法律上の諸制度を有する国であると提示することにある。国家をはじめとする社会諸制度にとって重要であるのは，家族，教育などの自律性を高める社会的資源や機会を設けることであり，つまりは「自律性をサポートする文化」（Autonomy-supporting culture）を養成することであると主張される[65]。

＊

64）　*Id*., p. 43.

65）　*Id*., p. 45.

マッケンジーの結論は，つまるところ，ヴァルネラビリティは自律性によって「案内（ガイド）されなければならない」[66] ということである。というのは，彼女によればヴァルネラビリティとは「行為者としての弱さとその存在の消滅の感覚」（sense of powerless and loss of agency）[67] に関連しており，ヴァルネラビリティからの「回復」とはそのような感覚の緩和であるとマッケンジーは考えるからである。また，マッケンジーは，第Ⅲ節で触れた「生得的ヴァルネラビリティ」と「状況的ヴァルネラビリティ」概念に触れつつ，社会諸制度によって状況的ヴァルネラビリティを「回復」することはその状況下にある主体にも必然的に関わってくるのであり，すなわち「状況的ヴァルネラビリティ」を回復することは「生得的ヴァルネラビリティ」を回復すること＝「主体的な次元」（subjective dimension）の回復につながると結論づける[68]。本論の関心から言えば，ヴァルネラビリティからの回復とは，つまるところ，〈社会的に構築される人権主体〉の〈自律性〉の〈再獲得〉にほかならないということになるのである。

2．ヴァルネラブルな主体における自己決定の重要性

第Ⅱ節で，私たちは「強い個人」論を批判する「弱い個人」論に触れた。そして，「強い個人」論が提示するのが「当為」としての「そうであるべき主体像」であるとすれば，「弱い個人」論が提示するのは「存在」としての「そのようにしてある主体像」であることを論じた。さらに，第Ⅲ節において，この「弱い個人」がヴァルネラブルな主体と言い換えることができることを確認した。以上の論述を踏まえて，この最終節で再び注目しなければならないのは，「弱い個人」＝ヴァルネラブルな主体としての障害者に触れた市野川の言葉である。市野川はカントが論拠となる「近代的個人（主体）」の「弱い個人」への排他性を指摘しつつも，その「近代的個人（主体）」が有する「自己決定」という「理念」に評価を与えている。すなわち，「〔…〕「近代的個人（主体）」の概念は，例えば自己決定という形をとりながら，一つの強力な対抗手段とな

66）　*Ibid*.
67）　*Id*., p. 46.
68）　*Ibid*.

りうる。自己決定の理念は，他人の援助と助力に支えられていることを理由に
なされる暴力や介入を退けながら，自分の生活を形づくり，また守っていく権
利というものを力強く肯定する」[69]。そして，こうした立場は，「弱い個人」論
を展開する笹沼にも見られるものである。笹沼は丸山＝樋口の言うような「近
代の啓蒙のプロジェクト」自体を否定しているわけではない。むしろ，人権が
宣言されざるをえなかったのは，人々が「存在」＝「事実」においては不平等
であり，強者による弱者支配が不可避であるからこそだったと考えている。し
かし，そうであるならば，「存在しない「強い個人」を人権主体とするのでは
なく，「真の自己決定」をなしえないわれわれをこそ，あえて人権＝自己決定
権の主体として認めるべきではないか。力ではなくあくまで約束＝擬制によっ
て人権を基礎づけるべきである」と述べる[70]。続けて笹沼は次のように言う。
「自己決定しえないものに自己決定権を保障するというのは矛盾に思われよう。
しかし，「自己決定権」の内実はなによりも他者による支配の拒否であり，支
配・依存を克服し自己決定し得るようになる権利である。他者による支配を制
限し，他者への依存を抑制すること（生存権保障）により，自己決定を可能と
するものとして人権を意義づけるべきである。また真の自律的主体があくまで
も建前のものならば，個人の自律化を追求する以上に，あらゆる権力への抵抗
としての人権の意義を強調すべきである」[71]。

　本論の関心とそれに基づく検討の観点からこれらの言明を言い換えれば，
「存在」としてのヴァルネラブルな人権主体は，そもそも他人に依存し，とき
には支配されざるをえない「弱い」存在であるが，それゆえにこそまたそれに
もかかわらず，こうした人権主体の「自己決定」は他者への「抵抗点」として
重要な契機として位置づけられなければならない。そのような意味において，
人権主体はヴァルネラブルなものであり，同時に自律的なものなのである。ヴァ
ルネラブルな存在でありながら，他者の支配に抵抗し，自律性を追求すると
いう〈未完〉のプロジェクトを遂行すること，このことに人権主体の意義があ
ると言えるのではないだろうか。

69）　市野川前掲（注35）156頁。
70）　笹沼前掲（注32）40頁。
71）　同上。

72

おわりに

　本章に与えられたテーマは，人権政策論において措定される人権の主体とはどのようなものであるのかについて考察することであった。私は，人権主体とはヴァルネラブルでありつつ，同時に自律性を有する存在であるとの結論を提示した。こうした「二重体」としての人権主体の生き様として，上述の笹沼は非常に示唆的な言葉を記している。すなわち，「〔われわれは〕自由な社会のなかで，常に満たされぬ心地悪さに苛まれながら，自律を追求し，幻滅を味わいつつ生きていかねばならないのである。われわれはこうしたアポリアを抱えながら，生きていかねばならないのだ」[72]。これを受けて，私は次のような言葉で結論としたい。ヴァルネラブルな主体であるがゆえに決して成就されない自律性を持ちながらも，「個」の確立した人間として，その「個」の生命を賭けた「抵抗」により，構造的ヴァルネラビリティを刻み込まれた共同体の運命をただし，「回復」への道筋を見出していく，そのような人権主体を私たちは追い求めるべきではないか，と。

参考文献

河上正輝・関川芳孝編『講座 障害をもつ人の人権① 権利保障のシステム』（有斐閣，2002 年）

近藤敦『人権法［第 2 版］』（日本評論社，2020 年）

樋口陽一『憲法［第 4 版］』（勁草書房，2021 年）

福間良明『「戦争体験」の戦後史——世代・教養・イデオロギー』（中公新書，2009 年）

山本昭宏『戦後民主主義——現代日本を創った思想と文化』（中公新書，2021 年）

Châtel, Vivianne et Roy, Shirley (sous la dir.), Penser la vulnérabilité : Visages de la fragilisation du social, Presses de l'Université du Québec, 2008

Goodin, Robert E., Protecting the Vulnerable, The University of Chicago Press, 1985

Nifosi-Sutton, Ingrid, The Protection of Vulnerable Groups under International Human Rights Law, Routledge, 2017

---

72)　同上，41 頁。

第3章

憲法における人権救済の法理と政策

「救済を受ける権利」の位置づけ

金子匡良

はじめに

　憲法の第一の目的は，人格的な生存に不可欠な権利・自由を人権として保障することにあり，これが憲法の憲法たる所以である。それゆえ人権規定は，憲法の中核を構成する根本規範であると位置づけられている[1]。日本国憲法は，表現の自由や職業の自由等の自由権，選挙権等の参政権，生存権や教育を受ける権利等の社会権を定め，また法の下の平等という形で平等権を定めている。しかし，憲法が保障する人権は，これらの憲法に明示された個別的人権だけではない。そもそも人権は，憲法に定められた権利・自由に限定されるものではなく，社会の変化に合わせて発展的に変動する動態的なものである[2]。この変動の中で新たに生まれた「新しい人権」は，明示的には憲法改正によって現実化することになるが，日本では憲法改正で新しい人権が保障されるに至った前例はなく，憲法13条が定める幸福追求権の一部として，解釈上，憲法の中に取り込まれてきた。言い換えれば，裁判所は憲法改正を経ずして新しい人権を創出してきたのである。

---

1)　芦部信喜（高橋和之補訂）『憲法 ［第7版]』（岩波書店，2019年）10頁。
2)　佐藤幸治はこの動態を，背景的権利→法的権利→具体的権利という展開過程として説明する。佐藤幸治『日本国憲法論 ［第2版]』（成文堂，2020年）141-142頁。

そこで従来の憲法学的な人権論は，憲法に定められた人権によって，いかなる権利・自由がどこまで保障されるのか，あるいは憲法解釈上，いかなる権利・自由が新しい人権としてどこまで認められるのかを画定することに議論の主眼を置いてきた。それは，国家権力によって，本来保障されるべき人権の範囲が不当に狭められないようにするための議論であったともいえる[3]。

　その一方，これまでの人権論は，憲法がどのような権利・自由を人権として保障しているかという，人権の保障範囲や保障内容に重きを置き，保障の実践を等閑視してきたという面を否定できない。しかし，人権が憲法に規定されていること，あるいは解釈上導出できることによって，すぐさま人権の保障が実現するわけではなく，憲法によって保障されるべき人権を不当に侵害された者が，しかるべき救済を受けられることをもって，人権の保障が実践的に実現されるのである。しからば，どのような救済が人権侵害の被害者にとって必要なのか，そしてそのような救済を求める法的根拠をどこに求めることができるのかを議論することも，人権保障を語る上では不可欠の論点であるはずである。この点の陥欠が，憲法における人権救済論のひとつの問題点といえるのではないだろうか。本章はそうした問題意識に基づいて，人権救済を受けること自体をひとつの権利として捉え，その憲法上の位置づけを探ろうとするものである。

I　救済なき人権論

1．除斥期間を理由とする人権救済の否定

　憲法における人権救済論の陥欠の遠因として，憲法訴訟には独自の手続法が存在しないということが挙げられる。民事訴訟，刑事訴訟，行政訴訟とは異なり，憲法訴訟は講学上の用語であって，実定法上の概念ではない。憲法訴訟とは，憲法に関わる争点を伴って提起される訴訟であり[4]，人権訴訟は憲法訴訟

---

3)　これは，かつてのいわゆる「抵抗の憲法学」についても，また憲法訴訟論や近時の「ロースクール憲法学」においても共通して当てはまる視座であろう（「抵抗の憲法学」については，出口雄一「「戦後憲法学」の形成」鈴木敦＝出口雄一編『「戦後憲法学」の群像』（弘文堂，2021年）19頁以下，「ロースクール憲法学」については，棟居快行「ロースクール憲法の意義と可能性」『憲法学の可能性』（信山社，2012年）87頁以下 参照）。
4)　戸松秀典『憲法訴訟［第2版］』（有斐閣，2008年）1頁，高橋和之『体系憲法訴訟』

の代表例であるが，憲法訴訟に特化した手続法，すなわち憲法訴訟法は存在しないため，人権侵害に対する救済を求める際には，民事訴訟または行政訴訟を提起するか，刑事訴訟の中で防御として人権を主張するしかない。つまり，憲法訴訟による人権救済は，実際には他の訴訟を"間借り"して行うほかないのである。その結果，既存の訴訟手続が有する種々の訴訟要件や権利を制限するための法理・制度によって，人権の実現が阻まれることがある[5]。例えば，民事訴訟であれば，後述する除斥期間による損害賠償請求権の消滅，行政訴訟であれば原告適格や処分性の有無による制限，刑事訴訟であれば憲法上の弁護人依頼権や接見交通権に対する制限といったことが例示できるであろう。

　こうした制限の結果，憲法に反する人権侵害行為の発生を認めつつも，裁判による救済が，その裁判の依拠する訴訟制度上の制限によって阻まれるという事態が発生し得る。その一例として，旧優生保護法に基づく強制的な不妊手術の違憲性が問われた一連の優生保護法国賠訴訟における，除斥期間を理由とした損害賠償請求の棄却を挙げることができる。除斥期間とは，一定の期間の経過によって，権利が当然に消滅するという法制度であり，2015年に改正される以前の民法724条後段は，20年の除斥期間を定めるものと解されていた[6]。除斥期間は，一定の期間が経過すると権利が消滅するという点では消滅時効と同じ効果を有するが，原則として中断は認められず，また当事者の援用がなくても当然に消滅の効果を発するという点において，消滅時効とは異なる。

　　（岩波書店，2017年）1頁。
5)　棟居快行はこれを「訴訟法の留保」と呼び，これを克服するために，人権を侵害された者は，訴訟要件・訴訟類型にかかわらず，権利救済を求める訴えを「基本権訴訟」として提起できると主張する（棟居快行『人権論の新構成』（信山社，1992年）285頁以下，同「基本権としての人権——「基本権訴訟」その後」『憲法の原理と解釈』（信山社，2020年）247頁以下）。
6)　本章で問題とする724条後段は，2015年の民法改正前のそれである。2015年の改正以前は，724条後段が除斥期間を定めるものなのか，消滅時効を定めるものなのかについて，条文上は明確でなかったため，学説に争いがあったが，最高裁は1989年の判決（最判平成元年12月21日民集43巻12号2209頁）で，これを除斥期間の定めであると判示した。しかし，2015年の改正民法は，同条後段を消滅時効であると明文で定めることによって，その法的性質を変更した。ただし，改正民法施行の際に，すでに不法行為の発生から20年の期間が経過していた場合には，「なお従前の例による」（改正民法附則35条）と定められているため，本章で取り上げた優生保護法国賠訴訟では，除斥期間が問題となった。

一連の優生保護法国賠訴訟の地裁判決では，この除斥期間を用いて，原告の請求を退けるという判断が連続した。例えば，2021 年の神戸地裁判決[7]では，「旧優生保護法の立法目的が極めて非人道的であって，個人の尊重を基本原理とする日本国憲法の理念に反することは明らかであ」り，「本件各規定（優生条項）は，〔…〕個人の尊厳を著しく侵害するものであり，正当性も合理性もおよそ認められ」ず，「憲法 13 条，14 条 1 項，24 条 2 項に違反するものである」として，旧優生保護法が人権を侵害する違憲の立法であることを明確に認めたが，その一方で，国家賠償法 4 条[8]の規定に基づいて，本件に民法 724 条後段の除斥期間を準用し，不法行為の発生から 20 年以上を経過したことを理由として，「原告らの〔…〕損害賠償請求権は，〔…〕法律上当然に消滅したものと解さざるを得ない」と述べ，人権侵害の被害者への救済を否定したのである[9]。

　このように，民法上の除斥期間を根拠に，憲法上の人権侵害に対する救済を否定することは，形式的には法律上の根拠を有するものの，分野の異なる法制度の悪しき借用といえよう。除斥期間や消滅時効のように，時間の経過を理由として権利を消滅させる制度の存在理由は，一般に，①社会の法律関係の安定のために，一定の期間継続した事実状態は，これを覆さないことが至当であると考えられる場合があること，②証拠の散逸による相手方（不法行為でいえば加害者側）の立証の困難性を救済すること，③「権利の上に眠る者は保護に値しない」という法理を実現すること，という 3 点にあるとされる[10]。

---

7)　神戸地判令和 3 年 8 月 3 日賃金と社会保障 1795 号 23 頁。同様の判断を示した裁判例として，札幌地判令和 3 年 1 月 15 日訟月 67 巻 12 号 1713 頁，大阪地判令和 2 年 11 月 30 日訟月 67 巻 12 号 1661 頁，東京地判令和 2 年 6 月 30 日判例集未登載，仙台地判令和 1 年 5 月 28 日判時 2413 = 2414 号 3 頁がある。

8)　国家賠償法 4 条は，「国又は公共団体の損害賠償の責任については，前三条の規定によるの外，民法の規定による」と定めている。

9)　旧優生保護法の違憲を宣言したことの中に，一定の救済的な性質を見ることができるとの評価もあり得るが，その一方，違憲だが救済されないという結論には，深刻な人権侵害であるにもかかわらず「救済されなくとも仕方ない」とのメッセージが内包されており，それは被害者に二次的な被害を与えることになるとの指摘もある（青井美帆「「憲法 13 条に違反するが，「救済」されないのは仕方ない」が意味すること」法学セミナー 775 号（2019 年）55 頁以下）。

10)　松久三四彦「消滅時効の機能」内田貴＝大村敦志編『民法の争点』（有斐閣，2007 年）83 頁。なお，724 条後段が除斥期間を定めるものであることを明らかにした前掲注 6 の

しかしながら，これらの理由は，いずれも対等な私人間の関係について妥当しうるものであり，国家による明白な人権侵害に対する賠償請求を退ける理由としては説得力を持たない。これらの理由は，互いに同等の権利を有する私人同士の私法上の権利義務関係を前提として初めて成り立つものであり，国家権力を行使する国家機関と，それに対抗するために人権を行使する個人という非対称的な公法上の関係においては妥当し得ない。人権はそれに対応する義務と表裏の関係にあるというような双務的なものではく，「侵すことのできない永久の権利」（憲法 11 条・97 条）として国民に保障されるものであり，国家は国政の上で人権を最大限尊重すべき義務を負っている（憲法 13 条）。このような関係性において，人権侵害を行った国側の「立証の困難性を救済」すべき必要はなく，また永久不可侵の人権に「権利の上に眠る者は保護に値しない」との法理は妥当しない。したがって，時の経過を理由に人権侵害を事実上免責することは，国家と個人の間における「法律関係の安定」をむしろ毀損するものであろう。にもかかわらず，除斥期間によって国家による人権侵害に対する賠償請求権を否定すれば，それは人権侵害を追認する法理として機能してしまうことになる[11]。

2．救済なき人権論の背景──権利保障における実体・手続法モデル

　人権は他の実定法上の権利とは異なり，自然権に由来する不可侵の権利であ

　1989 年最高裁判決は，724 条後段は「被害者側の認識のいかんを問わず一定の時の経過によって法律関係を確定させるため請求権の存続期間を画一的に定めたものと解するのが相当」であると判示し，一定の時の経過による法律関係の確定を除斥期間の存在理由として挙げている。

11)　私人間の紛争を前提とする民事訴訟上の除斥期間を，国家による人権侵害が問われている憲法訴訟にそのまま適用することの問題性を指摘するものとして，上田健介「旧優生保護法に基づく優生手術に対する国家賠償請求訴訟」法学教室 468 号（2019 年），同「国家賠償請求権の除斥期間と憲法──旧優生保護法訴訟をめぐって」法律時報 93 巻 12 号（2021 年）118 頁以下参照。また，除斥期間を国賠請求訴訟に適用することは，憲法 17 条が保障する国家賠償請求権の侵害に当たるとして，その違憲性を主張するものに，松本克美「民法旧 724 条後段の 20 年期間＝除斥期間説の違憲無効論」立命館法学 391 号（2020 年）があり，篠原永明「旧優生保護法仙台地裁判決」判例時報 2433 号（判例評論 734 号）（2020 年）も同様の問題点を指摘する。

り，それゆえ最高法規たる憲法によって保障される。逆にいえば，憲法は人権を保障する法であるがゆえに，最高法規としての地位にあるといえる[12]。ところが，上記の判決の示す論理に従えば，憲法の最高法規性を支える人権が明確に侵害されたとしても，憲法の下位法規である法律に定められた制度を理由に，その救済を否定できるということになる。そこでは，法律によって否定し得ない人権が侵害されても，その救済は法律によって否定できるという，ある種の"背理"が肯定されることになるのである。

この背理の背景には，権利が存在しているということと，権利が救済されることを区分して考えた上で，権利の保障を権利の存在のみで認識しようとし，救済の法的位置づけを軽視するという思考方法の存在を指摘できるのではないだろうか。すなわち，権利が法に定められていることと，その権利が侵害されたときにどのような救済が与えられるかという問題を切り離して考えた上で，前者に重きを置き，権利の保障とは，権利が何らかの法に実定化されていることであると捉えるという思考方法である。そこでは，権利の内容を実体法に規定し，それが侵害されたときに選択できる訴訟手続を手続法で規定しておけば，それによって権利の保障が完結すると考えられる。その結果，実体法に定められた権利内容と手続法に定められた訴訟手続の内容が充実するほど，保障される権利の範囲は広がると考えられることになる。これを図示すれば，**図1**のように表すことができる。

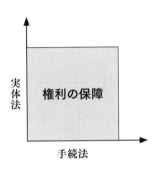

図1　実体・手続法モデル

このような実体・手続法モデルでは，権利保障の充実度は，実体法と手続法の積として認識されるため，権利保障を充実化させるためには，まず実体的権利の内容を伸長させることが求められる。これを憲法上の人権保障について考えれば，憲法の人権規定を豊富化する，あるいは憲法解釈によって既存の人権の保障範囲を広げる，または新しい人権を解釈上創出するという方法が，人権

---

12)　芦部前掲（注1）12頁，佐藤前掲（注2）37頁。

保障の拡大のために想定される。戦後憲法学の一大潮流であった憲法訴訟論が，違憲審査基準論の確立に心血を注いできたのも，人権の実体に対する不当な制限を押しとどめ，憲法上認められるべき人権の範囲を広げるためであった。また，立法論・法政策論的には，手続法を修正し，「訴訟法の留保」を緩和することによって，人権訴訟の間口を広げることも人権保障を充実化する方法として考えられる。実体的権利をいくら拡張しても，それを訴える方途が限られていては，図1の権利保障の面積は広がらないからである。

　しかし，実体・手続法モデルには重大な問題点がある。それは，人権を侵害された者に具体的にどのような救済を与えるかという視点が意識化・顕在化しにくいという点である。これを上述の優生保護法国賠訴訟の地裁判決を例に見てみよう。一連の地裁判決では，子を産み育てる権利としてのリプロダクティブ権や平等権等が実体的な人権として認められ，それらの侵害が認定された。すなわち図1の縦軸は原告が主張するとおりに実現した。そして，権利侵害の回復を求める手続として，国家賠償請求が可能であることも是認され，優生条項廃止の立法不作為について国に賠償責任があることも認められた。つまり，図1の横軸に関しても原告の主張が受け入れられたのである。にもかかわらず，原告の受けた人権侵害に対する救済は，除斥期間の形式的な適用によって否定されてしまった。このことの問題性をあぶり出すためには，実体と手続という2つの要素だけで権利保障を説明するのではなく，救済という概念を権利保障の独立した構成要素として顕在化させる必要がある。これまでの人権論は，救済を明確に認識し，その位置づけを明らかにしてきたとはいえない。その結果，憲法上の人権に対する侵害が明白に認定されたにもかかわらず，法律上の制度によってその救済が否定されるという背理を批判するための理論を欠いてきた。この意味において，これまでの人権論は「救済なき人権論」だったといえる[13]。

---

13)　このような「救済なき人権論」に対して，その欠陥を批判し，救済の視点を加味する人権論が，1980年代以降，佐藤幸治，棟居快行，松井茂記，遠藤比呂通，井上典之，笹田栄司，竹中勲らによって展開されてきた。本章もこれらの先行研究に大きな影響を受けているが，紙幅の都合上，その詳細についてはここでは論じない。佐藤らの展開した人権救済論とそれに対する筆者の評価については，金子匡良「「救済」の概念――人権を救済することの意義と方法」浜川清他編『行政の構造変容と権利保護システム』（日本評論社，2019年）19頁以下を参照されたい。

II　救済の観念

1．英米法の救済法モデル

　日本の「救済なき人権論」とは異なり，欧米では救済に重きを置いた法理論が展開されてきた。とりわけ英米法では，実体法，手続法と並んで，救済法（law of remedies, remedial law）という法分野が確立しており，権利侵害に対して裁判所がどのような救済を与え得るかが，権利の実体や訴訟手続からは独立して議論されている。このような認識モデルを図1と対比的に図示すれば，図2のようになるであろう。

　このモデルでは，法に定められた実体的権利と，それを侵害された場合に回復を求める手続のみで権利の保障を構成するのではなく，手続を経てどのような救済を具体的に得ることができるのかを独立した要素として析出し，この3つの要素の積として権利の保障を認識しようとする。こうした認識モデルの背景には，法

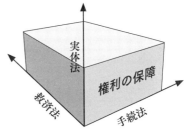

図2　救済法モデル

が権利を創造するのではなく，勝ち取られた権利と救済が法を形成してきたというヨーロッパ法の歴史がある。法は「権利の体系」であるという認識は，古代ローマ以来のヨーロッパ法の時空を貫く通時的な構造であるといわれ[14]，英米法の特徴を言い表すのにしばしば引用される「権利あるところに救済あり」（Ubi jus, ibi remedium）という法諺は，このような歴史と法文化を端的に示すものといえる。英米法では，救済されない権利は画餅に過ぎず，それは実質的な意味における権利とはいえないと考えられており，そのため権利を侵害された者に有効な救済を与えるためには，理論を無視してでも，裁判所の手を通じて権利の実現を図るための手段を講じるという伝統が根づいている[15]。その結

---

14)　勝田有恒＝森征一＝山内進編著『概説西洋法制史』（ミネルヴァ書房，2004年）3-4頁（山内執筆部分）。

15)　田中英夫『英米法総論　上』（東京大学出版会，1980年）21-22頁。

果，救済法が確固たる法的概念として認識され，定着しているのである。

2．救済法の内容

　救済法の具体的な内容，つまり権利侵害の被害者に対する救済手法は，制定法のみならず判例法によるところも大きいため，それをどのように類型化するかについては論者によって違いがあるが[16]，一般的には，①損害賠償（damages），②原状回復（restitution），③宣言的（確認的）救済（declaratory remedies），④強制的救済（coercive remedies）の4つに分類される[17]。

　①の損害賠償は，権利侵害による損失を金銭賠償によって塡補するものであり，日本でも代表的な救済方法のひとつであるが，英米法的な救済法の場合，極めて悪質な被告に対しては，損失の塡補という範囲を超えて，制裁的な懲罰的損害賠償（punitive damages）を課すこともできる。②の原状回復は，日本でいうところの目的物の返還や不当利得返還を意味するが，それを超えて，権利侵害によって得られた利益の「吐き出し」（disgorge）を含むなど，その内容は多様である。③の宣言的救済とは，権利や法律関係の存否を確認することによって，紛争の解決を図るという救済方法であり，日本でいうところの確認判決に該当する。④の強制的救済は，裁判所が加害者（被告）に対して，一定の作為や不作為を命じることであり，特定履行（specfic performance）とインジャンクション（injunction）[18]の2つの種類がある。特定履行は，契約上の義務の履行を命じるというものであるが，インジャンクションは裁判所の裁量的な判断で必要と思われる作為・不作為を命じるものであり，英米法の救済法に特徴的な手法といえる[19]。

---

16)　救済手法をどのように類型化するかは，それ自体がひとつの研究テーマとなっている。*See*, Rafal Zakrzewski, Remedies Reclassified（OUP, 2005）p. 63ff.

17)　Dan B. Dobbs & Caprice L. Roberts, Law of Remedies（3d ed.）（West Publishing, 2018），pp. 1-8.

18)　「差止め命令」と訳されることが多いが，必ずしも行為の停止を命じるだけではなく，一定の作為を命じる場合もあるので，日本の差止め命令との混同を避けるために，本章では「インジャンクション」と表記する。

19)　憲法上の人権救済に関するインジャンクションの典型例としてしばしば挙げられるのが，ブラウン事件（Brown v. Board of Education）におけるそれである。黒人を隔離する人種別学校の違憲性が問われたこの事件において，アメリカ連邦最高裁は，まず，人

3. 救済を受ける権利

英米法における救済法は，元々は私法分野で発展したものであるが，憲法上の人権の救済にも適用され，そのような救済法は「憲法（的）救済法」といわれる。では，憲法救済法の法的な根拠はどこに求められるのであろうか。この点，アメリカ憲法は，人権救済に関する明確な根拠規定を持たず，個々の憲法救済法は，表面的には制定法か判例法に根拠を持つに過ぎない。しかし，「権利あるところに救済あり」の伝統は，憲法上の人権についても，その内には救済が含まれているとの認識を生み出し，人権と救済は一体のものとして実現されるべきと解されている[20]。すなわち，憲法救済法の根拠は，憲法が人権を規定しているということ自体に内包されているのである。

他方，カナダ憲法は，憲法救済法の根拠規定となる条文を有する。カナダの成文憲法典は，主として統治機構を定めた 1867 年憲法と，人権条項である「権利及び自由の憲章」を含む 1982 年憲法から成る[21]。このうち 1982 年憲法 24 条 1 項は，「この憲章が保障する権利又は自由を侵害又は否定された者は，管轄権を有する裁判所に対して，当該裁判所が諸条件に照らして適切かつ公正であると考える救済を得るために，申立てを行うことができる」と定めている[22]。この規定は，個人の人権として「救済を受ける権利」を保障するととも

種別学校は平等原則違反であると宣言し（ブラウン事件第一次判決〔347 U.S. 483 (1954)〕），続いてこれを是正するために，学校の建物，通学方法，人事，学区，関連条例等の見直しの検討を教育委員会にインジャンクションとして命じ，是正が行われている間，連邦地方裁判所がそれを監督し続けると判示した（ブラウン事件第二次判決〔349 U.S. 294 (1955)〕）。

20) Michael L. Wells & Thomas A. Eaton, Constitutional Remedies (Praeger, 2002), pp. xvii–xxii. 憲法救済法にも一定の限界は存在し，特に議員や裁判官に認められた免責特権や，公務員の裁量行為に伴う免責特権は，憲法救済法に大きな制約を課している。ただし，憲法救済法の限界を画する際には，憲法の条文や権力分立等の憲法を支える法原理にその根拠が求められなければならない（Id., pp. 139–169）。

なお，アメリカの憲法救済法の観点から日本の憲法訴訟を考察する論考として，大林啓吾「憲法的救済」千葉大学法学論集 36 巻 2 号（2021 年）参照。

21) カナダ憲法の歴史と概要については，松井茂記『カナダの憲法——多文化主義の国のかたち』（岩波書店，2012 年）参照。

22) 原文は以下の通りである。Anyone whose rights or freedoms, as guaranteed by this

に，「適切かつ公正であると考える救済」を命じる権限を裁判所に与えること
によって，人権救済について裁判所が広い裁量を有することを明らかにしたも
のであると解されている[23]。憲法には具体的な救済方法は明記されていないも
のの，損害賠償のほか，インジャンクションや刑事訴訟の中断命令等が用いら
れている[24]。人権救済に対する裁判所の裁量は，制定法やコモン・ローによっ
て制限を受けることはないが，憲法上の原則には拘束される。ここでいう憲法
上の原則とは，①裁判所による救済は人権侵害や原告の状況に対応した有意
義なものであるべきこと，②立法府や行政府の役割を尊重すべきこと，③司
法権に対する信頼に適うものであること，④被告に対しても公正なものであ
ることなどである[25]。

4．大陸法モデル

　上述のような，裁判所に救済創造の裁量を広く認めるアメリカやカナダにお
ける救済法の観念は，英米法の歴史と伝統の中で培われてきたものであり，そ
うした土壌を共有しない日本にそのまま移植することは困難であるとの指摘が
ある[26]。そもそも，英米法では原告の受けた権利侵害を救済するために，裁判
官の裁量に基づいて，被告に対して種々の行為を命じることができるため，ど
のような場合にどのような救済を命じるかについて判例が蓄積していくことと
なり，それが実体法や手続法とは別個の法体系としての救済法を形成するに至

Charter, have been infringed or denied may apply to a court of competent jurisdiction to
obtain such remedy as the court considers appropriate and just in the circumstances.

23）　Robert J. Sharpe & Kent Roach, The Charter of Rights and Freedom (7th ed.) (Irwin
　　Law, 2021), pp. 491-494.　なお，松井前掲（注21）162-163頁，富井幸雄「カナダ憲法
　　の権利実効条項（Enforcement）──憲法救済法の視点」法学会雑誌（首都大学東京）
　　59巻2号（2019年）3-4頁参照。

24）　*Id*., p. 500ff.　なお，富井前掲（注23）18頁以下も参照。

25）　*Id*., p. 494.

26）　例えば，アメリカの救済法をモデルに，日本における救済法の確立を説いてきた佐藤
　　幸治の司法救済論に対して投げかけられた，「結局アメリカ合衆国における裁判所の活
　　動の歴史的・経験的な現実をふまえたものでしかないのではないか」という批判がそれ
　　に当たる（野坂泰司「「司法権の本質」論について」杉原泰雄＝樋口陽一編『論争憲法
　　学』（日本評論社，1994年）293頁）。

った。これに対し，ヨーロッパ大陸では，裁判官に救済創出の裁量は認められておらず，裁判官は実体法に定められた権利が侵害されたか否かを判断し，手続法に定められた方法による権利回復を命じることができるにとどまる。そのため，法律に定めのない独自の救済策が生じる余地はなく，それゆえ独立した法領域としての救済法が成立することもなかったのである。すなわち，大陸法では，救済は予め定められた法律から自動的に導かれる副産物に過ぎないといえる。

　日本は明治以降，ヨーロッパ大陸法に倣って法体系を形成してきたために，当然，図1に示した実体・手続法モデルで権利の保障を考えてきた。これが「救済なき人権論」の一因であることは先に指摘したとおりであるが，しかし近年，ヨーロッパ大陸法においても，救済法を意識した議論がなされている。例えば，ホフマンとクルツらはEU法の発展に伴って，大陸法にも英米法における救済法的な観念と法領域が成立しつつあることを指摘し，その存在形式や機能を分析している[27]。ホフマンらは，大陸法の中に裁判官の判断に基づく救済を見出し得る可能性を指摘し，その糸口として権利の「実行」（enforcement）という概念を掲げる[28]。ホフマンらは，法とは権利の実現であり，それは実体的権利とその実行との積によって表現できるという（図3）[29]。適切な実行が伴わない権利は，実効的に保障されているとはいえず，実体的権利の実効性はその権利の実行の程度如何にかかっている。権利の実行内容は手続法によって規律されるものの，実際の訴訟においては，種々の利益が衡量され，均衡のとれた権利実現が図られなければならない。この均衡が最もバランスよく達成されたときに，権利の保障が最大化し，法が実効的に実現することとなる。ホフマ

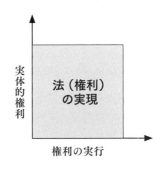

図3　ホフマン＝クルツ・モデル

27)　Franz Hofmann & Franziska Kurz (eds.), Law of Remedies: A European Perspective (Intersentia, 2019).

28)　Franz Hofmann & Franziska Kurz, *Introduction to the 'Law of Remedies'*, in *Ibid.*, p. 11ff.

29)　*Id.*, p. 12.

ンらは，この過程がヨーロッパ大陸法における救済として捉えられるというのである。

　このホフマン＝クルツ・モデルは日本法にも当てはめることができるであろう。日本法においても，権利の保障は，実体法に定められた実体的権利と手続法に従った「実行」とが掛け合わされたものと観念することができる。しかし問題は，権利の実現を最大化するような，換言すれば**図 3** に示された法（権利）の領域を最大化するような権利の実行，つまりホフマンらがそこに救済の観念を見出したような権利の実行が行われているかどうかである。ホフマンらのいう利益衡量は，日本の人権訴訟でも広く行われているが，そこでの利益衡量は相当に形式的なものであり，得てして恣意的に行われる傾向が強いために，公共の利益や社会的利益が優先されがちになるとの批判がかねてより加えられている[30]。

　このような違いの背景には，権利の実行における救済観念の濃淡の差が影響していると思われる。先述のとおり，欧米には，法は「権利の体系」であるという揺るぎない認識があり，権利の実現こそが法の実現であるという伝統的な法意識が根づいている。そこでは，権利の実現としての権利救済が当然に意識され，利益衡量においても，権利の最大化に配慮がなされる。このように，大陸法においても，救済の観念は権利実現の指標として確固たる位置づけを得ているのである。前述のカナダ憲法が定める救済を受ける権利は，こうした権利実現の指標としての救済を権利概念として具現化したものであり[31]，英米法と大陸法で救済観念の発現形態は異なるとはいえ，権利と救済を一体的に捉えるという点において，両者は軌を一にするものといえる。

---

[30]　芦部前掲（注 1）103–104 頁，戸松前掲（注 4）272–273 頁，渋谷秀樹『憲法［第 3 版］』（有斐閣，2017 年）719–721 頁。最近の形式的な比較衡量論の適用事例として，住宅条例に基づく暴力団員家族への住宅明渡し請求が，居住の自由を侵害しないかが争われた裁判例（最判平 27 年 3 月 27 日民集 69 巻 2 号 419 頁）が挙げられるであろう（金子匡良「暴力団員への住宅明渡請求を認める条例の合憲性」長谷部恭男＝石川健治他編『憲法判例百選 I ［第 7 版］』別冊ジュリスト 245 号（有斐閣，2019 年）228 頁以下参照）。

[31]　救済を受ける権利条項の規範構造は，憲法上の人権が侵害された際に効果的な救済を与えるよう解釈されなければならないとの原則を含むと解されている（富井前掲（注 23）6–7 頁）。

86

III 救済の顕在化

1. 救済を受ける権利モデル

では，救済の観念が意識的に認識されておらず，それが顕在化していない日本法において，どのように救済を実効化すればいいのであろうか。ホフマン＝クルツ・モデルは，日本法の土台となっている実体・手続法モデルを修正するモデルとして接合性が高いといえるが，そもそも救済の観念が希薄である日本では，ホフマン＝クルツ・モデルも本来の意義を発揮することができないであろう。そこで，救済法モデルに倣い，救済観念を独立した座標軸として顕在化させる必要があるが，英米法と異なり，裁判官に大幅な救済裁量が認められていない日本では，救済法という独自の法体系を観念することは難しい。

では，カナダ憲法のように，救済を受ける権利を顕在化させ，権利の保障を実体的権利と権利の実行，そして実体的権利に付随する救済を受ける権利によって構成するというモデルが考えられないであろうか。救済を受ける権利は，それを単独で行使するものではなく，実体的権利が侵害された際に，それに付随して機能するものである。これを実体的権利や，手続法を含む権利の実行とは意識的に切り離し，独立の概念として観念することができれば，救済法モデルと同様の枠組みで権利保障を把握することができよう。これを図示すると，**図4**のようになる。

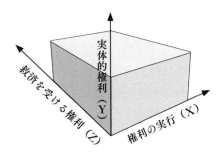

図4 救済を受ける権利モデル

欧米においては，権利は救済を伴うという意識が定着しており，個々の権利には救済を受ける権利が付随するという法理を敢えて区別して顕在化させないため，救済は実体的権利とその実行の背景に隠れて見えないが，日本法ではこの法理を意識的に顕在化させ，権利の実現の領域を押し広げる指針として明示することが求められる。権利の実現の度合いを，実体的権利とその実行との積（面積）として把握するのではなく，実体的権利とその実行，および救済を受

ける権利との積（体積）と捉えることによって，日本における権利保障の課題がより鮮明になるであろう[32]。

　先に取り上げた優生保護法国賠訴訟神戸地裁判決においては，優生保護法が原告の人権を侵害し，法の下の平等にも反するものであることを明確に認めるとともに，優生法護法を改廃しなかった国の立法不作為が，国家賠償法上，違法と評価されるとして，原告の権利を**図4**のXYの積として平面的には肯定した。しかし，除斥期間を理由として損害賠償請求を退けたために，救済を受ける権利はまったく充足されず，この結果，XYZの体積はゼロとなり，結局，権利の保障はなされなかった。救済を欠くことによって，人権が文字通り奥行きのない平面的な画餅に帰したのである。

　日本における今後の人権救済法理を検討するにあたっては，人権と救済を結びつけるために，救済の観念を顕在化させ，意識化することが求められる。その梃子となるのが救済を受ける権利なのである。

　救済を受ける権利は，カナダなど一部の国の憲法だけではなく，各種の国際人権条約にも定められている。例えば，世界人権宣言8条は，「すべて人は，憲法又は法律によって与えられた基本的権利を侵害する行為に対し，権限を有する国内裁判所による効果的な救済を受ける権利を有する」と定め，人種差別撤廃条約6条も，「締約国は，自国の管轄の下にあるすべての者に対し，〔…〕差別の結果として被ったあらゆる損害に対し，公正かつ適正な賠償又は救済を当該裁判所に求める権利を確保する」と規定する。また，国際人権規約自由権規約2条3項は，「この規約において認められる権利又は自由を侵害された者が，〔…〕効果的な救済措置を受けることを確保すること」を締約国に課している。こうした現状に鑑みれば，救済を受ける権利の保障は，人権法における標準形になりつつあるといえ，日本の司法制度との整合性に留意しつつ，救済を受ける権利を日本国憲法に取り入れることも，法理的には十分可能であると

---

32)　民事訴訟法学者の川嶋四郎は，民事訴訟において，実体法・手続法とは別に独自の法領域として救済法を措定することを主張する（川嶋四郎『民事救済過程の展望的指針』（弘文堂，2006年）19頁以下）。川嶋の主張は本章で述べた救済法モデルに近いが，既存の実体・手続法モデルから救済の観念を抽出して独立させるという本章の主張は，川嶋の見解に着想を得たものである。

考えられる。

　なお，救済を受ける権利は，その性質上，損害賠償請求権のような請求権，あるいは裁判を受ける権利と類似しているため，あえてこれを「救済を受ける権利」と記述する必要はないとの批判があり得よう。しかし，救済を受ける権利は，請求権とも裁判を受ける権利とも異なる独自の内容を有している。

　請求権は，もともと裁判所に訴えて保護を求める権利（アクティオ）と離れて実体的権利の観念が存在しなかったローマ法の権利体系を，19世紀ドイツの法律学が実体法と手続法の分化という視角から再構成する中で生み出された概念であり，アクティオの実体的な側面を近代的な権利体系に翻訳したものといわれている[33]。このような請求権の沿革と内容から考えれば，それは救済を受ける権利と同内容であり，図4の救済を受ける権利も，これを請求権と言い換えれば，すでに日本の法体系においても具体化しているようにも見える[34]。しかし，両者はその名宛人が異なる。請求権は債務者（人権侵害でいえば人権を侵害した加害者）に対して行使するものであるのに対して，救済を受ける権利は国に対して主張するものである。図4でいえば，請求権は実体的権利の一部としてY軸に包含されており，他方，救済を受ける権利はこれとは別に，国を名宛人とする別個の権利として観念される。

　では，救済を受ける権利が国家を名宛人とする権利であるならば，それは裁判を受ける権利で代替可能であろうか。確かに，救済を受ける権利を定めるカナダ憲法24条1項や世界人権宣言8条は，裁判を受ける権利を保障したものであると読むこともできる。しかし，裁判を受ける権利は，もともと恣意的な裁判を抑止するために，法律で設置された裁判所以外の裁判所（例外裁判所・緊急裁判所）による裁判を禁止するものとして成立し，これが政治権力から独立した公平な裁判所による裁判を受ける権利へと発展していった[35]。日本国憲法32条が定める「何人も，裁判所において裁判を受ける権利を奪はれない」

33）　高橋和之＝伊藤眞他編『法律学小辞典［第5版］』（有斐閣，2016年）752頁。

34）　この点を捉えて，英米法的な救済観念は，日本ではすでに請求権として記述されてきたと指摘するものとして，安念潤司「憲法訴訟論とは何だったか，これから何であり得るか」論究ジュリスト1号（2012年）132-134頁参照。

35）　松井茂記『裁判を受ける権利』（日本評論社，1993年）112-113頁。

との文言は，このような裁判を受ける権利の沿革を反映したものということができ，これは救済を受ける「入口」としての裁判所へのアクセスを保障したものといえる[36]。これに対して，カナダ憲法 24 条 1 項や世界人権宣言 8 条は，裁判所へのアクセスを保障するとともに，裁判の「出口」としての救済を受ける権利を明文で保障している。日本国憲法 32 条についても，裁判所へのアクセスを保障するだけではなく，実効的な救済を受ける権利が包含されているという見解も有力であるが[37]，カナダ憲法 24 条 1 項等との文言的な差異を考えれば，日本国憲法 32 条の中に救済を受ける権利まで読み込むことは困難であろう[38]。

2．救済を受ける権利の導出

では，日本国憲法の中に救済を受ける権利を取り入れるためには，どうしたらいいのであろうか。最も直接的な方法は，憲法 32 条を改正し，実効的な救済を受ける権利を明定することである。そうすれば，実体的権利の認定に加えて，救済を受ける権利の保障を争点とすることが可能になり，権利と救済の一体性が明らかになる。しかしながら，日本においては，憲法改正には多くの困難が伴うため，法政策論的に見た場合，この方法による救済を受ける権利の確立はハードルが高い。そこで考え得るのは，「権利あるところに救済あり」との法理を法の一般原則として憲法解釈の中に取り入れ，その延長線上に救済を受ける権利を解釈上導出するという方法である。

救済を受ける権利の片鱗は，判例の中にも見て取ることができる。例えば，1976 年の衆議院議員定数配分違憲訴訟判決[39]において，最高裁は，「およそ国

---

36) 判例もこれと同じ立場に立っており，憲法 32 条の趣旨は，「国民は憲法又は法律に定められた裁判所においてのみ裁判を受ける権利を有し，裁判所以外の機関によつて裁判をされることはないことを保障したもの」であると解している（最判昭和 24 年 3 月 23 日刑集 3 巻 3 号 352 頁）。

37) 代表的な論者として，笹田栄司と松井茂記を挙げることができる。笹田栄司『実効的基本権保障論』（信山社，1993 年）297 頁以下，松井前掲注（35）148-208 頁，松井茂記『日本国憲法［第 4 版］』（有斐閣，2022 年）495-499 頁参照。

38) 同旨，富井前掲注（23）1-2 頁。

39) 最判昭和 51 年 4 月 14 日民集 30 巻 3 号 223 頁。

民の基本的権利を侵害する国権行為に対しては，できるだけその是正，救済の途が開かれるべきであるという憲法上の要請」を理由として，議員定数の不均衡を選挙無効の原因として主張し得ることを認めた。ここでいう「救済の途が開かれるべきであるという憲法上の要請」とは，人権救済に通底する一般原則として，人権には救済が付随しなければならないという要請と読み替えることができるであろう。ただし，この判決は「救済を受ける」こと自体ではなく，「救済の途が開かれる」ことを憲法上の要請としたに過ぎず，図4でいうならば，Y軸の選挙権の平等という実体的権利を，訴訟を通じて主張する途を開くこと，すなわちX軸の権利の実行を認めるべきことを述べたものといえる。したがって，本判決は，「権利あるところに救済あり」を憲法の要請としたのではなく，図4に則して言えば「権利あるところに実行あり」と述べたにとどまる。実際に本判決では，選挙の違法を宣言したものの，いわゆる事情判決の法理を「一般的な法の基本原則」として「高次の法的見地」から適用し，選挙そのものは有効なものとして認め，原告が求めた選挙の無効と再選挙の主張を退けた。結果的に原告らの選挙権の平等は侵害されたままとなり，救済されなかったのである。原告の救済を否定したこの論理構成は，優生保護法国賠訴訟の一審判決と同様のものといえる。

　救済を受ける権利の導出に関連して，別の糸口を与えてくれるのは，他でもない一審で救済が否定された優生保護法国賠訴訟の控訴審判決である。控訴審判決の中には，一審の地裁判決を取り消して原告に対する損害賠償を認め，救済を実現したものがあったが，そこで用いられたのが，除斥期間の適用制限であった。除斥期間は，本来，当事者の意思にかかわらず，不法行為の発生から20年の期間が経過すると当然に損害賠償請求権が消滅するという制度であるが，最高裁は1998年の予防接種ワクチン禍事件判決[40]でこれを緩和し，除斥期間によって被害者の国家賠償請求権を消滅させることが，著しく正義・公平の理念に反すると解されるような特段の事情がある場合には，除斥期間の適用を制限できる旨を明らかにした。

　優生保護法国賠訴訟の控訴審判決の中には，この法理を援用して除斥期間の

---

40)　最判平10年6月12日民集52巻4号1087頁。

適用に制限をかけ，被害者救済に途を開いたものがある。例えば，大阪高裁判決[41]は，「旧優生保護法〔…〕による人権侵害が強度である上，憲法の趣旨を踏まえた施策を推進していくべき地位にあった被控訴人（国）が，上記立法・施策によって障害者等に対する差別・偏見を正当化・固定化，更に助長してきたとみられ，これに起因して，控訴人（被害者）らにおいて訴訟提起の前提となる情報や相談機会へのアクセスが著しく困難な環境にあったことに照らすと，〔…〕除斥期間の適用をそのまま認めることは，著しく正義・公平の理念に反するというべきであり，〔…〕除斥期間の適用が制限されるものと解するのが相当である」と判示して，除斥期間によって賠償請求を退けた地裁判決[42]を変更した。

　同様に，東京高裁判決[43]も，被害者らが「優生手術を受けたことを認識できたとしても，優生手術が国策によるものであること，しかもそれが違憲な優生条項に基づくものであることについて，被控訴人（国）の作為又は不作為により構造的に理解しにくくされている状況下で，被害者において，これが被控訴人による不法行為を構成するものであると明確に認識して権利行使をすることは，〔…〕極めて困難ないし事実上不可能であったといえるから，このような場合に，不法行為時（本件優生手術実施時）から20年の経過をもって被害者の損害賠償請求権が消滅することを許容することは，著しく正義・公平の理念に反するということができる」として，除斥期間の適用を制限した。

　これらの控訴審判決は，人権侵害立法としての優生保護法によって，国自身が差別的な状況を作り出し，被害者が救済を求めることを困難にしてきたにもかかわらず，国が除斥期間によって賠償責任を免れることは正義・公平の理念に反するものであることを強調する。これは，正義・公平の理念を民法上の除斥期間に優位する法原則であると捉え，それがゆえに除斥期間の適用を制限できるとの論理に基づいた判断といえる。ここでいう正義・公平の内容は判然としないが，除斥期間が原告に過度の不利益を強いるものであるために，その修正を図る法理と捉えれば，これを「衡平」の原理と言い換えることができるで

---

41)　大阪高判令和4年2月22日賃金と社会保障1798号45頁。
42)　大阪地判令和2年11月30日訟月67巻12号1661頁。
43)　東京高判令和4年3月11日賃金と社会保障1807 = 1808号96頁。

あろう[44]。

　この衡平の原理は，救済を受ける権利と密接な関係を有する。衡平の原理を法として取り入れた代表例は，イギリスの衡平法（equity）であるが，もともとイギリスでは判例として蓄積された一般法としてのコモン・ローに基づいて救済を行っていたところ，それでは救済を得られない者が，正義衡平の観点から救済の請願を行うようになり，その過程の中で裁判官の救済裁量に基づく衡平法という新たな法体系が成立していった[45]。すなわち衡平の原理は，一般的な法の適用では救済が適わない者を救済するための法理として存在するものであり，それを生み出し，発展させてきた動因は救済をいかに実現するか，換言すれば，救済を受ける権利をいかに保障するかという実際的な必要であった。優生保護法国賠訴訟が，このような衡平の原理を「正義・公平」の内容として捉え，それによって実定法上の除斥期間の適用を制限したことは，日本における救済を受ける権利の可能性という観点から注目される[46]。このような高裁判決を受けて，最高裁も衡平の原理を土台とするところの「正義・公平」の理念によって，除斥期間の適用を制限する判例を確立するか否か，判断が待たれるところである。

　救済を受ける権利の保障として，最も着目される事例は，国籍法違憲訴訟の

44）　衡平とは，一般的な規範である法をそのまま適用することが妥当でないような場合に，それを具体的な事案に即して修正する原理である。高橋他編前掲（注33）394頁。

45）　衡平法の成立過程については，J. H. ベイカー（深尾裕造訳）『イギリス法史入門［第4版］第I部』（関西学院大学出版会，2014年）17-50頁，137-164頁，戒能通弘＝竹村和也『イギリス法入門』（法律文化社，2018年）15-25頁参照。

46）　なお，除斥期間の適用制限を認めた前掲（注40）の1998年最高裁判決等は，それが認められる根拠として，民法158〜160条が定める時効停止の規定の法意を挙げていたが，上記東京高裁判決は，本件で時効の停止は適用できないことを認めた上で，1998年判決等は「民法158条，160条等の根拠規定が存在することを明示的に要求しているものではなく，その「法意に照らし」，除斥期間の効果を制限すべきと判示するものである」とし，「ここにいう時効停止規定の法意」とは，「権利行使が極めて困難ないし事実上不可能な場合に，被害者の権利が消滅し，その原因を作った加害者が責任を免れることは，著しく正義・公平に反する」という趣旨に解すべきとして，1998年判決の射程を広げた。この点でも同控訴審判決は注目される。

最高裁判決[47]であろう[48]。この訴訟では，日本人の父と外国人の母の間に生まれた後に父から認知された子は，父母の婚姻によって嫡出子たる身分を取得しない限り，日本国籍の取得を認められないと定める国籍法の規定が，法の下の平等に反するか否かが問われた。最高裁は，国籍法の規定を違憲と判断したが，当該規定をすべて違憲無効とすれば，子に国籍を付与するための根拠条文を他に見出すことができないため，結局，子は救済されないことになる。そこで最高裁は，「本件区別による不合理な差別的取扱いを受けている者に対して直接的な救済のみちを開くという観点」から，違憲とされた条項の一部のみを無効とすることによって，生後認知を受けただけの子にも，父母が婚姻をした子と同様に日本国籍の取得を認めるとの解釈を行った。このような判断は，外形的には新たな国籍取得の要件を裁判所が創設するものであって，立法権を侵すおそれがあるが[49]，最高裁は「直接的な救済のみちを開く」ことを重視して，踏み込んだ判断を行った。

　これを図4のモデルに当てはめれば，実体的権利の存在を認め，それが侵害されていることを訴訟において認定しただけでは，XY軸から成る面としての人権保障がなされたに過ぎず，人権侵害からの救済が受けられていないため，結局，人権保障は完成しない。そこで最高裁は，具体的な救済を実現するため

47)　最判平成20年6月4日民集62巻6号1367頁。

48)　なお，近年，ハンセン病患者が被告人となった刑事事件をハンセン病療養所等に設けた「特別法廷」で裁いたことの違憲性が問われた事件において，熊本地裁が「ハンセン病病歴者がハンセン病に対する偏見・差別により受けてきた被害につき救済を受ける権利は，憲法13条等により保障されるというべきである」と判示し，限られた文脈ではあるが，憲法13条から救済を受ける権利を導出するという裁判例があった（熊本地判令和2年2月26日判時2476号44頁）。救済を受ける権利をひとつの独立した新しい人権として憲法13条から導くという解釈は注目に値するが，救済を受ける権利は個々の人権に内包されたものと解する本章の理解とは異なる。仮に救済を受ける権利の根拠を憲法13条に求める場合，すべての人権訴訟において，侵害された人権の他に憲法13条に基づく救済を受ける権利の保障を主張することとなるが，それは憲法13条への過剰な依拠になると思われる。これに関連して，憲法13条から救済を受ける権利の導出を試みる見解として，竹中勲「実効的人権救済権論」佐藤幸治他編『憲法五十年の展望II——自由と秩序』（有斐閣，1998年）345頁以下参照。

49)　判決に反対意見を付した5人の裁判官は，多数意見は「司法権の限界との関係で問題がある」，「法解釈としては限界を超えている」と述べる。

の積極的解釈を行うことによって，原告の救済を受ける権利を実現し，XYZ軸から成る総体としての人権保障を完成させたといえる。法の下の平等の保障というXY軸の次元で考えれば，最高裁の判断は矩を踰えた越権行為と映るが，Z軸が要請する救済を受ける権利の保障と捉えれば，「この条文の存在（立法者の判断）を前提としこれを活かす方向で考えるべきことは，当然」（藤田宙靖裁判官の意見）であって，これを行なわずに救済を受ける権利を無視することは，むしろ裁判所の懈怠といえよう。

3．憲法訴訟における救済を受ける権利の意義

　先に述べたとおり，憲法訴訟は民事訴訟や行政訴訟などの他の訴訟を“間借り”して行われる。訴訟は一般に，社会関係における利害の衝突，紛争を解決し調整することを目的とするが[50]，各訴訟にはそれぞれの目的がある[51]。仮に憲法訴訟が他の訴訟を“間借り”するだけのものであるならば，憲法訴訟に固有の目的は存在しないのであろうか。ここで重要なのは，憲法訴訟は憲法に関わる争点を伴って提起される訴訟であるがゆえに，そこにおいて違憲審査が行われるという点である。言うなれば，憲法訴訟は，違憲審査権が実行される訴訟であり[52]，この点に他の訴訟にはない憲法訴訟の特質を見出すことができる。

　憲法の最高法規性を維持するためには，違憲の法令や権力行使を予防・是正するための憲法保障制度が必要となるが，憲法保障制度の中でも特に重要なものが違憲審査制である[53]。個々の憲法訴訟は，直接的には原告と被告（刑事訴訟においては検察官と被告人）の間の個別的な法的紛争を解決するために行われるが，そこで憲法上の争点が提起され，違憲審査が実行される場合には，憲法保障の実践として憲法の最高法規性を確保するという目的が加わることになる。

---

50)　兼子一＝竹下守夫『裁判法［第4版］』（有斐閣，1999年）1頁。
51)　とりわけ民事訴訟法学においては，かねてより民事訴訟制度の目的，およびそれに連動する形で訴権論が議論されてきた。そこでは，民事訴訟制度の目的は紛争解決にあるとする紛争解決説が通説とされ，それに基づいて，訴権とは原告が本案判決による紛争解決を裁判所に対して求める権利であると説明されている（伊藤眞『民事訴訟法［第7版］』（有斐閣，2020年）18-22頁）。
52)　渋谷前掲（注30）693頁。
53)　芦部前掲（注1）389頁，佐藤前掲（注2）671頁。

そして，ここにこそ憲法訴訟を他の訴訟と区分して論じることの意義があるといえる。

　救済を受ける権利の保障においても，それが人権以外の権利の場合と人権の場合とでは，区分けして論じるべきであろう。人権以外の権利の救済が一般の民事訴訟等で争われる場合には，既存の法制度の枠内で種々の衡量を行い，権利救済を図っていくことになる。しかし，人権の救済が争点となる場合には，それが憲法保障にも関わる問題であることを意識し，人権救済の内容と程度を画定していかなければならない。そこでは，人権の価値と他の憲法上の価値（例えば権力分立やそこにおける司法権の限界など）を衡量して，救済の可否を決定すべきであり，形式的に既存の法制度の枠内で判断を行うべきではない。除斥期間についていえば，それは私人と私人の権利義務関係における調整原理であって，そこに憲法的な価値を見出すことができない以上，国家による人権侵害が問われている場面において，人権救済を否定するためにこれを用いることは，人権救済を受ける権利を侵害すると解すべきであろう。

　人権は最高法規である憲法上の権利である以上，それに付随する「人権救済を受ける権利」も憲法上の保護を受けなければならない。このような理解が，憲法における人権保障を，より強化し充実化していくことにつながるであろう。

おわりに

　本章では，「救済なき人権論」を是正するために，救済の観念の位置づけを探った上で，それを権利に付随する「救済を受ける権利」として保障すべきことを論じた。とりわけ人権救済を受ける権利は，それ自体が憲法上の保護を受けるために，その保障は憲法保障の意義を併有することになる。その結果，人権訴訟はそれが"間借り"している民事訴訟や行政訴訟の枠を越えて，憲法保障のための憲法訴訟として審理されなければならない。

　「救済を受ける権利」は，いわゆる新しい人権として成立し得る単独の権利概念ではなく，その内実は「権利あるところに救済あり」との法理を言い表したものに過ぎない。しかし，救済観念の乏しい日本の法意識においては，救済の意義と必要性を顕在化するために，これを「救済を受ける権利」として理解

することが有用であろう。

　本章で論じたことは，具体的な憲法解釈の問題ではなく，その土台にある解釈指針としての法理の問題である。人権救済の充実を図るためには，個々の人権条項の解釈や違憲審査の手法に関する議論も重要であるが，その根幹にある人権救済の原理を検討すべきことも欠かせない。これまでの日本の法制度や法意識との接合性を考慮しつつ，こうした原理論の転換を図っていくことも，憲法における人権救済の法理と政策を考える上で不可欠な事柄であろう[54]。

54）「憲法における人権救済の法理と政策」との章題に反して，本章では紙幅の都合上，主として人権救済の法理に焦点を当てたが，実効的な人権救済のためには，政策的な対処が極めて重要な意義を持つ。例えば，和解・調停制度の拡充といった司法制度・司法政策上の改革や，国内人権機関の設立といった行政制度・行政政策上の改革が考えられるであろう。これらに関する筆者の見解については，さしあたり金子前掲（注13）を参照されたい。

第 4 章

行政法における人権救済の法理と政策

権利実現における司法と行政の役割

嘉藤　亮

はじめに

　法律学において，「救済」という言葉を用いるとき，それは何らかの権利ないし利益が侵害されていることから，その原因を除去し，または利益の回復を図る一連の行為がなされることを想定する。あるいは，何らかの権利を有する者がそれを行使することができず，または利益を享受することができないため，その権利利益の実現を図る一連の行為がなされることが想定される。こうした行為は，権利利益の侵害等に起因して何らかの法的な紛争が生じており，その解消を図ることと連動している。また，このような紛争は，市民間においてのみ生ずるものではなく，国家活動によって引き起こされることもありうる。そして重要なことに，こうした紛争の解決を図り，権利利益の救済を行う国家作用が司法に属するものとされていることにある。

　本章の目的は，行政法における人権救済の法理について現状を確認し，そこから見出される課題への対応と展望を示すことにある。それは法解釈に限られず，政策的な発想も伴うであろう。本章は，まず（主に行政活動を念頭に置くが）国家活動によって受けた権利利益の侵害からの救済について，司法によるものを中心に概観し，現状を確認する。その上で，行政法の存在意義から，「救済」とは何かについての検討を試みる。そこでは，国家活動の合憲性ない

し適法性の確保において裁判所に求められる役割が発展あるいは拡大してきた一方で，それを下支えし，あるいは導く理論の必要性を見出すことになろう。本章は，そうした問題意識の確認，これまでの行政法理論における展開に関する覚書である。

　なお，本章において「人権」という場合，固定的な概念ないし観念を想定してはおらず，（特に対国家の場面を念頭に）広く個人（または集団）に帰属する権利利益のことを指すものとする[1]。また，本章における司法による救済には刑事事件を通じたものは含まない。

I　救済手法としての損害賠償請求

　市民間の法律関係について争いがある場合，当該紛争の解決のため裁判所の裁定を求めることができる。これは憲法によって裁判所に与えられた司法権の発動要件としての法律上の争訟の該当性に関わる[2]。他方で，要件を満たす以

---

1) 　行政法においても人権を意識し，権利の実現を探究するものは従来から存在した。例えば，下山瑛二「行政裁判と人権」『人権と行政救済法』（三省堂，1979 年（初出 1973 年））9 頁以下は，法の支配における人権保障手段としての行政裁判の意義を強調していた。近時でも，棟居快行「基本権訴訟の可否」『人権論の新構成』（信山社，2008 年（初出 1985 年））285-315 頁は，基本権侵害の救済を求める訴訟（基本権訴訟）の可否を検討し，また，神橋一彦「憲法と行政法——行政法における基本権「侵害」の意義を中心に」岡田正則他編『現代行政法講座 I　現代行政法の基礎理論』（日本評論社，2016 年）59 頁以下は，侵害概念の拡張による基本権保障の範囲の拡大を提唱する。

2) 　法律上の争訟に関し，条例を遵守せずに建築工事に着手した者に対し，地方公共団体が当該工事の続行禁止を求めた宝塚市パチンコ店等規制条例事件において，最高裁（最判平成 14 年 7 月 9 日民集 56 巻 6 号 1134 頁）は，「国又は地方公共団体が専ら行政権の主体として国民に対して行政上の義務の履行を求める訴訟は，法規の適用の適正ないし一般公益の保護を目的とするものであって，自己の権利利益の保護救済を目的とするものということはできないから〔…〕法律に特別の規定がある場合に限り，提起することが許される」と判示した。本章では詳細に立ち入らないが，後述 III で検討するように，行政法の存在意義を踏まえれば，法律上の争訟性を認めるべきであろう。この点，岩沼市議会出席停止懲罰取消訴訟において，最高裁（最判令和 2 年 11 月 25 日民集 74 巻 8 号 2229 頁）は，地方議会における議員の出席停止懲罰の効力に関する紛争につき，住民の代表である議員としての中核的な活動を制約するものであること等から法律上の争訟性を認めており，この点でも司法の役割に変化がみられる。両判決の検討から，法律上の

上は，国民の側には裁判を受ける権利ないし救済を求める権利があり，これに応えて権利利益の保護や実現を果たすことが裁判所ひいては国家の重要なタスクということになる。

1．国家賠償請求訴訟の役割

　裁判所はこのような紛争解決のため当事者の権利義務関係を確認し，宣言し，または必要な措置を命じることとなる。一方当事者が不法に他方の権利利益を侵害した場合についてみれば，裁判所は当該行為が故意・過失によるものであるか否かを認定し，当該行為と損害の間とに因果関係が認められるときは，損害の賠償を命ずることとなる。これは違法な国家活動によって損害が生じた場合にも妥当し，公務員が故意または過失によって違法に公権力を行使したことに起因して損害が生じた場合，裁判所は損害の賠償を命じる（ただし，国家賠償法により賠償責任を負うのは当該公務員が所属する国または公共団体となる（国家賠償法第 1 条第 1 項））。

　国家を相手方とする紛争において，この損害賠償請求というツールが有する機能は，現に発生した損害の塡補というだけにとどまらない。そこにおいて，裁判所は，問題となった国家活動の適法性を審査することとなる。この意味で，裁判所による国家活動のチェック機能が果たされる[3]。その範囲は，個別具体の行政活動にとどまらず，国会や裁判所の活動にも及び，かつ，作為のみならず不作為まで含まれることとなる。

　この点，立法行為の国家賠償法上の違法性について，在宅投票制度廃止違憲訴訟の最高裁判決（最判昭和 60 年 11 月 21 日民集 39 巻 7 号 1512 頁）は，「立法の内容が憲法の一義的な文言に違反しているにもかかわらず国会があえて当該立法を行うというごとき，容易に想定し難いような例外的な場合でない限り，国家賠償法 1 条 1 項の規定の適用上，違法の評価を受けないものといわなければならない」として，国民代表機関たる国会が行う立法行為の政治的性格を

争訟に関する再考の可能性を示唆するものとして，人見剛「岩沼市議会議員出席停止処分事件に関する最高裁大法廷判決の意義」判時 2476 号（2021 年）11 頁以下参照。
3)　西埜章『国家賠償法コンメンタール［第 3 版］』（勁草書房，2020 年）38-42 頁。
　　宇賀克也「国家補償法の課題」行政法研究 20 号（2017 年）106-107 頁参照。

強調した判断枠組みを示し[4]，たとえ法律が憲法に違反するものであるとしても，立法行為が国家賠償法上違法となる余地を限定的に解していた。他方で，在外投票制度違憲訴訟の最高裁判決（最判平成17年9月14日民集59巻7号2087頁）は，「立法の内容又は立法不作為が国民に憲法上保障されている権利を違法に侵害するものであることが明白な場合や，国民に憲法上保障されている権利行使の機会を確保するために所要の立法措置を執ることが必要不可欠であり，それが明白であるにもかかわらず，国会が正当な理由なく長期にわたってこれを怠る場合などには，例外的に，国会議員の立法行為又は立法不作為は，国家賠償法1条1項の規定の適用上，違法の評価を受けるものというべきである」とする。これは先の在宅投票制度廃止訴訟の最高裁判決と異なる趣旨をいうものではないとするものの，実質的にこれを緩和したものと目されている[5]。

　さらに，再婚禁止期間違憲訴訟の最高裁判決（最判平成27年12月16日民集69巻8号2427頁）は，「法律の規定が憲法上保障され又は保護されている権利利益を合理的な理由なく制約するものとして憲法の規定に違反するものであることが明白であるにもかかわらず，国会が正当な理由なく長期にわたってその改廃等の立法措置を怠る場合などにおいては，国会議員の立法過程における行動が上記職務上の法的義務に違反したものとして，例外的に，その立法不作為は，国家賠償法1条1項の規定の適用上違法の評価を受けることがあるというべきである」としている。近時の国民審査制度違憲訴訟の最高裁判決も（最判令和4年5月25日民集76巻4号711頁）もこの判示部分を引用している。原則と例外という体裁は維持されており，個々の事例に応じて判断基準が措定されている側面があるものの，立法行為又は立法不作為の違法判断は，違憲の明白性と合理的期間の経過を要素とする形へと収束してきていることが見て取れる[6]。こうした判例の展開は，立法部の自律的判断を尊重しつつも，憲法上の

<hr>

4）　北村和生「在外日本人選挙権剥奪訴訟における行政法上の論点について」ジュリスト1303号（2005年）27頁。

5）　朝田とも子「立法活動と国家賠償責任」斎藤誠＝山本隆司編『行政判例百選Ⅱ［第8版］』（有斐閣，2022年）453頁。

6）　宇賀克也「立法不作為の国家賠償法上の意義と効果──最大判平成27年12月16日を契機に」法の支配183号（2016年）92頁参照。この点，明白性の要素が，国会議員の

権利の実現に向けてその枠組みを精緻化させてきたものと言えよう。さらに，合理的期間の経過を考慮要素としている部分は，司法審査の着眼点が，それぞれの国家活動の結果や効果のみならず，いわば政策形成のあり方にも及んでいることを示すものであり，重要である。

2．規制権限の不行使

　規制権限の不行使の問題は，法律上与えられた規制権限を適切に行使しなかったことにより私人に損害が生じた場合に，その権限の不行使が国家賠償法1条1項の適用上違法となるか否かに関するものである。ここでは，公的な主体，法律に基づき当該公的主体によって規制を受ける者（被規制者），そして当該被規制者の行為によって損害を受ける，またはそのおそれがあって，当該公的主体が当該被規制者に規制権限を行使することで保護される，といった多元的な関係が想定される[7]。

　この点，問題となる規制権限の不行使が専ら公益実現を目的とするものであって，それによって特定の者が何らかの利益を得たとしても，それは単なる事実上の利益，つまりは反射的利益にすぎず，そうした利益を保護する法的義務を負わず，それが侵害されたとしても国や公共団体に責任は生じないといった主張がなされることがある。いわゆる「反射的利益論」である。さらに，法律はこうした規制権限をいわゆる「できる」規定として，その権限行使の判断を行政の裁量に委ねていることが多く，その不行使が国家賠償法の適用上違法となるか否かも問題とされる。この規制権限の不行使の国家賠償法1条1項の違法性について，宅建業法事件の最高裁判決（最判平成元年11月24日民集43巻10号1169頁）は，宅建業法が「免許制度を設けた趣旨は，直接的には，宅地建物取引の安全を害するおそれのある宅建業者の関与を未然に排除することにより取引の公正を確保し，宅地建物の円滑な流通を図るところにあ」るため，

行為義務違反の主観的要件に付け替えられているとも評されている。棟居快行「違憲国賠訴訟とその周辺」佐藤幸二＝泉徳治編『行政訴訟の活発化と国民の権利重視の行政へ』（日本評論社，2017年）149頁以下参照。

7)　下山憲治「国家賠償請求訴訟による救済」岡田正則他編『現代行政法講座Ⅱ 行政手続と行政救済』（日本評論社，2015年）332頁。

「免許を付与した宅建業者の人格・資質等を一般的に保障し，ひいては当該業者の不正な行為により個々の取引関係者が被る具体的な損害の防止，救済を制度の直接的な目的とするもの」ではなく，「知事等による免許の付与ないし更新それ自体には，法所定の免許基準に適合しない場合であっても，当該業者との個々の取引関係者に対する関係において直ちに国家賠償法1条1項にいう違法な行為に当たるものではない」として，反射的利益や事実上の利益といった言葉を用いていないものの，実質的には同様の判断枠組みを採用したものとされる[8]。

その上で，「業者の不正な行為により個々の取引関係者が損害を被った場合であっても，具体的事情の下において，知事等に監督処分権限が付与された趣旨・目的に照らし，その不行使が著しく不合理と認められるときでない限り，右権限の不行使は，当該取引関係者に対する関係で国家賠償法1条1項の適用上違法の評価を受けるものではない」とし，裁量権の問題として扱った上で，いわゆる裁量権消極的濫用論を採用している[9]。これに対し，学説は，保護法益に対する具体的かつ切迫した危険が存在し，予見可能性と結果回避可能性が認められ，規制権限を行使する以外に損害発生を回避することができず，かつ，当該規制権限を行使することが国民から期待される場合に，公務員の裁量が収縮して権限行使が義務づけられるとする裁量権収縮論が唱えられてきた[10]。この点，判例のとる立場からは，具体的な判断基準が明確にされていないものの，違法性の判断にあたっては裁量収縮論と共通する事項から総合考慮しており，両者の差異は説明の仕方に過ぎないとされる[11]。実際，筑豊じん肺訴訟の最高裁判決（最判平成16年4月27日民集58巻4号1032頁）は，鉱山保安法の趣旨から通商産業大臣の保安規制権限，特に省令制定権限が「鉱山労働者の労働環境を整備し，その生命，身体に対する危険を防止し，その健康を確保することをその主要な目的として，できる限り速やかに，技術の進歩や最新の医学的知

---

8) 塩野宏『行政法II［第6版］』（有斐閣，2019年）330頁，宇賀克也『国家補償法』（有斐閣，1997年）76-77頁。また，後掲（注36）参照。
9) 笹岡克比人「宅建業者の監督と国家賠償責任」斎藤＝山本編，前掲（注5）445頁。
10) 宇賀克也「行政介入請求権と危険管理責任」磯部力他編『行政法の新構想III　行政救済法』（有斐閣，2008年）260頁。
11) 宇賀前掲（注8）160頁。

見等に適合したものに改正すべく，適時にかつ適切に行使されるべきものである」とした上で，粉じん吸入によるじん肺発症の可能性と吸入防止の必要性を認識し，防止措置の導入可能性を認定して規制権限を行使すべき時期を特定し，その時点までに，「保安規制の権限（省令改正権限等）が適切に行使されていれば，それ以降の炭鉱労働者のじん肺の被害拡大を相当程度防ぐことができた」として，特定された時点までに規制権限を行使しなかったことが，「その趣旨，目的に照らし，著しく合理性を欠くものであって，国家賠償法1条1項の適用上違法というべきである」としている。その後，水俣病関西訴訟（最判平成16年10月15日民集58巻7号1802頁）や泉南アスベスト訴訟（最判平成26年10月9日民集68巻8号799頁）等においても，同様に規制権限の不行使の違法を認めている。さらに，災害対策について，危機管理マニュアルを適時に改訂しなかったことの違法性を認めている（仙台高判平成30年4月26日判時2387号31頁。上告不受理）。加えて，規制権限にとどまらず，行政指導権限の不行使について，それがたとえ法定されていないものであっても（その分，請求が認められるハードルは高いが），条理上の作為義務違反に問われる場合があることは一般に承認されている[12]。

　このように，損害賠償（国家賠償）という救済方式に関しては，様々な分野において，裁量権があることを前提としながらも，個別具体的な事情に照らしつつ，国家活動ないし行政活動の適法性がチェックされてきている。さらに規制権限の不行使の領域のように，より積極的な行政介入を求め，当該行為をしなかったことを違法と評価する定式が採用されるに至っている。

II　救済手法としての行政訴訟

　行政訴訟制度は，違法・不当な行政活動の是正のために整備されたものであり，このうち裁判所に対して違法な行政活動の是正等を求めるものである。
　損害賠償という救済手法は，あくまでも損害の塡補を求めるものであること

---

12)　西埜前掲（注3）323頁，下山前掲（注7）337頁。また，行政指導の不作為の国家賠償法上の違法性に関する判例・学説の動向について，西埜前掲（注3）323-339頁参照。

から，損害が発生していることを前提とする事後的な救済手法である。他方で，行政訴訟は，違法な行政活動の是正によって侵害された権利利益の回復または権利利益の実現を図る救済手法であり，それを主たる目的としたものとして行政事件訴訟法（以下「行訴法」という）は，抗告訴訟と当事者訴訟を法定している。これら救済手法は，現に生じている不利益を除去する点で損害賠償による救済よりも直接的であり，かつ，是正措置による損害の発生防止という側面も有する。

1. 処分の是正を求める訴え──抗告訴訟

違法な処分その他公権力の行使（以下「処分」という）の是正を求める抗告訴訟には，訴訟要件と本案勝訴要件において民事訴訟や当事者訴訟にはない特殊性がみられる。特に処分の取消しを求める取消訴訟における訴訟要件は，そのハードルの高さや要件の難解さから行政訴訟を特徴づけるものとされてきた。他方で，判例の積み重ねと 2004 年の行政事件訴訟の改正により救済手法としての発展がみられたことも確かである。

(1) 原告適格

取消訴訟を提起することができる資格に関する原告適格要件は，当該訴訟を提起する者が「法律上の利益」（行訴法 9 条 1 項）を有することを求める。民事訴訟では，本案判決を求め，または求められる訴訟手続上の地位を当事者適格と呼び，そのうち原告となることのできる資格を原告適格と呼ぶことがある。この点，給付訴訟においては給付請求権の有無が問題となるとしてもそれは本案上の問題である。また，確認訴訟においては確認の利益の問題として扱われ，形成訴訟においては形成権を主張できる者は制定法上明確にされている。その結果，民事訴訟において，原告適格が独立の論点として議論されることはほとんどない[13]。他方で，行政法の領域においては，実体法上の取消請求権という

---

13) そのため，原告適格要件は，本案勝訴要件との関係ではスクリーニングとして機能する側面があり，両者を連続的に捉えることが可能である。仲野武志「行政訴訟における訴訟要件の意義」『法治国原理と公法学の課題』（弘文堂，2018 年（初出 2015 年））264 頁以下，山下竜一「原告適格要件と本案勝訴要件の関係について」行政法研究 25 号

構成を整備することがないまま取消訴訟が制度化されたことから，行訴法の規定からどの範囲の者に原告適格を認めるべきかが解釈論上大きな問題を提示してきた。特に，自由主義に根差した国家観に基づく行政法関係においては，侵害処分の名宛人や申請を拒否された者を念頭に置けばそれで十分であった。しかし，社会における紛争を事前に予防すべく行政が幅広く関与する現代社会において，行政による介入によって保護されるべき利益を有する者が潜在的被害者として現れるようになったことから，これらの者にも取消訴訟を利用する資格を認めるべきかどうかが中心的な問題となってきた[14]。

この点，裁判所は，処分の根拠法規が保護する利益の侵害を主張しているか否かで判断する定式（法律上保護されている利益説）を基本としつつ，根拠法規が保護していないとされる場合であっても，なお裁判所が保護すべきと判断する利益を有する者にも原告適格を認める考え方（法律上保護に値する利益説）を加味して原告適格法理を発展させてきた。それらは，行政法改正において，原告適格を判断するあたり，考慮要素として規定されることとなる（行訴法9項2項）。改正後も，こうした考慮要素に基づいた検討を行い，都市計画事業認可の取消訴訟において，事業地内の不動産につき権利を有する者に止まらず，「騒音，振動等によって健康又は生活環境に係る著しい被害〔…〕を受けないという利益を個々人の個別的利益としても保護」するものとして，事業地の周辺住民にも原告適格を認めている（最判平成17年12月7日民集59巻10号2645頁）。他方で，場外車券販売施設の設置許可の取消訴訟において，主張される被害を「交通，風紀，教育など広い意味での生活環境の悪化」であるとし，「直ちに周辺住民等の生命，身体の安全や健康が脅かされたり，その財産に著しい被害が生じたりすることまでは想定し難い」として「このような生活環境に関する利益は，基本的には公益に属する利益」であるとして，周辺住民の原告適格を否定している（最判平成21年10月15日民集63巻8号1711頁）。

こうした公益と個別的利益の二分論をいかにして解消するかという課題は依然として残るものの，様々な要素を析出しながら，原告適格の判断枠組みを構

（2018年）87頁以下参照。

14）　塩野前掲（注8）131頁。宇賀克也『行政法概説II　行政救済法［第7版］』（有斐閣，2021年）194-195頁。

築してきた。今後も，個別の法律の分析を通じて，（この要件が維持される限り
において）引き続きその外延を検討していくことになろう。

(2)　処分性

取消訴訟の対象たる「処分その他公権力の行使」に該当するか否かに関する
要件である処分性については，定型的な処分（いわゆる行政行為ないし行政処分）
以外の行政活動についても，その実質的な効果を検討した上で処分性を認め抗
告訴訟で争う途を開いてきた。

行訴法改正前からも，輸入禁制品該当通知（最判昭和59年12月12日民集38
巻12号1308頁）や食品衛生法違反通知（最判平成16年4月26日民集58巻4号
989頁）の処分性が認められてきたが，これに加えて，行政過程が複数の段階
を踏む法的な構造のもとで，処分とされる行為に至る前段階のものに処分性を
認める例がみられるようになっている。

すなわち，病院開設の中止勧告は，それ自体としては行政指導として定めら
れているとしても，「これに従わない場合には，相当程度の確実さをもって，
病院を開設しても保健医療機関の指定を受けることができなくなるという結果
をもたらすもの」であって，「国民皆保険制度が採用されている我が国におい
ては，健康保険，国民健康保険等を利用しないで病院で受診する者はほとんど
なく〔…〕保健医療機関の指定を受けることができない場合には，実際上病院
の開設自体を断念せざるを得ないことになる」ため，「勧告の保健医療機関の
指定に及ぼす効果及び病院経営における保険医療機関の指定の持つ意義を併せ
考えると」，当該勧告には処分性を認められるとしている（最判平成17年7月
15日民集59巻6号1661頁）。

さらに，土地区画整理事業における事業計画決定について，事業計画決定の
公告後は土地の形質の変更等につき規制がかけられ，「施行地区内の宅地所有
者等は，事業計画の決定がされることによって〔…〕規制を伴う土地区画整理
事業の手続に従って換地処分を受けるべき地位に立たされ〔…〕その意味で，
その法的地位に直接的な影響が生ずる」とした上で，後の換地処分において事
業計画の違法性を争い主張が認められたとしても，事情判決が出される可能性
が相当程度あることから，「実効的な権利救済を図るためには，事業計画の決

定がされた段階で，これを対象とした取消訴訟の提起を認めることに合理性がある」として処分性を認めている（最判平成 20 年 9 月 10 日民集 62 巻 8 号 2029 頁）

　後者においては，後続する行政過程において発生する事態を先行する行政作用の法効果として前倒し的に読み込んで処分性を認め[15]，あるいは前段階の行為に処分性が繰り上げられている[16]。前者においては，後続する行為との関連性は「相当程度の確実さ」にとどまるものであったが，指定が病院開設にもたらす影響に鑑み，処分性が認められている。そこでは，明示されてこそいないものの，後続する処分が有する不利益が大きいことから先行する行為に処分性を認める，実効的な権利救済の観点が働いたものと解される[17]。

　さらに，いわゆる一般処分といわれる法律や条例の制定行為は，それのみでは抽象的一般的に権利義務を定めるに過ぎないため，通常，処分性は否定されるが，公立保育園廃止条例事件の最高裁判決（最判平成 21 年 11 月 26 日民集 63 巻 9 号 2124 頁）は，公立保育所を廃止することを定めた条例の制定行為に処分性を認めた。従来からも，立法行為であっても，執行行為をまたず，直ちに国民に対し具体的効果を生ずるものは処分に含めるべきとの主張がなされてきたが[18]，「特定の保育所で現に保育を受けている児童及びその保護者は，保育の実施期間が満了するまでの間は当該保育所における保育を受けることを期待し得る法的地位を有する」とした上で，「本件改正条例は，本件各保育所の廃止のみを内容とするものであって，他に行政庁の処分を待つことなく，その施行により各保育所廃止の効果を発生させ，当該保育所に現に入所中の児童及びその保護者という限られた特定の者らに対して，直接，当該保育所において保育を受けることを期待し得る上記の法的地位を奪う結果を生じさせるものであるか

---

15)　角松生史「病院開設中止勧告」斎藤＝山本編前掲（注 5）321 頁。

16)　仲野前掲（注 13）269-270 頁。

17)　角松前掲（注 15）321 頁。また，この段階で保健医療機関の指定請求権を剥奪することを予告するものであって，国民の権利義務を実質的に左右するものと理解することもできる。阿部泰隆「地域医療計画に基づく医療機関の新規参入規制の違憲・違法性と救済方法」『行政法の解釈（2）』（信山社，2005 年（初出 2000 年））96 頁。

18)　例えば，田中二郎『新版行政法 上』（弘文堂，1974 年）310 頁，杉村敏正＝兼子仁『行政手続・行政争訟法』（筑摩書房，1973 年）292-294 頁。

ら，その制定行為は，行政庁の処分と実質的に同視し得るものということができる」とする。この点，最高裁が続けて述べるに，「市町村の設置する保育所で保育を受けている児童又はその保護者が，当該保育所を廃止する条例の効力を争って，当該市町村を相手に当事者訴訟ないし民事訴訟を提起し，勝訴判決や保全命令を得たとしても，これらは訴訟の当事者である当該児童又はその保護者と当該市町村との間でのみ効力を生ずるにすぎないから，これらを受けた市町村としては当該保育所を存続させるかどうかについての実際の対応に困難を来すことにもなり，処分の取消判決や執行停止の決定に第三者効〔…〕が認められている取消訴訟において当該条例の制定行為の適法性を争い得るとすることには合理性がある」として，抗告訴訟以外の救済方法による余地を示唆しつつ，それでも判決手続上のメリットに着目して取消訴訟を選択することを許容するような姿勢を示している[19]。そこでは抗告訴訟と当事者訴訟を救済手法として一体的に捉えるべき視点の必要性が示唆される。

2．当事者訴訟

　公法上の法律関係に関する訴えたる当事者訴訟は，行訴法改正によって確認訴訟の活用が特に示唆されて以降，抗告訴訟と並び，救済手法として行政活動の適法性の審査を行う手段となってきた。それは特に，憲法上の権利の実現や処分性を有しない違法な行政活動の是正の手段として機能してきている。

　前者に関し，国籍法違憲訴訟（最判平成20年6月4日集民228号101頁）では，日本国民たる父と日本国民でない母との間に出生し，父から出生後に認知された子について，父母の婚姻により嫡出子たる身分を取得することを求める国籍法の規定が憲法14条1項に定める法の下の平等に反するとして，最高裁は日本国籍を有することの確認請求を認容した。また，先に見た在外邦人選挙権制限違憲訴訟では，国家賠償請求を認容するとともに，次回の両院の選挙区選出議員の選挙において在外選挙人名簿に登録されていることに基づいて投票することができる地位にあることの確認の請求を認容している。

---

19)　中川丈久「行政訴訟の諸類型と相互関係──最高裁判例にみる抗告訴訟と当事者訴訟の関係について」岡田他編前掲（注7）92頁。

後者について，医薬品ネット販売訴訟の最高裁判決（最判平成25年1月11日民集67巻1号1頁）は，薬事法施行規則のうち，医薬品を対面で販売しなければならず，また，郵便等販売を禁止したことについて，「医薬品に係る郵便等販売を一律に禁止することとなる限度において，新薬事法の趣旨に適合するものではなく，新薬事法の委任の範囲を逸脱した違法なものとして無効というべきである」として，「医薬品に係る郵便等販売をすることができる権利ないし地位を有することの確認」の請求を認容した。本件は下級審において，当該施行規則の取消訴訟も提起されていたが，処分性は認められていなかった[20]。

　さらに，国歌斉唱等職務命令事件においては，東京都教育委員会の教育長が発出した通達を踏まえ，入学式等の式典に際し，各校長が教職員に国歌斉唱の際に国旗に向かって起立して斉唱をすること，また音楽科担当の教職員に国家斉唱時のピアノ伴奏（以下「国家斉唱等」という）を命ずる旨の職務命令を出したところ，これに従わず懲戒処分を受けた教職員らが，今後出されるおそれのある同様の懲戒処分の差止訴訟が提起され，最高裁（最判平成24年2月9日民集66巻2号183頁）は，これを適法とした（ただし，本案においては理由がないとされた）。また，あわせて，国歌斉唱等をする義務のないことの確認を求める訴えを提起したが，最高裁はこれを「行政処分に関する不服を内容とする訴訟として構成する場合には，将来の不利益処分たる懲戒処分の予防を目的とする無名抗告訴訟として位置付けられるべきものである」としながらも，差止訴訟が利用できることから補充性要件を満たさないとして却下する。他方で，「行政処分以外の処遇上の不利益の予防を目的とする訴訟として構成する場合には，公法上の当事者訴訟の一類型である公法上の法律関係に関する確認の訴え〔…〕として位置付けることができる」とし，「処遇上の不利益が反復継続的かつ累積加重的に発生し拡大していくと事後的な損害の回復が著しく困難になることを考慮すると，〔…〕不利益の予防を目的とする公法上の法律関係に関する確認の訴えとしては，その目的に即した有効適切な争訟方法である」として確認の利益を肯定して適法なものとしていた。

---

20)　東京地判平成22年3月30日判時2096号9頁。前述の公立保育園廃止条例とは異なり，特定の業者のみを規制の対象とするものではないこと等から，処分と実質的に同視することはできないとしている。

ここでは,「行政訴訟全体が,民事訴訟と共通の訴訟類型とされる公法上の当事者訴訟たるキャッチオール型の訴訟として統合的に捉えられ,立法政策的判断によるその一部変更として,行政処分との関わり方によって〔…〕抗告訴訟と形式的当事者訴訟とが,特例的訴訟方式として行訴法か個別法に規定されている」[21]という図式が想起される。いずれにせよ,違法な行政活動の是正を図り,権利利益の保護ないし実現を図る方式として両者が機能するものと捉えることができる。

　振り返って見た場合に,改めて行為形式に拠るアプローチに従い,抗告訴訟をいわゆる行政処分に関する制度として位置づけ,それ以外の行為形式については当事者訴訟の活用を図るという考え方を採用することも考えられる。この場合,先に見た病院開設中止勧告や公立保育園廃止条例に起因する紛争は,当事者訴訟において解決を図ることになろう[22]。他方で,個別的な行為が行政過程全体においてどのように組み込まれ,どのような意味が与えられているかを引き続き検討しつつ,双方の利用可能性を探究すること,その上で,原告の救済に資する方式を機能的に選択する方向性を志向することもまた,その重要性を失ってはいない[23](なお,両者は相反する関係にはないと思われる)。

3．客観訴訟

　行訴法は,「国又は公共団体の機関の法規に適合しない行為の是正を求める訴訟で,〔…〕自己の法律上の利益にかかわらない資格に基づき提起」(5条)することができるものとして民衆訴訟を,「国又は公共団体の機関相互間における権限の存否又はその行使に関する紛争についての訴訟」(6条)として機関

---

21)　中川丈久「行政訴訟としての「確認訴訟」の可能性」民商法雑誌130巻6号(2004年)1010頁。

22)　塩野前掲(注8)278–280頁参照。

23)　病院開設中止勧告に係る平成17年最判における藤田補足意見,中川丈久「処分性を巡る最高裁判例の最近の展開について」藤山雅行゠村田斉志編『新・裁判実務大系第25巻　行政争訟[改訂版]』(青林書院,2012年)142–143頁,仲野前掲(注13)272–273頁。また,藤田宙靖『新版　行政法総論(下)』(青林書院,2020年)39–45頁参照。
　　具体的な救済方法のあり方について,前田雅子「行政救済における司法の役割——権利付与的立法の違憲または違法と行政訴訟」岡田他編前掲(注7)339頁以下参照。

訴訟を規定する。両者はその性格上，個人の権利利益の救済を主目的とする抗告訴訟及び当事者訴訟からなる主観訴訟とは異なり，客観的な法秩序の維持または公共の利益の保護のための制度であって当然に法律上の争訟に該当するものではなく，立法政策的に導入された争訟手続であると位置づけられている[24]。

　しかしながら，民衆訴訟や機関訴訟であっても，抗告訴訟や当事者訴訟と同様の性格を有するものがあるほか，判例の蓄積により，権利利益の救済や実現に資する側面がある。例えば，選挙無効確認訴訟は，選挙区間の投票価値の不平等の合憲性を主張する，いわゆる一票の較差訴訟として利用することが判例上許容されており（最判昭和51年4月14日民集30巻3号223頁），投票権の実現の一手段として機能している。また，住民訴訟は，地方公共団体における違法な財務会計行為の是正を求めるものであるが，財務会計行為の原因となる行為が違法であるがゆえに財務会計行為もまた違法であると主張することが認められた結果，（最終的に財務会計行為の違法性が認定されるか否かを問わず）幅広く地方公共団体の施策の適法性をチェックする手段として機能しており，国民の権利利益の保護や実現に資するものとなっている[25]。

4．裁量判断への司法統制

　このように，特に行訴法の改正以降は，違法な行政活動の是正手段がより広く用意されるようになってきたが，これと相通ずるように，本案審査のあり方にも一定の変化がみられる（この点は国家賠償請求訴訟におけるそれも含む）。従来，行政に広範な裁量が認められることを前提として，社会通念上著しく妥当性を欠く場合にのみ裁量権の逸脱・濫用が認められるとする判断枠組み（社会観念審査）を採用することが多かった（例えば，在留期間の更新に関する最判昭和53年10月4日民集32巻7号1223頁等）。そこでは，拠るべき基準が抽象的

---

24)　塩野前掲（注8）280-285頁参照。
25)　すでに憲法の定める政教分離原則を確保するための手段として確立している。例えば，公の施設の起工式を神式で実施したことの憲法適合性に関する最判昭和52年7月13日民集31巻4号533頁，市の管理する都市公園内に設置された施設につき敷地使用料を免除したことの憲法適合性に関する最判令和3年2月24日民集75巻2号29頁などが挙げられる。また，近年では，表現の自由にかかわるものとして，大阪市ヘイトスピーチ条例の合憲性に関する最判令和4年2月15日民集76巻2号190頁がある。

なものであることからも，行政の裁量判断を尊重する傾向にあった。これに対し，近時は，決定に至る過程において考慮すべき要素を抽出し，それらをどのように考慮したのか，考慮すべきではない要素を考慮していないかどうかを検討する，さらには選択肢が複数ある中で選ばれたものが合理的な根拠に基づくものであるか否かについてまで踏み込んで検討している（例えば，前者につき最判平成 18 年 11 月 2 日民集 60 巻 9 号 3249 頁。後者につき最判平成 18 年 9 月 4 日判時 1948 号 26 頁）。このように，裁判所は決定に至るプロセスにより踏み込んだ審査方式を採用するに至っているが[26]，翻って，個別の事案に応じ，個別の法律の仕組み等から，いかなる要素が考慮されるべきかを明確にすることが求められる。

Ⅲ　行政救済法と行政法理論

　前節までに，行政救済法の領域において国民の権利利益の保護または実現に向けて（種々の課題を抱えつつも）裁判所が積極的に関与するようになってきた現状を確認してきた。同様に指摘したとおり，こうした司法における展開に応えるため行政法全体の法理論を再考し，探究することが求められるであろう。そこで，以下では行政法の成立と存在理由を振り返り，今後の探究の前提を確認したい。

　これまで行政法における救済とは，行政活動により私人の権利利益が現に侵害され，またはそのおそれがある場合を想定してきた。そして，こうした行政による侵害行為の除去や損害の回復を図る法分野として「行政救済法」を立てている。そこで最終的に紛争の解決にあたり，権利利益の保護ないし実現を図るのは裁判所であって，ここにいう「救済」とは司法的救済を想定している。例えば，英米においても，「救済（remedy）」とは，「不当に扱われ，あるいはそのおそれがある者のために裁判所がなしうる全てである」[27]とされ，同様に

---

26)　中川丈久「議会と行政」磯部力他編『行政法の新構想Ⅰ』（有斐閣，2011 年）162–165 頁参照。

27)　Douglas Laycock & Richard L. Hasen, Modern American Remedies (5th ed. 2019) p. 1. 著者もアメリカの救済法の観念から裁判所による取消訴訟の訴訟要件の合目的利用を模

司法的救済を念頭に置いている。

　このように「救済」とは司法による権利利益の保護ないし実現であるとの見解が一般的であるが，以下では行政救済法の領域を超えて，「行政法による権利利益の救済」という観点から行政法，または行政法によって執行される行政過程全体を巨視的・俯瞰的に見てみる。これは，「救済」との対比から，本来的な行政法の存在意義に立ち戻り，その観点から市民の権利利益を保護・実現する良き政策ないし行政を志向するための立脚点を確認するものである。

1．行政法と基本的な構造

　先に原告適格の箇所で述べたように，現代社会においては，社会に発生しうる様々な紛争を事前に予防すべく行政による介入が幅広くみられるようになっている。それは，国家と社会との関係の変化を示すものであり，裁判所の役割にも影響するものである。すなわち，社会の複雑高度化に伴い発生する都市問題や環境問題等の諸課題に対し，損害ないし紛争が発生した後に裁判所に提訴してその解決を図る手法（損害賠償による救済を中心とする救済手法）のみでは，十分とは言えなくなってきた。また，法律関係も多様化し，個別の事案への対処のみでは効果的かつ根本的な解決を図ることが困難ともなってきた。そのため，こうした公共的な諸課題に対処すべく，行政による執行の仕組みが活用され，かつ，諸課題自体も複雑化・多様化する中で，行政的な執行に依拠する領域もまた拡大を見せるようになった。

　行政による執行の手法や効果に着目すると，国民の権利自由を制限し，または義務を課すことで目的の達成を図るもの（侵害行政）が中心に据えられてきた。そして，そうした国民の権利自由を制限する行為であるがゆえに，その行為の発動条件ないし基準を法律上明記することが求められる。こうした侵害的行為について，例えば，法律において一定の行動をすべきこと（義務）を規定し，それが遵守されていない場合には制裁を与える等のしくみを設けた上で，個別の事案に応じて不遵守に対し制裁を科し，あるいは行政がその遵守を確保

　索していた。嘉藤亮「アメリカ行政法における「救済」観念の基層」神奈川法学 44 巻 1号（2012 年）95 頁以下。

するよう命じ，それに従わない場合に制裁を科し，または行政が義務の履行を強制することで義務の履行を確保する。また，法律において一律に一定の行為を禁止し，一定の基準を満たした場合にそれを解除するものとした上で，行政が個別の事案に応じて基準の充足を確認した場合に，当該禁止を解除し，あるいは基準を充足していないと判断した場合には禁止状態を維持する。そして，この法律上の禁止に従わない場合には，上記のような制裁を科す，といった構造をとる。

　特に，行政による義務づけ行為（行政処分）を中心として，法律⇒行政処分⇒制裁・強制といった三段階の構造は，「行政の過程の基本的骨格を成す」[28] ものとされる。これは，司法作用が，法律⇒裁判判決⇒強制執行という構造をとることから区別されてきた[29]。そしてこうした規制を行う目的は，様々な利益を調整し，紛争の発生を未然に防止して安全で快適な市民生活を維持するところにある。

　いま一つの手法は，健康で文化的な生活を確保しつつ，さらに安全・快適な市民生活を維持するために行政がサービスや施設を提供するものであって，給付行政と呼ばれるものである。これは，憲法の定める生存権や教育を受ける権利等の社会権を実現することに深く関わるものであって，国民の権利利益を実現するためのものであることは明白であるが（公害健康被害補償法といった，いわゆる救済法もまたここに含まれる），他方で，国や地方公共団体における予算や施設という公的な資源の枠内で財・サービスの配分を行うことになるという制約があるところに特徴がみられる。給付行政の分野では，社会保障給付を中心に，法律上一定の事由が生じたことに対し受給権の発生を認め，あるいは受給権の発生する基準を定めた上で，行政が基準を充足したと判断した場合に受給権を認める，といった仕組みが採用されている[30]。

---

28)　藤田宙靖『新版 行政法総論（上）』（青林書院，2020 年）21-22 頁。
29)　高柳信一『行政法理論の再構成』（岩波書店，1985 年）407-416 頁，小早川光郎『行政法　上』（弘文堂，1999 年）11 13 頁参照。
30)　規制行政や給付行政の仕組みの分析については，原田大樹「立法者制御の法理論」『公共制度設計の基礎理論』（有斐閣，2014 年（初出 2010 年））216-233 頁参照。また，様々な事象により被害を受けた者への救済として，立法により補償制度を創設し，その実施を行政に委ねる場合もある。この点は本書小谷論文も参照されたい。

2．行政法と政策

　このように，行政活動は，法律に従った行政による働きかけ方によって規制行政又は給付行政に一応分類することができるものの，それは市民の権利利益の実現を図るためのものであって，司法システムに代替し，それを補完するシステムとして意識される。行政は「上級機関が組織としての活動の方針を決定する一方で，下級機関は，この上級機関の方針およびその指揮監督に従い，当事者対立構造ではない職権主義的かつ略式の手続で案件を処理する〔…〕仕組みに依拠して実施される」点で司法と区別されうる[31]。さらに，行政が実際に行う手法は，規制や給付の仕組みの活用にとどまらず，さらに多様な法システムないし法的仕組みが設定されるようになり，行政指導，普及・啓発活動，情報提供，補助金等の利用による誘導的・指導的な手法もまた幅広く利用されている[32]。

　そして資本主義の拡大とともに，行政需要もまた増大し，行政による介入が不可欠となっていくにつれ，個別の行政による執行の手法に先行して行政が中長期的な政策的方向性を定めることを法律上授権する方式が幅広い分野においてみられるようになる。行政は，法律を執行するための基準（行政内規ないし行政立法）の策定にとどまらず，中長期的な観点から個々の法律が対象とする分野について国家全体における方向性を定め，執行における方針を定める，あるいは法律上の手法を総合する活動（行政計画や基本方針）も一般的に行うようになってきている[33]。

　つまり，行政は多様かつ複雑な課題の解消のため，政策の方向性を定め，かつ，個別の事案においては，その方向性に従い，上記のような行政手法を駆使

---

31)　小早川光郎「行政法の存在意義」磯部他編前掲（注26）3-4頁。また，同前掲（注29）11-14頁参照。

32)　政策目的の実現手段としての行政手法論の提唱と行政手法の整理について，阿部泰隆『行政の法システム（上）［新版］』（有斐閣，1997年）24頁以下参照。

33)　よりマクロな観点から見れば，ここには執政作用と執行作用（中川丈久「行政活動の憲法上の位置づけ」神戸法学年報14号（1998年）154頁以下）の区別と，それぞれの役割が見いだされる。

し，市民の権利利益の実現を図っている[34]。国会は，こうした手立てを講じることができるような仕組みを法律によって創設し，授権する。このように，国会は政策の具体的な内容の設定も含め様々な行政手法を規定し，これに基づき行政は個別分野における将来的な展望を加味した政策を策定する。さらに，こうして策定された政策を実現させるため，行政は具体的な事案において様々な行政手法を活用する，という構図がみられるのである。そして，こうした一連の行政活動が違法に行われ，権利利益が侵害され，あるいは権利の実現が阻まれた場合には，最終的に司法によってその「救済」が図られる。

そして，裁判所には，複層的な行政の過程のそれぞれの段階において，市民との関わりを個別に検討し，市民が権利保護を求めることができる機会，つまり権利救済の途を確保することが必要となる。言い換えれば，市民はそれぞれの段階において行政活動が法律に適合したものであるかどうかを確認し，それを検証する権利を有するのである[35]。加えて，裁判所には行政活動が法律の定める仕組みに従い，それを適切に機能させているかどうかをチェックすることが求められている。そうしたチェックを通じて，そもそもの法的な仕組みの不備を是正することも期待できよう。振り返ってみれば，原告適格の認定において，個別の法律の仕組みや関係者間の法律関係の検討から個別的利益を析出し，あるいは立法上の手がかりを措定することがありうる[36]。処分性の認定について，複雑に入り組む様々な行政活動の相互作用から，処分たるべきものを示唆

---

34)　こうした動態を踏まえて，政策目的を実現する手段として法制度を捉え，その機能の分析検討を行い，その成果を立法論につなげるという意味での法政策論が展開されてきた（その先駆として阿部泰隆『政策法学の基本指針』（弘文堂，1996 年））。また，こうした政策手法としての行政手法の分析について，原田前掲（注 30）178-234 頁参照。

35)　大浜啓吉『行政法総論［第 4 版］』（岩波書店，2019 年）112-113 頁。また，藤田前掲（注 28）145-148 頁，畠山武道「行政介入の形態」磯部力他編『行政法の新構想 II』（有斐閣，2008 年）11-14 頁参照。こうした救済を受ける権利について，本書金子論文も参照されたい。

36)　原告適格における法律上の利益の析出に関する学説の整理について，さしあたり本多滝夫「行政救済法における権利・利益」磯部他編前掲（注 10）219-226 頁参照。なお，先にみた事例における反射的利益については，これをあえて「反射的利益」として取り上げるのではなく，損害あるいは違法性において検討すべきとの見解が支配的である。国家賠償請求訴訟における反射的利益論に関する学説について，本多前掲書 230-234 頁参照。

し，適切な救済の途を拓く一方で，当該行為の制度上の再配置については，行政ひいては立法の側に投げ返されたものと理解することになる[37]。さらに，裁量統制のあり方としても，権利利益の実現のために法律の定める仕組みを十分に活用しているか，換言すれば法律が行政に授権した考慮義務を尽くしているかどうかを問うことになろう。

おわりに

このように，「法律による授権⇒授権に基づく政策的方向性の決定とその執行としての行政過程⇒司法によるチェック」という構造それ自体が権利利益の保護・実現のための仕組みである。司法は，他の国家作用との役割分担の中で，それぞれの役割が適切に果たされていない，あるいは機能不全に陥っている場合には，積極的にその是正を図ることが期待される[38]。

なお，付言するに，行政過程においてどのような手がかりを基に統制を行うべきかどうかも重要な検討事項となるが，特に理由付記のあり方は，行政判断の合理性を基礎づけるものとしてなお重要性が増すことになる[39]。同様に，全体的な法律の構造を見るとき，特に給付領域においては情報提供が決定的な意味を持つことになるため，その法的な統制もまた課題となろう[40]。

---

37) 中川前掲（注23）143頁は，これを「動態的権力分立」と呼ぶ。

38) 仲野武志「行政過程による〈統合〉の瑕疵」前掲（注13）（初出2008年）87頁以下は，司法の関与のあり方に関し，司法過程モデルと政治過程モデルとに区分して検討する。

39) 常岡孝好「裁量権行使に係る行政手続の意義──統合過程論的考察」磯部他編前掲（注35）260-267頁，米田雅宏「情報公開争訟の諸問題」岡田正則他編『現代行政法講座IV 自治体争訟・情報公開争訟』（日本評論社，2014年）201-214頁参照。

40) 情報提供の類型化と国家賠償責任の検討について，北村和生「行政の情報提供義務と国家賠償責任」行政法研究19号（2017年）69頁以下参照。

第**5**章

不法行為法における人権救済の法理と政策

障害のある年少者の逸失利益算定論をめぐる展開

吉村顕真

はじめに

1．問題の所在

(1)　年少者の逸失利益格差問題と言えば，比較的最近まで，男子年少者と比較した場合に生じる女子年少者の逸失利益格差が活発に議論されてきた。このような逸失利益の格差問題が生じる原因としては，裁判実務において，差額説（所得喪失説）あるいは稼働能力喪失説（労働能力喪失説）といった損害概念が採用されているところにある[1]。このような格差を根本的に是正するため，学

---

1)　最高裁は，労働能力の喪失・減退にもかかわらず，具体的な収入喪失・減少が発生しなかった場合には，それを理由とする損害賠償ができないということを明らかにしている（最判昭和 42 年 11 月 10 日民集 21 巻 9 号 2352 頁）。もっとも，その後，被害者の特別な努力などによって減収がカバーされているなどの場合に，その修正の余地を認めている（最判昭和 56 年 12 月 22 日判タ 463 号 126 頁）。稼働能力喪失説に関して，加藤了「稼動能力喪失説をめぐる判例を追って」判タ 288 号（1973 年）58 頁以下，加藤和夫「後遺症による逸失利益の算定」坂井芳雄編『現代損害賠償法講座⑦』（日本評論社，1974 年）187 頁以下，楠本安雄『人身損害賠償論』（日本評論社，1984 年）81 頁以下を参照。この説に対する問題点につき，山口成樹「人身損害賠償と逸失利益（総論）」山田卓夫編集代表『新・現代損害賠償法講座⑥　損害と保険』（日本評論社，1998 年）170-173 頁。

説では死傷損害説をベースとした新たな損害概念を提唱する動きも見られた[2]。その一方、裁判実務では慰謝料の調整機能を使う方法[3]、家事労働を加算する方法[4]、生活費控除率を男子年少者より低く認定する方法[5]、といった賠償額算定による対応で議論してきた。もっとも、現時点においても、この男女間格差問題は最終的な解決という段階には至っていないものの、東京高裁平成13年8月20日判決で見られるように[6]、女子年少者に男女を含めた「全労働者の平均賃金」を基礎収入として認めることにより、男女間格差の是正に取り組む裁判例も散見されるようになった[7]。

　(2)　しかしながら、年少者の逸失利益格差をめぐる問題は、男女という「性別」による場合だけではなく、「障害」の有無によっても生じている。もっとも、「障害」による逸失利益格差は、「性別」による格差問題よりもさらに複雑である。すなわち、今日、女子年少者が逸失利益を主張する場合に「損害発生」及び「損害額」の証明がネックとなって、逸失利益自体が否定される、あるいは著しく低額になるということはない。これに対して、障害のある年少者が逸失利益を主張する場合、そもそもその者に⒜稼働能力を取得する蓋然性（損害発生の有無）に加えて、⒝一般就労を前提とした平均賃金を将来的に得る

---

2) 西原道雄「生命侵害・傷害における損害賠償額」私法27号（1965年）112-113頁、同「損害賠償額の法理」ジュリスト339号（1966年）27-29頁。生活能力喪失説に関して、小賀野晶一「醜状障害の損害算定」塩崎勤編『交通損害賠償の諸問題』（判例タイムズ社、1999年）344頁、同「判批」法律のひろば55巻8号（2002年）71頁。「生きることによる得べかりし利益」に関して、岡本智子「未成年女子の生命侵害に基づく損害賠償論——史的展開と近時の理論動向」磯村保他編『民法学の課題と展望（石田喜久夫先生古稀記念）』（成文堂、2000年）747頁。生体損害論に関して、岡本詔治「人身事故損害賠償のあり方」山田卓夫編集代表『新・現代損害賠償法講座⑥　損害と保険』（日本評論社、1998年）130頁。

3) 東京高判昭和55年11月25日判時990号191頁。

4) 最判昭和62年1月19日民集41巻1号1頁。

5) 鹿児島地判昭和56年6月30日交通事故民事裁判例集14巻3号754頁。

6) 東京高判平成13年8月20日判時1757号38頁。

7) 岡本友子「近時の裁判実務における年少女子の逸失利益の算定と男女間格差について」熊本法学130巻（2014年）77-120頁。年少男子に関しては「男子労働者の平均賃金」を用いている（潮見佳男『基本講義　債権各論Ⅱ　不法行為法［第4版］』（新世社、2021年）68頁。

蓋然性（損害額）を証明する必要があるが[8]，実際には逸失利益が否定される，あるいは逸失利益が認められるにしても障害のない者と同じ基礎収入が認められないため著しく低額な損害賠償金になるという二重の困難に直面している。

もちろん，こうした格差問題を指摘する見解が以前からなかったわけではないが[9]，当初はそもそも障害者が民事訴訟を通じて加害者に対して損害賠償を請求するということが極めて稀であったためか[10]，一般的には重大な問題として活発に議論される段階には至らなかったように思える。これに対して，近年においては，障害者基本法や障害者雇用促進法など障害者をめぐる様々な法律が制定・改正され[11]，それが長い年月をかけてようやく社会に浸透してきたこともあってか，実際に障害者が民事訴訟を通じて加害者に対して損害賠償を求めるというケースがしばしば散見されるようになった。またそれに伴って，障害の有無に起因する逸失利益の格差問題が一般的にクローズアップされるようになり，学説においても議論され始めた[12]。

2．課題の設定

このような格差問題が生じている根本には，男女間格差の場合と同様に，裁

---

[8]　最判昭和39年6月24日民集18巻5号874頁において「被害者側が提出するあらゆる証拠資料に基づき，経験則とその良識を十分に活用して，できうるかぎり蓋然性のある額を算出するよう努め，ことに右蓋然性に疑がもたれるときは，被害者側にとって控え目な算定方法〔…〕を採用する」という基本方針が示された。なお，民事訴訟法248条との関係につき，秋山幹夫他『コンメンタール民事訴訟法V［第2版］』（日本評論社，2022年）143–144頁を参照。

[9]　吉村良一「人身損害賠償額算定に関するいくつかの問題」立命館法学225＝226号（1992年）162–167頁。

[10]　障害者の損害賠償請求をめぐる公表裁判例がほとんど存在しない理由に関して，城内明「視覚・聴覚障害者の損害賠償額の算定——若年・未就労の視覚・聴覚障害者の逸失利益算定に係る基礎収入額について」摂南法学59号（2021年）101頁。

[11]　菊池馨実他編著『障害法［第2版］』（成文堂，2021年）32–41頁（中川純＝新田秀樹執筆部分）。

[12]　障害者の逸失利益算定の在り方をめぐる学説に関して，城内明「障害者の逸失利益算定方法に係る一考察」末川民事法研究5号（2019年）17頁，城内前掲（注10）99頁，吉村良一「障害児死亡における損害賠償額の算定について」立命館法学387＝388号（2019年）521頁以下，同『市民法と不法行為法の理論』（日本評論社，2016年）344–353頁。

判所が所得喪失説であれ，稼働能力喪失説であれ，経済的価値の観点から人身損害を把握しているところにある。したがって，逸失利益の格差問題を根本的に是正していくためには損害概念レベルでの対応が必要であろうが，実際に損害概念を変更することが困難な状況の中，裁判所は賠償額算定を通じてその格差是正に取り組んできた。確かにこの方法は賠償額算定レベルによる対応であるため，格差是正をしていくには限界があることは否めない。しかし，そうした状況の中でも，裁判所は逸失利益を判断していくにあたって人間の価値平等や障害者雇用促進法などを踏まえることで，その格差是正に向けた議論を少しずつ展開させてきた（また現在も展開させている）と言える。そこで，まずは裁判例に着目して，裁判所が障害のある年少者の逸失利益格差を是正していくために，賠償額算定論をどのように展開させていったのか，ということを整理・分析していくことにする。

　以下，まず「I」において，障害のある年少者には稼働能力喪失（損害発生）がないものとして逸失利益が認められなかった時期（昭和末期から平成初期）の裁判例に着目して，原告がいかなる主張をし，それを受けて裁判所がどのような判断をしたのか，損害発生との関係からその特徴を分析していく。次に「II」では，障害ある年少者の稼働能力喪失が観念されて逸失利益が認められるようになったが，主に損害額の点で争われるようになった時期（平成中期以降）の裁判例に着目し，原告の主張と裁判所の判断について，損害額算定との関係からその特徴を分析していく。最後に「おわりに」では，不法行為法による人権救済の現状を確認した上で，今後の課題を述べる。

I　逸失利益の否定期：損害発生の否定——昭和末期から平成初期

1．稼働能力喪失をめぐる裁判例の状況

　まず，障害のある年少者の逸失利益を争う裁判が出始めた初期のケースを通じて，裁判所が障害のある年少者の逸失利益（特に稼働能力喪失）をどのように見ていたのか，一瞥していく。

❶東京地判昭和 63 年 7 月 26 日交民 21 巻 4 号 716 頁

　自閉症の既往症があり，小学校への就学猶予を受けた上で，児童福祉法に基づく施設で通園による治療教育を受けていた X1（事故当時 7 歳・男児）が，A が運転する自動車に衝突されたことで脳挫傷等の傷害を負い，障害等級 1 級 3 号相当の後遺障害を負ったため，X1 とその両親 X2 らが A の法定相続人 Y1 と A との間で保険契約を締結していた Y2 に対して，損害賠償を請求した。その際に，X2 らは X1 の逸失利益に関して，日常生活を普通に送れることや，定型化された作業であれば難しくても訓練によってできる能力があったことを推定できるとして，昭和 56 年賃金センサス第 1 巻第 1 表小学・新中卒・産業計・企業規模による男子労働者の全年齢平均賃金月額を基礎収入として算定することを主張した。

　しかし，東京地裁は，本件事故前における X の生育状況，特に自閉症児の症状があること，本件事故当時に言葉をまったく発することができなかったこと等に照らして，「X が本件事故に遭遇しなければ，有給の労働者として就労しうる精神的・肉体的条件を具有しうるに至つたであろうと認めることはできないといわざるを得ない」から，「本件事故により X が将来の就労による得べかりし利益を喪失したものと認めるに足りないといわざるを得ない」として，X1 の逸失利益を否定した。もっとも，その一方，後遺症慰謝料に関しては，本件事故態様や事故によって日常動作に様々な支障が生じたことの他に，「被害者が逸失利益を喪失したと推認するのは困難があること」も考慮されて，1500 万円が認められた。

❷東京地判平成 2 年 6 月 11 日判タ 742 号 88 頁

　脳性麻痺の X1（事故当時 3 歳・男児）を介護する某区在宅訪問指導員 A は X1 をベビーカーに乗せて公園で遊ばせていたところ，A の過失でベビーカーが地面に横転し，それにより X1 は頭部打撲等の傷害を負い，脳性麻痺を悪化させることになった。そこで X1 と母親 X2 が Y に国家賠償法に基づく損害賠償を求めたが，その際，X らは X1 の逸失利益の算定に関して，本件事故にあわなければ18 歳から 67 歳まで就労可能であるとした上で，昭和 62 年度賃金センサス産業計・企業規模計・学歴計・男子労働者の全年齢の平均賃金を基礎

収入とすることを主張した。

しかし，東京地裁は，X1の「将来就労が可能であるかについてはまったくの不明であり，また当時日常生活の全てに渡り介護が必要な状態であり，将来その必要がなくなるか否かも不明であったというのであるから，就労が可能であり，介護が本件事故直後から必要でないことを前提とした逸失利益，付添介護費用の請求については根拠がなく認められない」と述べて，X1の逸失利益を否定した。なお，X1の慰謝料としては300万円が認められた。

❸千葉地裁松戸支判平成4年3月25日判時1438号107頁

脳障害を有しており，知的能力が小学校1年生程度で，運動能力も全般的に劣っていたX1（Y市立中学校特殊学級2年・女子）は，校外学習中に引率教諭Aの指示で「高台のぼり」と呼ばれる遊具に登ったが，降りる途中で地上に落下したことで，脊髄を損傷し，後遺症として下半身が完全に麻痺した。そこで，X1及び両親X2・X3がYに対して損害賠償を請求したが，X1の逸失利益に関してはXが簡易な労務に就くことができたため，少なくとも一般女子労働者の平均賃金の2分の1の収入を得ることができたと主張した。

千葉地裁松戸支部は，まずX1が「本件事故以前，養護施設などで受ける訓練の次第によっては将来単純労働ならできるようになる可能性があったことがうかがわれる」として一定の稼働能力を取得する可能性を認めた。しかし，「本件事故の前後を問わず，Xのフェニルケトン尿症に伴う知能障害自体が改善される見込みは乏しく，仮にX1が将来単純労働ができるようになったとしても，普通の職業に就くことは困難であり，訓練を兼ねた養護施設内での単純作業などに限定されるのであって，本件全証拠によっても，X1が逸失利益の対象となるべき収入を得られたものであるかは不明と言わざるを得ず，X1に後遺障害による逸失利益を認めることはできない」と判断した。なお，X1の慰謝料としては2500万円が認められた。

2．特徴——損害発生との関係で

以上において，初期裁判例を見てきたが，裁判所の判断の特徴を述べる前に，まず，その前提となる原告による主張の特徴を見る。その特徴としては2つあ

る。第1に，この時期は一般的に逸失利益算定の議論において男女別の賃金センサスを使って算定していくことの問題が議論されていたが，障害のある年少者の場合，まずは障害のない年少者の場合と同じように逸失利益（稼働能力取得とその喪失）を認めてもらうことが優先になっており，男女別の賃金センサスを使うことによる算定上の問題は議論の対象としていない（特に裁判例❸を参照）。第2に，障害という事実によって逸失利益を直ちに否定するという裁判所の考え方を改めさせることが原告にとって喫緊の課題であるにもかかわらず，この時期には人間の価値平等あるいは障害者法制を絡めた原告の主張がいずれのケースにおいても見られない。

　次に，裁判所の判断に目を向けると，裁判所は純粋に経済的価値から稼働能力取得の蓋然性を判断している。そしてその観点から判断しているため，そもそも障害のある年少者が一般就労できるだけの稼働能力を取得することは困難であり，「損害発生（稼働能力喪失）」が観念できないと評価して，直ちに逸失利益を否定している（裁判例❶❷）。また障害のある年少者に一定の稼働能力取得が認められるとしても，逸失利益の対象となる稼働能力取得はないものと判断しており，それに相応するだけの逸失利益を柔軟に算定していくということも認めていない（裁判例❸）。このような判断が続いた背景には，この時期に障害者雇用に対する理解が一般的に十分浸透していなかったこともあろうが，上記で見たように，原告の主張においても人間の価値平等という規範的要素を含めた主張を積極的に展開していかなかったこともあろう。もっとも，その一方，この時期の裁判例の中には，否定された逸失利益の分を慰謝料によって補完していくというものも見られる（裁判例❶❸）。したがって，その意味では裁判所がこの問題についてまったく対応しなかったというわけではなく，その問題意識をもって一応の対応をしていたと見ることができるだろう。

II　逸失利益の肯定期：損害額算定論へ——平成中期以降

1．基礎収入をめぐる裁判例の状況
　しかし，以上で見た裁判所の伝統的見解は，逸失利益の中で「人間一人の生命の価値」の平等が正面から問われた裁判例❹の東京高裁平成8年判決を契機

にして障害のある年少者の逸失利益に対する考え方に変化が見られるようになった。そして，それ以降の裁判所は，障害のある年少者の稼働能力取得及び一般就労の蓋然性の有無・程度を個別具体的に検討した上で，人間の価値平等あるいは障害者法制を踏まえつつ，逸失利益を肯定していくという方向へと転換した[13]。もっとも，そうした評価といえども，一定の制限があることにはなお留意する必要がある。そこで，平成中期以降の主要な裁判例において，裁判所が，人間の価値平等という意識のもと，障害のある年少者の稼働能力取得（損害発生）の有無・程度及び一般就労の蓋然性（損害額・基礎収入）をどのように判断しているのかを見ていくことにする。

(1) 最低賃金を基礎収入とした裁判例（平成中期）

❹東京高判平成 8 年 11 月 29 日判時 1516 号 78 頁

　県立養護学校高等部 2 年に在学中の A（死亡事故当時 16 歳・男子・自閉症）が水泳の授業中に教師 Y1 からマンツーマン指導を受けていたところ，水中に頭をつけすぎたことで水を吸引し，溺死したため，両親 X らが Y1 に不法行為に基づいて，高校 Y2 に対して国賠法 1 条等に基づく損害賠償を請求した。とりわけ本件 A の逸失利益の算定との関係では，全労働者の平均年収額とするのか，それとも A が就職する蓋然性の高い地域作業所の平均年収額とするのか，基礎収入の基準が争われた。

　原審では，本件養護学校入学時に X らが A を地域作業所に入所させることを希望していたこと，（ア）中学入学時の A の IQ が 55 であったこと，（イ）養護学校卒業生の進路先として地域作業所への入所が最も高い割合であることに照らして，「A の卒業後の進路としては，地域作業所に進む蓋然性が最も高いと認められるから，A の死亡による逸失利益の算定に当たっては右作業所入所者の平均収入を基礎とすべき」と判断した。なお，地域作業所の平均工賃（年収約 7 万円，18 歳から 67 歳まで）で算定し，最終的に A の逸失利益は 120 万余

---

13)　裁判例❻は障害者の稼働能力の有無・程度を具体的に検討した上で，一般就労の蓋然性の有無・程度を検討するのが相当であると述べているが，以下においてはその 2 つの点に着目して分析していく。

円となった[14]。

　これに対してXらは控訴し，次のような主張を展開した。第1は損害概念論である。すなわち，平均賃金によって算定される年少者死亡の損害の実質が子を失ったことによる親の精神的打撃であるとすれば，親の悲しみは障害の有無によって変わるものではないとした上で，そうした賠償が名目上は逸失利益となっているが，実質的には精神的・非財産的損害であるから，障害の有無によって差を設けるべきではなく，平均賃金による算定をすべきと主張した。第2は賠償額算定論である。すなわち，障害のない年少者の場合には個別具体的事情を一切捨象して一律に平均賃金による算定を行ってきたこととの均衡上，障害のある年少者の場合も人間の価値平等という規範的要素を重視して不合理な格差を是正すべきと主張した。その上で基礎収入は賃金センサスの数値（第1次的には男子労働者の全年齢平均賃金，第2次的には全労働者全年齢平均賃金）によるべきであるが，そうしないのなら最新の神奈川県最低賃金（日額4910円）によるべきと主張した。

　東京高裁は[15]，まず「不確実ながら年少者であるが故にまた潜在する将来の発展的可能性のある要因をも，それが現時点で相当な程度に蓋然性があるとみられる限りは，当該生命を侵害された年少者自身の損害額を算定するにあたって，何らかの形で慎重に勘案し，斟酌しても差し支えない」が，「実損害の算定から掛け離れたものとならない限り不確実ながらも蓋然性の高い可能性をもつ諸般の事情をも十分に考慮されてもよい」と述べた上で，Aの稼働能力及び一般就労の蓋然性について次のように具体的に判断している。

　まず，Aの稼働能力取得の蓋然性を判断するにあたって，（あ）Aの死亡直前にはIQが上がっていたこと，（い）中学・高校時代にはひとりで電車通学でき，何ら問題がなかったこと，（う）卒業後の進路として希望していた調理師の試験に必要な読み書き計算などもでき，その合格可能性が少なからずあるとして，一定の稼働能力取得の蓋然性があると認めた。

　次に，Aの一般就労の蓋然性の判断に関して，（ア）本件高等部卒業生の進

14）　横浜地判平成4年3月5日判タ789号213頁。
15）　若林三奈「判批」法時68巻4号（1996年）89頁，小賀野晶一「判批」判例地方自治157号（1997年）42頁。

路先として一般企業就職者と地域作業所への入所者の割合がほぼ同じであること，（イ）A本人が卒業後に調理師の仕事につくことを希望していたこと，（ウ）受け入れる職場の態勢次第でその実現の可能性がかなりあるという医師の推断があること，（エ）精神障害の程度も軽度であることから，「相当の不安部分が発展的に解消していく蓋然性が高い」と判断した。そしてAは「一般企業や希望する調理師としての仕事を得て地域作業所における工賃程度の収入より相当に高いレベルの稼働による収入を得ることができるとみてよいはずである」から，「相当に控え目にみても，少なくとも四，五〇パーセント程度低額の収入を得るだけの能力は潜在的に秘めており，これが教育，トレーニングさらには職場，周辺の環境により受け入れられれば現実化されうる」とし，「調理師になれるか，そうでなくとも右希望する業種に関連する仕事に就職して稼働できる蓋然性が高い」と判断した。ただし（オ）通常の労働者の平均賃金を使用することは適当ではないこと，（カ）地域作業所での作業による収入額でも不適当であり，これを慰謝料で補完するにしても限界があること，（キ）「こと人間一人の生命の価値を金額ではかるには，この作業所による収入をもって基礎とするのでは余りにも人間一人（障害児であろうが健康児であろうが）の生命の価値をはかる基礎としては低き水準の基礎となり適切ではない（極言すれば，不法行為等により生命を失われても，その時点で働く能力のない重度の障害児や重病人であれば，その者の生命の価値を全く無価値と評価されてしまうことになりかねないからである）」ことから，「平成元年の神奈川県の最低賃金（1日4000円）」と基礎収入とした上で稼働期間を18歳から60歳までとし，最終的に1800万円の逸失利益を認めた。なお，A本人の慰謝料として1500万円を認めた。

このように，本判決は障害のある年少者の稼働能力及び一般就労の蓋然性を詳細に検討した上で，逸失利益を認めた最初の裁判例として意義がある[16]。ま

---

16) なお，確かに原審においてAに逸失利益が認められているが，そこでの基礎収入は一般的賃金ではなく，地域作業所の平均工賃であること，またその結果として認められた金額が極端に低額なものであることからすると，実質的に逸失利益を認めたものとして分類できないだろう。したがって，障害ある年少者に逸失利益を実質的に認めたと言えるのは平成8年の東京高裁判決である。

たそこでの基礎収入の判断において，特に注目すべき点は，上記（キ）の中で重度の障害者である場合に生命の価値が無価値になるという懸念が強調されているように，人間の価値平等を重視する規範的観点から，「地域作業所の平均工賃」としていた原審の判断を「最低賃金」に変更したという点にある。もっとも，損害額を算定する際に人間の価値平等を十分に考慮したとしても，障害があるという現実を無視することができず，最終的には「平均賃金」による逸失利益の算定が認められないとした点で，こうした規範的判断による対応の限界が示されている。

❺青森地判平成 21 年 12 月 25 日判時 2074 号 113 頁

自閉症や癲癇などの障害及び重度の知的障害を有する A（死亡事故当時 16 歳・男子）は，社会福祉法人 Y1 が設置運営する知的障害児施設の寮に入所していたが，某日，職員 Y2 が A の入浴を常時見守ることを怠り，また他の職員への適切な引継ぎも怠ったため，A が浴室で溺死していた。そこでその相続人である両親 X らが Y1 には使用者責任に基づいて，また Y2 には不法行為に基づいて損害賠償を請求した[17]。その際，X らは障害児の稼働能力を低く見ると逸失利益が少額になるが，これは生命の価値を稼働能力によって不当に差別するものであり，平等原則，障害者権利条約，障害者基本法の差別禁止条項に照らして，許されないと主張した。そして A の逸失利益は賃金センサス平成 14 年第 1 巻第 1 表産業計・全労働者・全年齢の平均賃金を基礎収入として，また労働能力喪失を観念できない場合には県の最低賃金を基礎収入として算定すべきと主張した。これに対して，Y は A には一般企業への就労可能性がなく，全年齢の平均賃金を基礎収入とすることはできず，X らが主張するような最低賃金程度の収入を A が得られる蓋然性はないと主張した。

青森地裁は，まず A の稼働能力の蓋然性に関して，（あ）本件死亡事故当時には身体的機能に何ら問題はないこと，（い）写真等を使って作業内容を示せば内容を理解できたこと，（う）平仮名や片仮名を読むことができたこと，（え）

17）　なお，A が同じ寮に入所していた成人男性から繰り返し暴行を受けていた点については省略する。

社会的規範やルール等に対する理解やコミュニケーション能力等が不十分であったことから「直ちに一般的な就労可能性があったとするのは困難というほかない」と判断した。その一方，（お）高等部卒業時に他人の支援や介助を得れば簡易単純な作業に従事し得るにまで至っていたこと，（か）今後の医学・心理学・教育学等の進歩等によって知的障害者に対する効果的な指導・支援方法をもたらす知見が得られる蓋然性があることから，「将来，さらにその能力を高め，より高度な労働に従事しうる能力を獲得する一方，就労に際して障害となる行動的特徴をより抑制することが可能となる蓋然性もある」ことを総合考慮して，「Aには，健常者と同程度の就労可能性があったとまではいうことができないものの，一定程度の就労可能性はあった」と認めた。

　次に，Aの一般就労の蓋然性に関しては，（ア）現状としては障害者雇用に積極的な企業がごく少数であること，（イ）本件高等部卒業生から一般企業へ就労した者が少数であること，（ウ）現在の予測可能範囲で重度知的障害者が健常者と同程度・同内容の労働を行うことが将来にわたる発達可能性を考慮しても不可能であり，健常者と同程度の賃金を得ることも極めて困難であることから，「賃金センサスの産業計全労働者の平均賃金額を基礎収入とすることはできない」とした。その一方，（エ）将来的に知的障害者を雇用する企業の増加が期待し得ること，（オ）今後の長い社会生活の中でAが就労能力を高め得る蓋然性があることも考慮して，「亡Aは，その就労可能な全期間を通して，一定の生活支援及び就労支援を受けることを前提として，少なくとも最低賃金額に相当する額の収入を得ることができたと推認するのが相当であるというべきである」として，県の最低賃金額（605円，年収116万余円）を基礎収入とし，最終的には600万円ほどの逸失利益を認めた[18]。なお，A本人の慰謝料としては1800万円が認められた。

　このように，青森地裁は「重度」の知的障害者Aに障害のない者と同程度の就労可能性はないと評価する反面，Aへの支援・介助や医学等の進歩による将来的能力向上を踏まえることで，Aに一定程度の就労可能性があることを認

18）　なお，Aの逸失利益算定においてAに支援・介助の必要性から"7割"の生活費控除がされている。

めている。また，Aの障害との関係から，現時点でAが全労働者の平均賃金額を基礎収入とすることはできないという現実的制約がある中，将来において障害者の雇用機会増加や能力を活用する職場の増加といった社会条件の変化を併せて考慮することで，最終的に基礎収入を最低賃金とすべきと判断しているが，これは人間の価値平等や障害者の社会進出の機会増加（一般化）といった価値判断に基づくものと言える[19]。

(2) 全労働者の平均賃金を基礎収入とした裁判例（平成末期以降）

❻東京地判平成 31 年 3 月 22 日労判 1206 号 15 頁

社会福祉法人Yの福祉型障害児入所施設に入所していた知的障害者Aが同施設を出て行方不明となり，山林で遺体となって発見されたため（死亡当時 15 歳・男子），Xら（Aの両親）はYに対して損害賠償を請求した。もっとも，本件でXらはAの死傷そのものを損害として，またAの死亡によってA及びXらの失った利益として包括的に捉えるべきという狙いから，またそうでないとしても逸失利益部分に関して平均賃金により算定された額を最低額の賠償とする狙いから「包括的慰謝料」という形で，その内訳を示しつつ，Yに対して合計 1 億 1443 万 9400 円を請求した。これに対して，Yは福祉的就労により得られる賃金を基礎にすべきと主張した。

東京地裁は，Xらによる包括的慰謝料請求及び障害者雇用促進法の内容について言及した上で[20]，「知的障害者雇用に関連する社会の情勢も漸進的にであるが改善されていく兆しがうかがわれる。このような情勢に照らせば，我が国に

---

19) 吉村前掲（注 12）立命館法学 544 頁。こうした判断に対して死傷損害説の立場に極めて近いものと評価する見解につき，長谷川貞之「判批」法律のひろば 65 巻 9 号（2012年）70 頁，72 頁を参照。本判決の評釈として，三木千穂「障害児者の逸失利益の算定に関する裁判例の検討——青森地判平成 21 年 12 月 25 日判時 2074 号 113 頁を契機として」明治学院大学法科大学院ローレビュー 13 号（2010 年）89 頁も参照。

20) 包括的慰謝料請求に関して，本件東京地裁は「Xらは一次的には包括的慰謝料を請求するものであり，集団的訴訟でなければかかる請求が直ちに不適法となるわけではないものの，〔…〕原告らが包括的慰謝料の内訳として費目ごとの損害を主張する本件においては，損害をAの死傷そのものなどと捉え，上記のような包括的慰謝料を概括的に算定するのではなく，包括的慰謝料の内訳となるXら主張の費目ごとにその損害額を個別に検討することとする」と述べている。

おける障害者雇用施策は正に大きな転換期を迎えようとしているのであって，知的障害者の一般就労がいまだ十分でない現状にある〔…〕としても，かかる現状のみに捕らわれて，知的障害者の一般企業における就労の蓋然性を直ちに否定することは相当ではなく，あくまでも個々の知的障害者の有する稼働能力（潜在的な稼働能力を含む。）の有無，程度を具体的に検討した上で，その一般就労の蓋然性の有無，程度を判断するのが相当である」と述べた。

これを前提にして，Ａの稼働能力の蓋然性に関して，（あ）平仮名の限度で簡単な読みが一部可能な程度に知識を習得していること，（い）手本・見本の提示や複数回の作業工程の確認により簡単な作業ができること，（う）対人関係の理解や集団的行動がある程度は可能であること，（え）言語による意思疎通がやや可能であること，（お）自己の身辺生活の処理が部分的に可能であり，死亡当時のＡの知的障害の程度が１度（最重度）ではなく，２度（重度）に留まっていたこと，（か）Ａには特定の分野・範囲に限っては高い集中力をもって，障害者でない者と同等の，場合によっては障害者でない者よりも優れた稼働能力を発揮する蓋然性があったことも考慮して，Ａが就労可能期間（49 年間）のいずれかの時点で前述した稼働能力を発揮した蓋然性が高いと判断した。

次に，Ａの一般就労の蓋然性に関して，（ア）「一般就労を前提とした平均賃金を得る蓋然性それ自体はあったものとして，その逸失利益算定の基礎となる収入としては，福祉的就労を前提とした賃金や最低賃金によるのではなく，一般就労を前提とする平均賃金によるのが相当である」とした。しかしながら，その一方で，（イ）Ａがそうした平均賃金額（547 万 7000 円）を「その就労可能年当初から得られる高度の蓋然性があると見ることは障害者と障害者でない者との間に現に存する就労格差や賃金格差を余りにも無視するものであって，損害の公平な分担という損害賠償制度の趣旨に反する」だけでなく，（ウ）Ａの稼働能力発揮が「Ａの就労可能期間のいかなる時点（始期に近い時点であるか，終期に近い時点であるか）を的確に認めるに足りる証拠もない」とした。また（エ）「知的障害者に限って男女という性別が将来にわたって稼働能力の高低に影響をもたらす要因であり続けるとは考え難い」ことも考慮して，「Ａにはその就労可能期間を通じて平均すれば 238 万 1500 円（平成 27 年賃金センサス第 1 巻第 1 表男女計・学歴計・19 歳までの平均賃金）の年収を得られたもの

と控えめに認定するのが相当である」として X らの主張を認め, 包括的慰謝料の逸失利益部分として 2242 万余円を認めた。なお, A 本人の慰謝料として 2000 万円を認めている。

このように, 東京地裁は A を「重度」知的障害者と位置づけているものの, 稼働能力に対する評価は, 裁判例❺と比べると, 高いものと言える。またそれに伴う基礎収入に関して, 障害のない者と同じ「一般就労を前提とする平均賃金」を認めている点で意義がある[21]。こうした判断は, 障害者雇用促進法が一般企業における障害者の就労推進の大きな要因となって, 「知的障害者雇用に関連する社会の情勢も漸進的にであるが改善されていく兆しがうかがわれる」と判決の中にあるように, 障害者雇用をめぐる社会情勢の改善を考慮したものである。もっとも, A の稼働能力を特定分野に限って高く評価しているが, 上記(ウ)で示されているように, A の稼働能力発揮が「A の就労可能期間のいかなる時点(始期に近い時点であるか, 終期に近い時点であるか)を的確に認めるに足りる証拠もない」として実際に不可能な証明を求めており, こうした証明との関係で一定の制約が避けられないことも示している。

❼広島高判令和 3 年 9 月 10 日判時 2516 号 58 頁

横断歩道を歩行していた全盲の視覚障害者 X1(事故当時 17 歳・女子)は Y が運転する自動車に衝突されたことで重傷を負い, 後遺障害が残ったため, X1 及びその両親 X2・X3 が Y に損害賠償を請求した。その際, X らは障害者権利条約の基本理念である他の者との平等や合理的配慮のもとで能力を発揮できる社会が実現できることを前提として逸失利益を算定することが法の要請であること, また基礎収入を障害者の賃金統計によるとすることは不当な差別と偏見に基づくものであること, さらに障害者雇用の拡大・技術革新や職業訓練制度の整備などによって健常者と変わらぬ稼働能力を発揮することから, 「将来健常者と同一の労働環境で同一の就労条件で稼働する具体的可能性があったといえ, 健常の年少者と同様の賃金を得られた」として, X1 の基礎収入を賃

---

21)　城内前掲(注 12)29 頁。本判決の評釈として, 城内明「判批」新判例解説 Watch 25 号(2019 年)85 頁, 柳澤旭「判批」山口経済学雑誌 68 巻 6 号(2019 年)195 頁がある。

金センサス第1巻第1表の高専・短大卒女性の全年齢平均の賃金によるべきと主張した。これに対して，YはAと同様の障害を持つ進学，就労状況の資料を前提にして，将来得られる蓋然性の高い収入を基礎収入とすべきと主張した。

原審では，厚生労働省による平成25年度障害者雇用実態調査の平均賃金が22万3000円であること等から健常者と身体障害者との間の基礎収入に差異があることを認めざるを得ないとした。しかし，障害者雇用・関連法令・企業支援等の将来における状況の変化や，X1本人の進路や同学校の卒業生の進路状況などを踏まえて，「全盲の障害があったとしても，潜在的な稼働能力を発揮して健常者と同様の賃金条件で就労する可能性があったと推測される」が，「就労可能年数のいかなる時点で，潜在的な稼働能力を発揮して健常者と同様の賃金条件で就労することができるかは不明である」として，平成28年賃金センサス男女計・学歴計・全年齢の平均賃金の7割と認定した。これに対して，X1が控訴した。

広島高裁は，X1の稼働能力に関しては「X1の本件事故前の経歴，意欲等をも踏まえると，相応の労働能力を発揮していた可能性が否定されるものではない」と認めている。その一方，本件の争点であるX1の一般就労による平均賃金を取得することの蓋然性を判断するにあたって，広島高裁は次の点を挙げている。（ア）厚生労働省による平成25年度障害者雇用実態調査（平成27年）の身体障害者の平均賃金からすると，身体障害のない者と比較して差異があり，その差異が近将来においても全面的かつ確実に解消されることを認定するに足りるまでの証拠はないこと，（イ）近年の障害者の雇用状況，障害者雇用促進法等の関係法令の整備状況，企業の支援の実例，IT技術を活用した就労支援機器の開発・整備・普及等からすると，「身体障害者であっても，今後は，今まで以上に，潜在的な稼働能力を発揮して健常者と同様の賃金条件で就労することのできる社会の実現が徐々に図られていくことが見込まれ」ること，（ウ）平成30年度の卒業生全員が同校上級部に進学し，高等部普通科や専攻科の生徒が大学進学・就職している例もあること，（エ）X1が同校高等部普通科に入学したこと，（オ）X1が自らの能力の向上と発揮に積極的であったことに照らして，X1に「全盲の障害があったとしても，潜在的な稼働能力を発揮して健

常者と同様の賃金条件で就労する可能性が相当にあったと推測される」と述べた。その上で，（カ）X1 は「全盲の視覚障害があり，健常者と同一の賃金条件で就労することが確実であったことが立証されているとまではいえないものの，その可能性も相当にあり，障害者雇用の促進及び実現に関する事情の漸進的な変化に応じ，将来的にその可能性も徐々に高まっていくことが見込まれる状況にあったと認めることができる」ことから，「X1 の逸失利益の算定に用いる基礎収入として平成 28 年賃金センサス男女計，学歴計，全年齢の平均賃金（489 万 8600 円）の 8 割である 391 万 8880 円を用いるのが相当である」とし，最終的には 4621 万余円の逸失利益を認めた。なお，X1 に後遺障害慰謝料として 3000 万円を認めた[22]。

　このように，広島高裁も X1 本人の事情だけでなく，近年の障害者雇用状況，関連法令の整備状況，IT 技術活用などに照らして「潜在的な稼働能力を発揮して健常者と同様の賃金条件で就労する可能性が相当にあったと推測される」として，賃金センサス男女計・学歴計・全年齢の平均賃金を基礎収入として認めた点で意義があると言える[23]。また平均賃金の減額率に関して，原判決では 3 割減としていたものを，本判決では 2 割減へと変更した点でも意義がある[24]。しかし，原審のように X1 の潜在的な稼働能力発揮期間の証明までは求めていないが，X1 に「民事訴訟においては，逸失利益の算定に用いる基礎収入についても，証拠をもってその蓋然性を証明しなければならない」として，例えば X1 と同等の学歴を経た視覚障害者の収入と賃金センサスの平均年収とを比較する資料などの提出を必要としている点で，X1 にとって厳しい障壁があることに変わりない[25]。

22）　原審では X1 に後遺障害慰謝料として 2800 万円が認められた。
23）　山口地下関支判令和 2 年 9 月 15 日労判 1237 号 37 頁。その評釈として，城内明「判批」新判例解説 Watch 28 号（2021 年）91 頁。
24）　原審では，平成 25 年度障害者雇用実態調査における身体障害者の平均賃金が同年の賃金センサス男女計・学歴計・全年齢の平均賃金の 7 割であることも考慮されて平均賃金の 7 割と認定したとの見解につき，判時 2516 号 60 頁コメント欄を参照。
25）　本判決の批判として，城内前掲（注 10）137 頁。

(3) 稼働能力喪失を否定した裁判例

❽大分地判平成 16 年 7 月 29 日判タ 1200 号 165 頁

先天的な脳性麻痺による四肢体幹機能障害を有する重度の障害児であった A（事故当時 11 歳・男児）は Y が設置する県立養護学校の教諭 B による訪問教育指導を受けていたが，B は座位姿勢保持の指導をする中で A の足の状態に注意することなく A の背部を押したことで，A の大腿骨が骨折し，その結果，脂肪塞栓の発症により A は死亡した。そこで，A の両親 X らが Y に対して国家賠償法に基づく損害賠償を求めたが，その際に，X らは，A の逸失利益の算定にあたり，A が重度の障害児であるとしても，科学技術・再生医療の発達点から賃金センサス平成 10 年の男性労働者の学歴計全年齢平均賃金額とした上で，労働能力喪失期間を 18 歳から 67 歳までと主張した。これに対して，Y は A に将来の就労可能性が認められないと主張した[26]。

大分地裁は，次の事情から A には稼働能力を取得する蓋然性がないと判断した。すなわち，（あ）A の障害が脳の先天的な発育不全に由来するもので重度の障害と認定されていること，（い）A 死亡時（11 歳）の発話が喃語程度で，座位をとる程度の動作しかできず，生活全般で介護が必要であったこと，（う）その予後においても諸症状が治癒することがないこと，（え）生命予後も危険が高いことから，「A の障害，病態の変化，生活状況に照らせば，A が将来にわたって何らかの形で稼働能力を得る蓋然性を認めるには未だ困難であるといわなければならない」と判断した。また（お）科学技術・医療技術の進歩の結果や近い将来までも展望したとしても，A の先天的障害を修復する技術が一般的に普及するには相当程度の年月が必要と思われることから，「技術発展の可能性を十分に考慮に入れても，未だ A が稼動能力を取得する蓋然性を認めるに足りる立証はなされていないといわなければならない」として，X らの主張を認めなかった。その代わりに「慰謝料算定の限度で諸事情を考慮するのが相当である」として，A 本人に 2000 万円の慰謝料を認めた。

---

26)　なお，本件 X らは，年少者の逸失利益算定においてフィクションを働かせて，最低でも平均余命分の平均賃金の獲得をするであろうと擬制しているにもかかわらず，障害児の場合にはそうした擬制を認めないのであれば障害を理由とする差別であるとも主張しているが，この点に関しては後掲（注 31）を参照。

このように，本件大分地裁はＡの稼働能力の有無や程度の蓋然性について，科学技術の発展などを踏まえて詳細に検討しているが，結論としてはＡが将来的にも稼働能力を得る蓋然性がないと判断して，損害発生要件の点から逸失利益を否定している。これは，逸失利益の認定過程で人間の価値平等を踏まえて検討していくにしても，特に重度の障害がある場合にはそもそも稼働能力取得の蓋然性が否定され，損害発生が観念できないと判断されることもある，という算定論による対応の限界を示したケースと言える[27]。

2．特徴──損害額算定との関係で

以上において，障害のある年少者に逸失利益が認められるようになった平成中期以降の裁判例を概観してきたが，まず裁判所の伝統的見解の変更に影響を与えた原告の主張の特徴に着目する。この時期における原告の主張の特徴としては，憲法上の平等原則違反（裁判例❽）や包括的慰謝料（裁判例❻）といった，伝統的算定論に対する挑戦的な主張が部分的に見られるようになったことも挙げられるが，全体的に見られる特徴としては逸失利益を主張する際に人間の価値平等という一般的・抽象的根拠に触れて主張するもの（裁判例❹❽）や，さらに（特に裁判例❹以降には）障害者権利条約・障害者基本法（裁判例❺❻）や障害者雇用促進法（裁判例❼）といった障害者法制の具体的根拠に触れる主張が見られるようになり，全体としてそうした主張が一般的に見られるようになったと言える。

その一方，裁判所の逸失利益判断にもいくつかの特徴が見られる。第1に，平成中期以降の裁判所は，初期裁判例のように障害のある年少者の稼働能力取得がないものとして直ちに判断するのではなく，障害のある年少者の稼働能力取得を詳細に検討した上で，一定レベルでの稼働能力取得の蓋然性を基本的には認めるという方向に転じたということである。もっとも，そうであるとしても，それが事実認定の問題であるため，裁判例❽の大分地裁で見たように，とりわけ年少者に重度の障害がある場合には稼働能力取得の蓋然性が否定されるという余地がなお残されている点では留意が必要である。いずれにしても，こ

27）　裁判例❽以前からこの問題点を指摘する見解として，若林前掲（注15）92頁。

の時期において，この問題の焦点が，損害発生（稼働能力取得の蓋然性）から，より難易度の高い基礎収入を中心とした損害額算定（一般就労による平均賃金取得の蓋然性）へと移行していったと言える。

第2に，裁判所は逸失利益（特に基礎収入の基準）を判断するにあたって，障害ある年少者本人の将来的就労可能性（科学・医療技術の進歩による能力向上）に加えて，障害者支援や雇用状況の変化などの周辺事情を詳細に検討・考慮した上で，人間の価値平等や障害者法制などによる社会状況の改善を踏まえつつ，上での規範的判断をしていくという傾向が見られる。また平成中期には「最低賃金」を基礎収入として認める裁判例❹❺が見られるようになり，平成末期以降には「全労働者の平均賃金」を基礎収入とする裁判例❻❼も見られるようになったことからすると（現時点で裁判例が少ないということを踏まえておく必要があるが），障害のある年少者の逸失利益の在り方に対する考え方が変化しており，その意味では逸失利益格差（また障害のない者と異なる扱いをすること）に対する是正意識が向上していると言える。

第3に，裁判所は，人間の価値平等あるいは障害者法制による社会状況の変化を踏まえつつ逸失利益を規範的に評価していくとしても，その際の証明においては昭和39年判決で示された基本方針に沿って[28]，年少者の稼働能力取得及び一般就労に関する蓋然性の証明を原告に求めるとしており，そこではたとえ年少者に障害がある場合であっても特別な対応を認めていない[29]。それゆえ，原告にとって一般就労を前提とする平均賃金取得の蓋然性を証明することが厳しい障壁となっている。もっとも，特に年少者の場合，そもそも不確実性が高く，将来を予測することが不可能であるゆえに，平均賃金による逸失利益の擬制的算定が認められているにもかかわらず[30]，死傷時に障害のある年少者であ

---

28) 最判昭和39年6月24日民集18巻5号874頁。

29) 吉村前掲（注9）164–165頁，若林前掲（注15）92頁，長谷川前掲（注19）70頁，九州弁護士会連合会＝大分県弁護士会編「障害者の損害賠償額の算定——逸失利益を中心に」『障害者の権利と法的諸問題』（現代人文社，2008年）230頁を参照。また「得べかりし利益の蓋然性を証明できない原因は加害者にある。加害者によってもたらされた不利益を被害者に負担させることは，訴訟当事者間の信義に反すると言わざるを得ない」との見解につき，城内前掲（注12）27頁，城内前掲（注22）87頁。

30) 年少者の逸失利益の擬制的算定に関して，例えば青森地判平成14年7月31日交民35

った場合にはそうした擬制が認められず，むしろその証明を求めているため「法の下の平等」に反するのではないかという議論があるが，裁判所としてはむしろその証明を要求することを「当然の法理」として見ている[31]。したがって，人間の価値平等や障害者法制をベースとする社会状況の変化を踏まえつつ逸失利益を判断していくとしても，こうした証明上の問題との関係で一定の限界があり[32]，障害のある年少者の逸失利益格差はある程度の是正に留まっている。

おわりに

以上，本章では裁判例に着目して，障害のある年少者の逸失利益算定論をめぐる展開を分析してきた。人身損害賠償額を算定した結果，それぞれの賠償額に個人差が生じることはやむを得ないことである。しかし，そうであるとしても，人身損害賠償を算定していく際には人間の価値平等や障害者法制をベースとする社会状況の変化を踏まえることが必要であろう。この点，平成中期以降の裁判例を見ると，障害のある年少者には稼働能力の取得が観念されないとして逸失利益を直ちに否定してきた当初の考え方が見直され，稼働能力及び一般就労の蓋然性を詳細に検討・考慮した上で，人間の価値平等あるいは障害者法制をベースとする社会状況の変化を踏まえつつ，逸失利益（特に基礎収入）を

巻 4 号 1052 頁，神戸地判平成 15 年 3 月 28 日交民 36 巻 2 号 459 頁，仙台地判平成 17 年 2 月 17 日判タ 1225 号 281 頁，大分地判平成 20 年 5 月 8 日判タ 1309 号 243 頁，岐阜地判平成 25 年 7 月 19 日判時 2204 号 101 頁，さいたま地判平成 29 年 7 月 25 日交民 50 巻 4 号 962 頁を参照。

31)　裁判例❽において原告に障害のある年少者の場合に厳しい蓋然性の証明を求めることが「法の下の平等」に反するかどうかが争われたが，大分地裁は「少なくとも稼働能力の喪失を立証できなければ，逸失利益を認定することができないのは当然の法理であ」り，「稼働能力の喪失等を立証できなかった場合において，平等原則を適用して補填すべきであるとするのは，法の予定するところを超えている」と述べている。

32)　そこで求める蓋然性の証明は実際には曖昧なものであることは否めない。西原前掲（注 2）「生命侵害・傷害における損害賠償額」112–113 頁，同前掲（注 2）ジュリスト 27–29 頁，長谷川前掲（注 19）70 頁。大島眞一「交通損害賠償訴訟における虚構性と精緻性」判タ 1197 号（2006 年）27 頁以下も参照。

評価していく動きが見られる。そしてこうした動きを見ると，逸失利益格差の問題は徐々に是正されていく方向にあると言えるだろう。しかしながら，その一方，あらゆる証拠資料に基づいて，経験則や良識を活用しつつ，できる限り蓋然性のある賠償額を算出していくという基本方針のもとでは，場合によっては障害のある年少者の逸失利益が否定される余地がなお残されており，その意味では損害賠償の算定論レベルによって逸失利益格差を是正していくには限界があると言える[33]。

　もっとも，実務における算定論の限界を受け入れた上で，その限界を慰謝料の補完機能を通じて可能な範囲で調整していくことによって対応していくことも１つの現実的な対応であろう[34]。しかしながら，裁判例❹❺❻❼❽の原告の主張において見られたように，被害者（特に子を失った親）としては，裁判所に慰謝料の補完機能を通じて単なる金額的増額・調整を第一に求めているわけではない。むしろ，逸失利益という損害項目を通じて人間の価値の不平等さが映し出されるということ，また障害の有無を考慮することが合理的理由のない差別であるということを裁判所に正面から認めてもらうところに目的がある。こうした点からすると，慰謝料の補完機能に安易に依存することは人間の価値平等という本質的問題から目を背けることになるため[35]，まずは逸失利益とし

---

33)　この問題点からすると，淡路剛久教授が主張する生活保障説には意義がある。淡路剛久『不法行為法における権利保障と損害の評価』（有斐閣，1984 年）113 頁，118-136 頁。

34)　逸失利益が認められなかった場合には慰謝料の補完によって対応すべきと主張する見解として，四宮和夫『不法行為』（青林書院，1985 年）578 頁，九州弁護士会連合会＝大分県弁護士会編前掲（注 29）232 頁。もっとも，上記で挙げた後遺障害事例❶❸❼及び死亡事例❹❺❻❽を見ると，慰謝料の相場の範囲内での調整に留まっており，その相場を超えて補完が認められるわけではない。大阪民事交通訴訟研究会『大阪地裁における交通損害賠償の算定基準［第 4 版］』（判例タイムズ社，2022 年）63-71 頁。日弁連交通事故相談センター東京支部編「民事交通事故訴訟──損害賠償額算定基準　上巻（基礎編）」（赤本）（2022 年）199 頁，日弁連交通事故相談センター『交通事故損害額算定基準［28 訂版］』（2022 年）147 頁以下も参照。

35)　慰謝料と逸失利益は性質を異にするため，慰謝料で対応することはこの問題の本質を見誤るおそれがあるとの見解につき，長谷川前掲（注 19）67 頁，71 頁を参照。また岩嵜勝成「逸失利益の批判的検討──生命侵害事例を中心に」法政理論 40 巻 2 号（2007 年）89 頁も同じ。

てその是正を検討していくべきであろう[36]。また，実務においてすでに定着した損害概念及び算定方法を変更していくことは極めて難しいが，逸失利益算定論レベルでの検討と並んで，損害概念という観点から検討していく必要もある[37]。いずれにしても，これらは今後の課題とする。

---

36) 障害者の逸失利益算定論をめぐる学説に関しては，注 12 の文献を参照。
37) 裁判例❹❻の原告の主張，吉村前掲（注 9）166 頁。また岡本前掲（注 7）116 頁も参照。なお，民訴法 248 条により損害概念の操作は不要であるとの見解につき，山口前掲（注 1）185 頁を参照。

第6章

国際経済法における人権救済の法理と政策

労働者保護を中心に

濱田太郎

はじめに

　1990年代以降，国連機関や人権条約機関は国際人権法の立場から国際経済法を批判する報告書を相次いで公表している。国際経済法は学説上一致した定義はないが，本章では，国際経済法を貿易，投資，通貨・金融に関する公法的規制のうち国際法による規制を指すものとしてとらえたうえで，GATT/WTO協定，自由貿易協定（FTA）・経済連携協定（EPA）等の地域経済統合を主として取り上げて検討する。

　GATT/WTO協定では，人権保護を目的とする貿易規制を許容し国際人権法との抵触を回避する方法として，GATT20条等に規定される一般的例外条項を通じた正当化による方法，一般特恵制度等の特恵の適用条件又は適用停止条件として受益国に一定の権利保護等を義務づける方法などが見られる。しかし，これらは，規制国（主に先進国）がその一方的措置としてこうした貿易制限等を行うことを容認するもので，主としてその適用方法等の限定的な側面についてのみ紛争解決手続で事後的な審査を受けるだけであった。いわば，GATT/WTO協定は抵触を消極的に回避するにすぎない。

　これに対して，近年の地域経済統合においては，こうした抵触や対立を積極的に回避するための規定が見られる。第1に，人権保護のための非拘束的な国

際文書を考慮する義務，人権条約を含む他の条約上の義務を再確認する規定が置かれる。これらは参照条項と呼ばれる。第 2 に，労働者保護のための実体規定と紛争解決手続を定め，人権救済や回復に寄与しようとするものも見られる。以下，国際経済法における人権救済の現状（第 I 節）では，国際人権法からの国際経済法の批判の概要を確認した上で，GATT／WTO 協定による抵触の消極的回避と近年の地域経済統合における積極的回避を詳述する。ここでは，近年の地域経済統合が，より高水準で普遍的な労働者保護を規定した実体規定，被害者救済を目的とした効率的な紛争解決手続に変貌していることを明らかにする。国際経済法における人権救済の課題（第 II 節）では，近年の地域経済統合の紛争解決手続に付託された紛争事例を検討し，地域経済統合を通じた人権救済あるいは回復の意義と限界を明らかにする。人権概念と人権保障における普遍性の重要性は疑う余地もないが，地域経済統合を通じた人権保障及び人権救済は締約国間の相互主義・互恵主義に基づいている。こうした相互主義・互恵主義に基づく人権保障及び人権救済には，従来の人権保障体制で対応できなかった諸問題に対応できる新たな可能性もあるが，自ずと限界もあることも示したい。

I　国際経済法における人権救済の現状

1．国際人権法からの国際経済法に対する批判

　NAFTA の批准反対運動（1994 年），OECD の多角的投資協定（MAI）交渉の中断（1998 年），WTO シアトル閣僚会議の失敗（1999 年）などで典型的に見られたように，1990 年代以降労働組合，環境保護団体，人権保護団体等の NGO を含む市民社会からグローバリゼーションに批判や反発が寄せられている。国連機関や人権条約機関から現行国際経済秩序を強く批判する報告書が公表されている。「グローバル化と人権の完全な享有に対するその影響」に関する特別報告者の中間報告書（E／CN.4／Sub.2／2000／13）（2000 年）及び最終報告書（E／CN.4／Sub.2／2003／14）（2003 年），人権高等弁務官による報告書（E／CN.4／Sub.2／2003／9）（2003 年），国連人権高等弁務官事務所が WTO カンクン閣僚会議に提出した「貿易と人権」に関する報告書（2003 年）は，WTO 協定が国際人権

法上の規範と抵触し，健康を享受する権利，水に対するアクセスの権利，食糧に対する権利等を侵害すると批判する。食糧への権利に関する特別報告者による中間報告書（2020 年）も同様である。

　これに対して，ビジネスと人権に関する指導原則（2011 年）は，人権保護のための政策及び規制を実施する各国の裁量の必要性，貿易投資の自由化と人権保護との政策上の一貫性を確保する必要性を提唱する。ビジネスと人権条約第3 次修正草案（2021 年）は「他の国際法原則等との一貫性を維持する義務」として，既存の条約はビジネスと人権条約及び関連人権条約等に基づく義務を履行する能力を損なわず制限しない方法で解釈適用することを義務づけ，新たな条約を締結する場合こうした義務に適合するものとすることを義務づける（14条 5 項）。社会権規約委員会一般的意見 24「ビジネス活動の文脈において経済的，社会的及び文化的権利に関する国際規約に基づき国家が負う義務」（2017年）も同様である。

　こうした批判に対し，国際経済法の立場から国際経済法と国際人権法の規範間の抵触は存在しないという反論がなされている[1]。

　こうした批判は，決して目新しいものではない。新国際経済秩序（NIEO）の要求と途上国の人権主張は不可分に結びついており，そのことを典型的に示す 1977 年の国連総会決議 32/130 は，人権及び基本的自由の効果的な享受を改善するための統合的アプローチを提唱している[2]。このアプローチは 1979 年の人権委員会決議（E/CN.4/RES/5 (XXXV)）にも見られる。このアプローチは，すべての国の均衡な開発を許容するより公平で正義にかなう国際経済秩序の実現を提唱する。このような秩序こそが世界人権宣言に規定される適切な生活水準を享受するすべての人間の平等な権利を実現する。しかし，GATT を中心とする自由貿易体制とその下での各国の貿易政策は，既存の国際貿易の構

---

1)　中川淳司＝清水章雄＝平覚＝間宮勇『国際経済法［第 3 版］』（有斐閣，2019 年）341-343 頁。濱本正太郎「人権法の観点から見た投資条約批判の検討――国連人権理事会独立専門家による批判を中心に」岩沢雄司＝森川幸一＝森肇志＝西村弓編著『国際法のダイナミズム　小寺彰先生追悼論文集』（有斐閣，2019 年）。

2)　このアプローチは，自由権と社会権の相互依存性を強調した点，人権問題に対する構造的アプローチを提唱した点が現在でも高く評価されている（松井芳郎『国際法から世界を見る　市民のための国際法入門［第 3 版］』（東信堂，2011 年）136 頁）。

造を永続させる意図と効果をもち，経済的，社会的及び文化的権利の完全な実現に対する障害になっている。したがって，すべての国に対してこうしたあらゆる障害を除去しこれらの権利の享受を確保するための迅速かつ効果的な措置を講じあらゆる行動を促進するよう要請している。南北対立の中で途上国は，自由貿易体制が適切な生活水準を享受する権利や社会権規約が規定する諸権利の完全な享受の障害になっていると批判し，先進国主導の自由貿易体制に代わり，自らが主導する新たな国際経済秩序を樹立しようとしたのである。

国際人権法の立場から国際経済法を批判する立場は，2種類に分類される[3]。第1に，国際経済法に属する条約ないし条約体制自体が人権を侵害するという立場である。国際経済法は人権保護を目的としておらず，その目的である自由貿易などの貿易的価値を優先するあまり人権侵害を容認（黙認）する。国際人権法と国際経済法は抵触しており，人権を保障するためには国際経済法を改正するほかない。第2に，条約ないし条約体制自体は直接的に人権侵害を目的とするわけではないが，その下で許容される経済活動が人権侵害の結果を生じさせる危険性があるという立場である。

前者の最も極端な形が自由貿易体制の否定であり，南北対立の最も激しかったころの途上国の主張と現在の国連機関等からの批判の一部が軌を同じくする。GATT/WTO体制は，南北対立の中で途上国からの要求を受けて徐々にその体制を修正し現在に至っている。現在のWTO体制は，国際人権法の立場からの批判に対応する形で徐々に修正がなされていくことになるだろう。

2．GATT/WTOにおける国際人権法との抵触の消極的調整

貿易自由化を主たる目的とするGATT/WTO協定が，人権保護を目的とする貿易規制等を許容し国際人権法の規範との抵触を回避する方法[4]としては，

---

3) 中川他前掲（注1）では，代表的な4つの批判を例示しいずれも規範間に抵触は生じていないと指摘する。濱本前掲（注1）も同様に規範間の抵触は認めない。

4) 伊藤一頼「貿易措置による人権の保護促進の可能性——多元化した国際法秩序における横断的課題への対応」法律時報82巻3号（2010年）。

ここに挙げる3つの方法のほかにも，生産工程・生産方法（PPM）に着目する方法もある。生産国で強制労働や児童労働等の人権侵害を伴って生産された産品に対し輸入国がPPMを基準とする貿易制限を行う場合がありうる。人権侵害を伴って生産されたか

第1に，こうした人権保護のための貿易規制について GATT／WTO 協定上の義務を免除する方法（義務免除，ウェイバー）がある。GATT では締約国団は特定の締約国に課された特定の義務を全投票国の3分の2の多数により免除することができた（25条5項）。WTO では閣僚会議は特定の加盟国の特定の義務を加盟国の4分の3の多数により免除することができる（WTO 設立協定9条3項）。紛争ダイヤモンドに関するキンバリー・プロセスはこの義務免除を得ている。しかし，GATT／WTO では実際にはコンセンサス方式で意思決定が行われているため，1か国でも反対した場合義務免除が得られない。したがって，特定の加盟国が一方的に実施する措置を義務免除により正当化するのは実際には困難である。また，WTO 協定上の義務免除はあくまで時限的なもので，原則として1年を超える免除は毎年閣僚会議の審査を受けなければならない。

　第2に，人権保護のための貿易規制を非貿易的価値に基づく貿易規制を正当化する一般的例外条項を通じて，すなわち，GATT 20条(a)号に基づく公徳の保護，あるいは GATS 14条(a)号に基づく公衆の道徳の保護又は公の秩序の保護のために必要な措置として正当化することが可能である。公徳の概念は広範で支配的な社会的・文化的・倫理的・宗教的価値等の諸要素により時と場所により異なるとされ，各加盟国が自国の法体系や価値基準に従ってその定義や適用方法を決定することができる。しかし，パネル及び上級委員会は GATT 20条及び GATS 14条の要件を厳格に審査している。貿易規制が正当な政策目的の達成に必要な措置である場合に限りその正当化を認める必要性要件については，当該貿易規制よりも貿易制限的ではない代替措置の存在が立証された場合要件充足は認められない。この要件は，GATT 20条及び GATS 14条が認める正当な政策目的の実現手段としては貿易制限以外にも多様な手段があるため，

否かは産品の特性に顕在化しないため，こうした規制は非産品関連 PPM と呼ばれる。非産品関連 PPM は，本来生産国において規制されるべきもので，輸入国がこうした輸入制限を行うことは従来認められていなかった。しかし，EU−アスベスト事件で上級委員会は，環境に有害な非産品関連 PPM を通じて生産された産品を消費者が認識できる場合には他の産品との同種性を否定し，こうした非産品関連 PPM に基づく輸入規制を正当化する道を開いた。しかし，それでも人権侵害については非産品特定的 PPM に基づく貿易制限は認められないというのが多くの学説の指摘するところである（伊藤前掲 23-24 頁，中川他前掲（注1）341 頁）。

貿易制限よりもその実現により適切かつ効率的な手段を選択すべきことを示す。

　加えて，パネル及び上級委員会は貿易規制の適用方法に関する制限（柱書要件）も厳格に審査している。とりわけ，同様の条件の下にある諸国の間における無差別待遇（恣意的差別の禁止）の要件はその充足は容易ではないと考えられる。人権保護のための貿易規制は同様の人権侵害を行っている国に対して同様に適用されなければならず，この要件充足は高いハードルになる[5]。貿易制限を無差別適用すると，輸入国の産業及び消費者に与える影響が深刻化するため，輸入国としては特定の国からの貿易に限定したいのが実情であろう。

　第3に，先進国が一般特恵制度（GSP）等の特恵の適用条件または適用停止条件として受益国（途上国）に対し一定の労働者の権利等を保護する義務を課す方法がある。GSP の適用は先進国の義務ではなく，先進国が途上国に供与する一方的な恩典として位置づけられている。したがって，適用範囲，原産地規則，卒業等の適用停止・除外手続等について先進国の広範な裁量が認められ，保護主義的な制限を加えることができ，先進国は労働者の権利等の適用条件を自由に定めることができる。受益国は規定された労働者の権利等を保護する義務を負うのに対し，先進国はこのような義務を負わない片務性が見られる。

　加えて，どのような労働者の権利を条件とするかについて先進国の裁量が認められるため，一方主義性が強く表れる。例えば，米国の GSP では，「国際的に認められた労働者の権利」を保護することが特恵の適用条件及び適用停止条件として定められている。この概念は米国独自のもので，結社の自由，団体交渉権，強制労働の禁止，児童労働の禁止，最低賃金，労働時間，労働安全衛生の各分野を指す。米国が ILO 条約への言及を避けた背景には，米国は 1977 年に共産主義諸国に対する批判等を理由に ILO から一時的に脱退するなど，ILO に対する不信感を有していたからである。加えて，米国は，軍事独裁国や人権侵害国に対して，二国間援助の禁止，最恵国待遇の撤回，国際開発金融機関による譲許的融資の阻止など，一方主義的な措置を拡充してきた流れの中で，米国が独自に定めた労働者の保護を GSP の適用条件及び適用停止条件として定めており，こうした一方主義の強化に対し途上国の反発は強かった。また，受

---

5)　伊藤前掲（注4）24頁。

益国で規定された労働者の権利が保護されていない場合，利害関係者が当該特恵の適用停止ないし除外を請願する手続が設けられている。この手続を通じて労働組合が頻繁に請願を行い実際に適用停止ないし除外が行われたことから，途上国は保護主義目的であるとして強く批判してきた。

　GSP は先進国と途上国の産品の待遇に格差を設けるため本来は GATT/WTO の最恵国待遇原則に違反する。そこで，GSP を恒久的に法的に正当化するための根拠とされたのは，1979 年 GATT の締約国団決定（いわゆる授権条項）である。EU−特恵事件においては，EU が麻薬の生産と取引を撲滅するために設けた追加的特恵制度が授権条項が定める無差別要件に反するか否かが争われた。上級委員会は，この無差別要件を同様の状況にあるすべての途上国に対し同一の特恵を適用する義務であると解釈した。ある国が同様の状況にあるか否かは，授権条項に照らして，開発上，資金上及び貿易上の必要性に基づいて客観的に判断されると解釈した。EU の追加的特恵制度は受益国の選定にあたり客観的な基準に従っていないとして無差別要件に違反すると認定した。EU は，麻薬生産取引撲滅のための追加的特恵制度と受益国に一定の労働者の権利等を保護することを条件にした追加的特恵制度を発展的に解消し，2005年に基本的 ILO 条約を含む人権，労働，環境条約の 27 本の徹底的遵守を特恵適用要件及び適用停止要件として定めた持続可能な開発及びグッドガバナンスに関する追加的特恵制度（いわゆる GSP プラス）を発足させた。

　GSP プラスの特恵適用要件及び適用停止要件はその後も徐々に厳格化され，現在では 27 本の指定条約の徹底的遵守を義務づける。この点に着目し，人権保護に寄与するものとして肯定的に評価する学説は多い。ここにいう徹底的遵守とは，受益国が人権条約機関等の監視制度で指定条約の深刻な違反が認定されていないこと，指定条約に対し条約の目的と両立しない許容されない留保を付していないこと，指定条約が定める定期的報告制度を遵守することをいう。人権条約機関等による監視制度で違反が認定された場合を特恵の適用条件ないし適用停止の判断基準とし，条約機関等による監視制度で条約違反が認定された場合特恵の適用停止が義務づけられている。

　しかし，適用停止にかかる調査開始時点と適用停止時点で広範な裁量があるため，外交的・経済的考慮から実際に適用停止に至った事例はスリランカのみ

であり，受益国の条約遵守促進に役立たないと批判されている[6]。

　しかも，脆弱性を有する低所得国及び下位中所得国のみが対象であり，条約を批准すべき十分な経済発展を遂げた国を対象とすることができない構造的な限界がある。対象国が定期的に見直されており将来適用除外になる可能性があり，特恵はあくまで一時的な恩恵である。したがって，受益国にとって法令遵守等のインセンティブとしては効果が小さいという問題点がある。

　以上を見ると，GATT / WTO においては，人権保護のための貿易制限は，義務免除よりはむしろ一般的例外条項あるいは特恵の適用条件・適用停止条件を通じて正当化される可能性がある。しかし，このような正当化は，規制国（主に先進国）がその一方的措置として人権保護のための貿易制限等を行うことを容認し，仮にそのような貿易制限等が GATT / WTO 協定が定める要件（GATT 20 条，GATS 14 条，授権条項等）に違反する可能性がある場合には，その影響を受けた加盟国による紛争解決手続に対する申立を通じて，これらの違反の有無について客観的な事後審査を受けることを意味する。一般的例外条項が定める公徳概念や授権条項が定める無差別要件はいずれも規制国の規制目的の選択自体を制限するものではなく，規制国は自国の法体系や価値基準に従って規制目的を自由に決定することができる。したがって，例えばどのような人権侵害に対し貿易制限を行うかについて規制国の広範な裁量が認められ，申立国はそのような規制が一方的措置を通じて実施されること自体，規制国による規制目的の選択自体を争うことはできない。申立国が紛争解決制度を通じて争うことができるのは，規制の具体的な適用方法・形態であり，貿易制限よりも規制目的の実現に適切かつ効率的な手段の有無，同様の条件の下にある諸国の間における無差別待遇などに限られる。こうした意味で，GATT / WTO は，国際人権法との抵触や対立を消極的に回避ないし調整する機能を有するに過ぎない。

---

6)　特恵の適用停止に外交的・経済的考慮が働いた例としてよく挙げられるのが，2013 年にバングラデシュで発生した縫製工場の崩壊（ラナ・プラザ崩落事故）後の EU の対応である。米国はバングラデシュに対する GSP の適用を停止したのに対し，EU は後発途上国向け特恵（武器以外すべて）の適用を停止せず，強い批判を受けた。

3．近年の地域経済統合における積極的調整

これに対して，近年の地域経済統合では，こうした抵触や対立をより積極的に回避ないし調整するための規律の発展が見られる。地域経済統合は一般にGATT／WTO による規律よりも高水準の自由化を目的とするが，人権保護とりわけ労働者の保護に関して詳細な実体規定と紛争解決手続を定めている。こうした変化は，NAFTA の批准反対運動や WTO シアトル閣僚会議の失敗以降より顕在化し，より高水準の労働者保護を規定した実体規定やより効率的な紛争解決手続が出現した。

①参照条項

近年の地域経済統合では，持続可能な開発や労働者の権利に関する様々な国際文書を「考慮する」義務や，他の条約上の義務や約束を「再確認する」義務が置かれている[7]。こうした条項は参照条項と呼ばれる。

ここにいう国際文書の多くは国際法上の法的拘束力がないもので，環境分野では環境と開発に関するリオ宣言及びアジェンダ21 等，労働分野では ILO 基本的原則権利宣言[8]（1998 年），国連経済社会理事会の完全かつ生産的な雇用と適切な仕事に関する閣僚宣言（2006 年），ILO 社会正義宣言（2008 年）等が挙げられている。例えば日 EU 経済連携協定（日 EUEPA）では，締約国はこれらの文書を考慮しつつ，現在及び将来の世代の福祉のため持続可能な開発に貢献する方

---

7)　EU について，詳しくは，濱田太郎「EU の特恵制度における社会条項──「貿易と労働」問題を中心に」EU 法研究 5 号（2018 年）63-65 頁。

8)　1998 年 6 月 18 日に ILO 総会は，「労働における基本的原則及び権利に関する ILO 宣言とそのフォローアップ」（ILO 基本的原則権利宣言）を採択した。そこでは，ILO 憲章に規定された基本的原則及び権利の不変の性質とその普遍的な適用の促進が急務であると確認された（前文）。すべての加盟国は当該条約を批准していない場合においても ILO 加盟国であるという事実そのものにより誠意をもって ILO 憲章に従って 4 つの基本的権利に関する原則（結社の自由及び団体交渉権の承認，強制労働の廃止，児童労働の廃止，雇用及び職業における差別の排除）を尊重し促進し実現する義務を負う（2 項）。これら 4 つの原則に関連する 8 条約（基本的 ILO 条約）が指定され，その普遍性が確認された。この 4 つの原則及び基本的 ILO 条約は，中核的労働基準とも呼ばれる。基本的 ILO 条約の批准国等は〔表〕（165 頁）参照。2022 年 6 月，ILO 総会は，安全衛生に関する 2 本の条約を基本的 ILO 条約に追加した（2024 年発効予定）。

法で国際貿易の発展を促進することの重要性を認識すると定める（16.1条1項）。
TPP（CPTPP/TPP11）協定では，締約国はILO加盟国としての義務（ILO基本的原則権利宣言で述べられているものを含む）を確認すると定める（19.2条1項）。

　こうした国際文書を「考慮する」義務は，少なくとも当該文書を考慮する行為規範としての役割を果たす。他の条約上の義務等を「再確認する」義務は当該他の条約上の義務に加えて別の義務を課すとは考えにくいが，締約国は当該他の条約上の義務を負うことを確認する。こうした参照条項により，ウィーン条約法条約が定めるように，これらの国際文書や条約上の義務が地域経済統合の条文解釈における文脈あるいは趣旨目的として機能する。すなわち，地域経済統合とこれらの国際文書ないし他の条約の統合的解釈を図る意義を有すると解される。

②労働者の保護のための実体規定と紛争解決手続

　近年の地域経済統合では，労働者の保護のための実体規定と紛争解決手続が定められ，人権救済あるいは人権回復に寄与するものが見られる。

　地域経済統合においては，各締約国は内容的に同一の義務を負うという意味で双務的義務であり，先進国が特恵を通じて途上国に労働者の保護を一方的に義務づける片務性の問題が解消された。

　さらに，労働者保護のための実体規定が，各締約国の国内労働法の遵守からILO基本的原則権利宣言に従った労働者の権利保障という普遍的な労働者保護に移行した。また，紛争解決手続では，米国メキシコカナダ協定（USMCA）では労働者の権利侵害の被害者救済に焦点を当てた新たな手続が設けられた。EUの新世代FTAでは，個別の被害者救済よりも将来の権利侵害の再発予防のために関連国内法令の制定・改正といった権利回復に焦点を当てていると考えられる。

　以下，NAFTAの付属協定である北米労働協力協定（NAALC），USMCA，EUの新世代FTAをそれぞれ検討する。

(a)　北米労働協力協定（NAALC）——初期の規律

　NAALCは，各締約国の国内労働法の遵守を義務づけ（2条），協力的手続と強

制的手続からなる紛争解決手続を設けた。ここにいう国内労働法遵守義務とは，憲法及び自国の労働基準を制定する権利を尊重しつつ，国内労働法規制が高水準の労働基準を規定することを確保する義務である。米国はその後締結したFTA（例えば中米自由貿易協定（CAFTA）など）で徐々に労働者保護を強化した。

　NAALCが遵守を義務づける労働法とは，結社の自由，団体交渉権，ストライキ権，強制労働，児童労働・若年者雇用，最低賃金，雇用及び職業における差別撤廃，男女同一賃金，労働安全衛生，移住労働者保護の11分野に限定される。

　一方の締約国（申立国）は他方の締約国における国内労働法の違反等について協力的手続と強制的手続の複層的な紛争解決手続に付託することができる。協力的手続では，条約機関（国内行政当局（NAO），閣僚会議）を通じた協議を経て妥協による行政的・政治的解決を図る。労働組合等はNAOに他方締約国における労働法違反に関する意見書を提出することができる。この意見書提出手続は，後述のように，市民社会の国際的連携を促進させる契機となり高く評価されている。紛争が閣僚会議を通じて解決されない場合専門家委員会に付託され，その最終評価報告書が理事会に提出される。

　強制的手続は，専門家委員会の最終報告書の不履行に対する手続である（協力的手続の前置）。強制的手続は締約国間協議と仲裁パネルから構成され，仲裁パネルの最終報告書が理事会に提出される。仲裁パネルの最終報告書の不履行に対し，課徴金や関税譲許停止の対抗措置を取ることができる。

　協力的手続と強制的手続を比較すると，前者に付託できる紛争の範囲が広く，他方締約国の労働法，労働行政及び労働市場に関する問題を付託できるが，後者に付託できる紛争は11分野の労働法のうち児童労働，最低賃金，労働安全衛生の3分野に限定され，かつ締約国間の貿易に関連し相互に認められた労働法の対象となるものに限定される。

　NAALCの協力的手続には結社の自由，団体交渉権，労働安全衛生，移住労働者保護，雇用及び職業における差別撤廃等について41件[9]の紛争が付託されたが，NAO間の協議及び閣僚会議を通じて行政的・政治的解決が図られ，

9）　ILO, Social Dimensions of Free Trade Agreements, 2015, p. 44.

専門家委員会が設置された例はない[10]。強制的手続は利用された例がない[11]。こうした友誼的方法による紛争解決は一定の意義を有し ILO も高い評価を寄せているが，技術支援や啓蒙活動の強化といった行政的・政治的解決では被害者が直接的な救済を得られず，とりわけ米国の労働組合からはまったく役に立たないものであるという厳しい批判が寄せられていた。

(b) 米国メキシコカナダ協定（USMCA）——規律の発展

労働者保護の実体規定は NAALC と比較すると大きく発展した。第1に，NAALC では各締約国の国内労働法の遵守が義務づけられていたのに対し，USMCA では ILO 基本的原則権利宣言に即した国内労働法の遵守が義務づけられており，普遍的な労働者保護が図られている。第2に，実体規定が労働者保護を強化する形で多様化した。NAALC の実体規定は11分野の各締約国の国内法令遵守義務だけであった。USMCA の実体規定[12]は，ILO 基本的原則権利宣言に即した国内労働法遵守義務（23.3条1項），貿易投資促進目的の国内法令逸脱防止義務（23.4条），国内労働法効果的執行義務（23.5条1項），強制労働産品輸入禁止（23.6条1項），労働者に対する暴力排除義務（23.7条），移住労働者保護義務（23.8条），雇用及び職業における差別撤廃義務（23.9条），自動車及び自動車部品に対する労働原産割合（国際的最低賃金規制），メキシコのみに課された団体交渉権に関する国内法令制定執行義務（附属書23A）が規定された。

NAALC の紛争解決制度では被害者救済が実現されなかったという批判を受け，USMCA では NAALC に準じた協力的手続と強制的手続に加えて，被害者救済に焦点を当てた新たな紛争解決制度が設けられた。それが事業場特定的迅

---

10) Lance Compa & Tequila Brooks, NAFTA and NAALC: Twenty-Five Years of North American Trade—Labour Linkage (2nd. ed.), Kluwer Law International, 2019, p. 89.

11) *Ibid.*, pp. 84-85.

12) TPP では，労働者保護のための実体規定としては，ILO 基本的原則権利宣言遵守義務（19.3条1項），貿易投資促進目的の国内法令逸脱防止義務（19.4条），国内労働法効果的執行義務（19.5条1項），強制労働産品輸入禁止努力義務（19.6条），労働基準保護主義的適用禁止義務（19.2条2項）が規定された。

速対応労働制度（附属書31）[13]である。

この制度は，各国国内労働法で保障された労働基本権の権利否認の被害者について条約上の紛争解決制度を通じてその救済を図る制度である。メキシコについては附属書23Aに基づく国内法令制定執行義務のみが対象とされ，対象事業場における特定の労働基本権（団結権，団体交渉権等）の権利否認の被害者の救済を目的とする。

他方締約国に存在する対象事業場において労働者の労働基本権の権利否認が発生したと信ずる締約国（申立国）は，当該他方締約国（被申立国）に対し権利否認の有無について審査を要請することができる。一定期間内に協議を通じて是正されない場合，迅速対応労働パネルが設置される。迅速対応労働パネルは，権利否認の有無とその重大性に関する決定及びその是正措置に関する勧告を行う。申立国は被申立国との間で権利否認の改善について合意するまでの間，権利否認の重大性に応じた対抗措置（対象事業場の産品またはサービスに対する罰金，関税譲許停止，輸入禁止）をとることできる。また，権利の否認が存在するかどうかについて他方締約国に審査を要請した時点で対象事業場の産品について貿易決済を停止しその輸入を事実上差し止めることができる。

(c) EU の新世代 FTA

EU は，2006 年に「グローバル・ヨーロッパ」戦略を提唱し，ドーハ開発アジェンダを最重視するそれまでの姿勢を転換して，主要国との間で高水準の自由化義務を伴う新世代 FTA を締結する新たな通商戦略の指針を公表した。韓国，ペルー，コロンビア，中央アメリカ諸国との交渉は比較的順調に進んだが，その他の国（主に新興国）との間ではその強い反発で交渉は必ずしも進まなかった。

2009 年 12 月に発効したリスボン条約により，EU の排他的権限が拡大され，通商交渉における透明性の欠如も相まって，自由化に対する市民社会や加盟国議会等の反発は強まった。こうした市民社会や加盟国の反発に対応するため，

---

13) 事業場特定的迅速対応労働制度は，2 国間（米国・メキシコ間，カナダ・メキシコ間）で設置されている（附属書 31–A 及び 31–B）。

154

2010 年に「万人のための貿易」戦略を提唱し，従来型の伝統的な通商政策からパラダイムをシフトし，持続可能な開発と人権，グッド・ガバナンス等の欧州共通価値の実現手段として通商政策を位置づけ直したと考えられる[14]。ここにいう欧州共通価値とは，EU 条約 2 条において定められた諸価値であり，人間の尊厳，自由，民主主義，平等及び法の支配，少数者の権利の尊重を含む，人権の尊重の価値をいう。EU の対外行動は，これらの諸価値に導かれ，より広い世界においてそれらを前進させることを目標とするものとされ，ここにいう諸価値として，民主主義，法の支配，人権と基本的自由の普遍性及び不可分性，人間の尊厳の尊重，平等及び連帯の原則，国連憲章及び国際法の諸原則の尊重が明示的に列挙されている。そして，EU は，これらの諸原則を共有する第三国等との関係を発展させ，連携を構築することとされている。

したがって，新世代 FTA では，例えば日 EUEPA では共通の原則及び価値観に基づく強固な連携を意識することが謳われ（前文），貿易と持続可能開発章が設けられ，労働者保護について実体規定と紛争解決手続が規定されている。

労働者保護のための実体規定としては，ILO 基本的原則権利宣言遵守義務（16.3 条 2 項 2 文），ILO 条約批准努力義務（16.3 条 3 項），貿易投資促進目的の国内法令逸脱防止義務（16.2 条 2 項 1 文），国内労働法効果的執行義務（16.2 条 2 項 2 文），国内法令恣意的適用禁止義務（16.2 条 3 項）が規定されている。

ILO 基本的原則権利宣言遵守義務とは，ILO 基本的原則権利宣言で定められた 4 原則を自国の法令及び慣行において尊重・促進・実現する義務をいい，EU 韓国 FTA においても類似の義務が定められている（13.4 条 3 項 1 文）。

EU の新世代 FTA では，条約の適用過程に市民社会の参加が保障されている。例えば，日 EUEPA は締約国に対して市民社会との共同対話の定期的実施を義務づける（16.16 条）。締約国は，共同対話に関連規定の実施に関する情報を提供することが義務づけられている。共同対話の見解及び意見には法的拘束力はないが，関連規定の効果的な実施及び運用について責任を負う専門委員会に提

---

[14] 通商政策における欧州共通価値の重要性については，中西優美子「日本・EU 間の経済連携協定（EPA）と戦略的パートナーシップ協定（SPA）」EU 法研究 5 号（2018 年），濱田太郎「EU の共通通商政策と FTA 政策の変貌——環境・人権保護やグッド・ガバナンス等を目的とした新たな通商政策の萌芽？」商経学叢 64 巻 3 号（2018 年）参照。

出される。EU 韓国 FTA では，国内諮問機関が市民社会との定期的対話（市民社会フォーラム）を実施する（13.13 条）。市民社会フォーラムの見解及び認定は，各締約国及び国内諮問機関に提出される。

　紛争解決手続は，条約全体の紛争解決手続の適用を排除した独自のもので，単線的構造を有する。日 EUEPA においては，規定の解釈又は適用に関する事項について締約国間で見解の相違がある場合に他方締約国に協議を要請することができる。EU 韓国 FTA においては相互利益を有する問題（国内諮問委員会からの情報提供を含む）について他方締約国に協議を要請することができると定めており，条約の解釈または適用だけに限定されないより広範な問題について紛争解決手続に付託できると考えられる。

　締約国間協議を通じて解決されない紛争は専門家パネルに付託することができる。専門家パネルの報告書には法的拘束力がなくその実施は条約機関（日 EUEPA では専門委員会。EU 韓国 FTA では貿易と持続可能な開発委員会）が監督する。その違反に対する対抗措置は認められていない。

II　国際経済法における人権救済の課題

1．NAALC／USMCA の紛争解決手続を通じた人権救済の意義と限界──フォーラム・ショッピングと市民社会の国際的連携

　NAALC の紛争解決手続は協力的手続と強制的手続からなるが，すべての紛争は協力的手続のうち NAO 間の協議及び閣僚会議を通じて一定の妥協による行政的・政治的解決がなされた。専門家委員会が設置されたことはなく，妥協に際して専門家の意見は考慮されず，行政的・政治的解決の内容は被害者の救済にほど遠いものばかりで，被害者の直接的救済，例えば解雇された労働者の復職や損害賠償等について合意されたことはない。したがって，労働組合や人権保護団体等の市民社会や専門家の間で NAALC の評価は分かれており，とりわけ労働組合からは NAALC はまったく無力であるという厳しい評価も見られる。

　ここでは，労働基本権侵害のうち，歴史・文化に根ざす社会構造に起因する構造的人権侵害に相当する例として，メキシコにおける保護組合と労働保護契

約に関する紛争と米国における移住労働者保護に関する紛争を取り上げ，NAALC の紛争解決手続の意義と限界を示す。

①メキシコにおける保護組合と労働保護契約に関する紛争

メキシコでは，使用者が自らに有利な労働組合（いわゆる保護組合）を選択し団体交渉を行い労働者に不利な労働協約を締結する労使慣行（いわゆる労働保護契約）が存在している。すべての労働者が自ら選択する労働組合を結成し加入することを認めることは当然に不可欠であり，結社の自由委員会もその重要性を繰り返し示してきた。

NAALC の紛争解決手続にはメキシコの保護組合や労働保護契約に関する多数の紛争が付託された。保護組合が存在する企業において労働者が独立の労働組合を結成しようとして妨害されたり解雇された事例，独立の労働組合が結成されても企業が団体交渉に応じず労働協約を締結できなかったり，暴行を受けたりその他の露骨な組合間差別を受けた事例，保護組合の締結した労働協約が一切公表されていない事例，組合の役員選挙において自由選挙・秘密投票が保障されていない事例などである。米国やカナダの NAO に対して，メキシコの労働法令が結社の自由，団体交渉権等について高水準の労働基準を確保していないという意見書が提出され，NAO 間の協議と閣僚会議を通じて一定の妥協による行政的・政治的解決が図られてきた。

例えば，1997 年 10 月に付託されたハンヨン事件は，労働者が自らの意思で労働組合を結成しようとしたところ，企業側がすでに保護組合を結成し労働協約を締結しており，新たな組合結成を妨害した事例である。労働者は保護組合や労働協約の存在すら周知されていなかった。米国の NAO は労働組合からの意見書付託を受けて NAO 間の協議を開始し，公聴会を実施し報告書を公表した。報告書の勧告に基づき閣僚会議が実施され閣僚合意に至った。メキシコは，閣僚合意において，労働協約の登録と無記名投票による組合役員選挙の推進を約束し，①結社の自由等に関するパブリック・セミナーの実施，②労働安全衛生に関する二国間協議の実施からなる行動計画に合意した。

しかし，メキシコは，このような閣僚合意にもかかわらず，労働協約の登録も無記名投票による組合役員選挙も国内法令整備に着手せず，米国の NAO に

これらに関連する紛争がその後も付託された。メキシコがその是正に本腰を挙げたのは, 米国の強い圧力の下で交渉が行われた USMCA の交渉過程においてである。USMCA の附属書 23A では, こうした労使慣行を是正するために, 労働紛争に関する中立的で独立した裁判所を設置する司法改革の実行, 労働協約の周知・公表制度の構築, 労働者が自らの意思で労働組合を結成し加入する権利の保障, 組合役員の自由選挙・秘密投票の保障等が約束された。

USMCA において事業場特定的迅速対応労働制度やメキシコにおける労働者保護の大幅強化という画期的成果を上げたのは, NAFTA が米国に不利であると訴えるトランプ政権の強力な外交圧力があったことも影響している。しかし, それに加えて, 米国とメキシコの労働組合や市民運動の間でメキシコの労働者保護の改善が不可欠であるという共通認識が醸成されていたことも大きな影響を与えている[15]。

②米国における移住労働者保護に関する紛争

1998 年 5 月に付託されたリンゴ農家における移住労働者事件は, 移住労働者の労働問題を扱った最初の紛争である。結社の自由, 団体交渉権, 労働安全衛生, 移住労働者保護, 雇用及び職業における差別撤廃等 7 分野の米国の多様な違反が申し立てられた。メキシコの NAO はメキシコの労働組合からの意見書付託を受けて NAO 間の協議を開始した。意見書はメキシコの労働組合の名義で提出されたが, 米国の労働組合と協力して作成したものであった。公聴会が実施され, 報告書が公表された。報告書の勧告に基づき閣僚会議が実施された。閣僚会議では, 使用者, 労働者, 政府関係者によるパブリック・フォーラム, 労働検査官によるアウトリーチの実施からなるフォローアップ計画が合意された。公聴会や閣僚会議に際して両国の労働組合や人権保護団体が連携してメディア・キャンペーンなどを実施し世論を喚起した結果, 移住労働者保護問題に対する世間の関心が高まり, 関連業界やワシントン州に対する強い圧力となった。その結果, 労働検査官による検査の強化, 新たな労働安全規制の制定につながっている。この事件では多くの問題が結局解決されなかったが, 移住

---

15) Lance Compa & Tequila Brooks, *supra* note (10), p. 283.

労働者の待遇について両国の労働組合や人権保護団体が連携し世論の関心を高め，その後も一定の政治的解決を導き出していくことになった[16]。

　協力的手続を経て合意されたパブリックフォーラム・セミナーやアウトリーチは，労働者の権利意識を高め，様々な手続を通じて労働基本権の侵害に対抗しようとする姿勢が生まれた。さらに，労働組合や人権保護団体の国際的連携により特定の労働者保護の重要性について共通認識が生まれ[17]，協力してメディア・キャンペーン等を通じて両国の世論の喚起を図りながら，NAALC の紛争解決手続，結社の自由委員会，OECD 多国籍企業行動指針ガイドライン等の様々な手続に申立を行い，いずれかから救済を得ようとするフォーラム・ショッピングが積極的に展開された[18]。

　ホフマン・プラスチック加工対全米労働関係委員会（NLRB）事件の米国連邦最高裁判所判決（2002 年 3 月 27 日）は，労働組合の結成に対する報復として違法に解雇された非正規移住労働者の違法解雇による失業期間の賃金支払請求権（バックペイ）を認めなかった。メキシコ政府は本件を NAALC の紛争解決手続に付託せずに，同年 5 月 10 日に米州人権裁判所に勧告的意見を要請した[19]。メキシコは，非正規移住労働者の資格に由来する差別的基準に基づいて労働基本権を否定する効果を持つ「一部の国」による解釈，慣行，法律の制定は米州機構人権制度に適合しないと主張した。そして，①米州諸国が労働者に対しその移住資格に基づき異なる待遇を付与する法令を制定することができるか，②移住資格に基づいて労働権を否定することが無差別と法の下の平等な保護を確保する米州諸国の義務と両立するかどうか，③平等の権利と差別から解放される権利は強行規範（jus cogens）であるか等について，米州人権規範及び国際人権規範の解釈を要請した。各国の市民社会の関心は高く，多くの法廷の友意見書が提出された。

　米州人権裁判所の「非正規（undocumented）移民の権利」に関する勧告的意

---

16)　Kimberly A. Nolan García, *Protecting the Rights of Migrant Workers through Trade Mechanisms: Lessons from NAFTA*, in Ann Elliott ed., Handbook on Globalisation and Labour Standards, Edward Elgar Publisher, 2022, p. 306.

17)　Lance Compa & Tequila Brooks, *supra* note（10），p. 243.

18)　*Ibid.*, pp. 50–53.

19)　*Ibid.*, pp. 183–188.

見（OC-18/03 2003年9月17日）は，①平等と無差別の基本原則は一般国際法上の基本原則であり強行規範である，②国家は，移住資格にかかわらず平等及び無差別の基本的権利を尊重しその保護を確保する義務がある，③救済措置を受ける権利を含む適正手続に対する権利は，移住資格にかかわらずすべての移住者に付与されるべき基本的かつ最低限の保障である，④移住資格は，労働基本権を含む人権の享受及び行使を剥奪する正当な理由になりえない，等を判示した。

　移民送出国や市民社会が移民受入国における人権救済及び回復のために，国内行政的・司法的手続，国際的手続（国際裁判，地域経済統合の紛争解決制度），非法律的手続のそれぞれの特性や限界を踏まえて，最適な手続を選択し最善の救済及び回復を図ろうとし，一定の画期的な成果を出している。市民社会の国際的連携が人権救済及び回復に向けた一定の共通意識を醸成していることが，こうした成果の背景にある。

2．EU の新世代 FTA の紛争解決手続を通じた人権救済の意義と限界

　EU は，①韓国の労働組合法の 4 つの措置が ILO 基本的原則権利宣言で定められた 4 原則を尊重・促進・実施する義務（13.4 条 3 項 1 文）に違反している，②韓国が基本的 ILO 条約の批准努力義務（同 3 文）に違反しているとして協議を行ったが解決せず，専門家パネルが設置された。専門家パネルは，EU が指摘した 4 つの措置のうち 3 つについて ILO の諸機関とりわけ結社の自由委員会による事実認定や解釈に全面的に依拠しながら，韓国が結社の自由原則を尊重・促進・実施する義務に違反すると認定し，その是正を勧告した。しかし，専門家パネルは，韓国の ILO 条約の批准努力義務については違反を認定しなかった。

　専門家パネルが，結社の自由を尊重・促進・実現する FTA 協定上の義務の解釈に当たり，ILO の諸機関とりわけ結社の自由委員会による事実認定と解釈に全面的に依拠したことは，貿易協定に社会条項を設けるにしても基準設定及び実施監視は ILO 諸機関の判断に委ねるべきであるという従来からの批判[20]

---

20)　吾郷眞一「WTO と ILO ——自由貿易体制と労働者の権利保障」法律時報 82 巻 3 号（2010 年）27 頁。

に正面から応えた形になっている。国際社会には複数の多数国間条約が併存しそれぞれ紛争解決制度を有する。強行規範を除けば国際法規範には階層性はない。国際社会にこれらの抵触を回避する一元的な統治機構は存在しない。それぞれの条約が参照条項や，他の条約との抵触を回避する条項を置いたり，それぞれの紛争解決制度が抵触や異なる解釈を避けるよう一定の配慮を行うほかない。

　また，韓国は，専門家パネルが違反を認定した措置を改廃し，専門家パネルが違反を認定しなかったにもかかわらず，強制労働条約（29号条約）及び結社の自由及び団結権保護条約（87号条約）の2本の基本的ILO条約を批准した。基本的ILO条約の批准は文在寅大統領の政策公約であったが国内的な意思統一に失敗して批准が頓挫していた。国内諮問機関を通じて国内対話を促進し批准に向けた合意形成の努力がなされていた。EUによる紛争解決手続への付託は，こうした国内合意形成を促進するための一種の外圧として機能し，基本的ILO条約の早期批准に導いたと考えられる。

　EUの新世代FTAの紛争解決手続は，労働基本権の侵害からの被害者救済を目的にしているというよりは，むしろ，労働基本権の侵害の再発防止に向けた関連国内立法や条約批准などを通じた回復過程を目的とするものと考えられる。条約上各締約国の市民社会が一定の役割を果たすことが期待されているため，各締約国の市民社会がより高水準の労働者保護に向けた意思決定を行うよう促進することがEUの新世代FTAの目的といえるだろう[21]。

3．USMCAに見られる労働者保護の二面性——相互主義・互恵主義の機能と限界

　USMCAは労働者保護のための先進的な実体規定と紛争解決手続を規定する。第1に，その実体規定については内容的に同一の義務を負う双務性が保障されている。第2に，ILO基本的原則権利宣言に即した国内労働法の遵守が義務づけられており，普遍的な労働者保護が図られている。第3に，労働者保護を強

21）　市民社会の参加について多くの問題点も指摘されている。詳しくは，二杉健斗「自由貿易協定（FTA）とサステナビリティ—— EUのFTAにおける「貿易と持続可能な発展」章の意義と課題」論究ジュリスト37号（2021年）参照。

化する形で多様化な実体規定が設けられた。第4に，被害者救済に焦点を当てた事業場特定的迅速対応労働制度が新設された。

　事業場特定的迅速対応労働制度を通じて，特定の事業場の労働者の具体的な権利侵害が具体的に是正されることが確保されるようになった。事業場特定的迅速対応労働制度では，他方締約国に存在する対象事業場において労働者の労働基本権の権利否認が発生したと信ずるに足りれば申立を行うことができるという点で申立のハードルは低く，しかも，国内法上の労働基本権の具体的な権利否認について申立国と被申立国との間でその改善について合意するよう設計されているためである。

　2022年11月までに米国はメキシコに対し5件の紛争を付託したが，すべて協議を通じて解決され，迅速対応労働パネルが設置された例はない[22]。

　2021年5月に付託されたシラオ GM 工場事件は，初めて本制度に付託された事例である。締約国間の協議を通じて，組合員による労働協約の承認投票に対する妨害行為を是正するために，脅迫や強制を防止するための労働検査官の派遣，ILO の国際監視員による投票立ち合い，投票妨害の責任者の調査と処罰等が合意された。この事例では，米国は権利否認について審査を要請した時点で対象産品の貿易決済を停止し事実上産品の輸入を差し止めた。2021年7月に付託されたトリドネックス自動車部品工場事件は，労働組合の意見書に基づき付託された。トリドネックス社は，解雇した労働者に退職金とバックペイを支給すること，労働協約の承認投票に選挙監視員の派遣を認めること等を約束した。

　事業場特定的迅速対応労働制度においては，これまでのところすべての紛争は協議を通じて解決されているが，被害者の救済や違法行為の再発防止に向けた具体的な措置の実施が合意されていること，5件中4件で審査を要請した時点で産品の貿易決済の停止を行ったことが特徴的である。

　こうした高水準の労働者保護のための先進的な実体規定と効果的な紛争解決

---

22)　Office of the United States Trade Representative, Chapter 31 Annex A; Facility-Specific Rapid-Response Labor Mechanism, 〈https://ustr.gov/issue-areas/enforcement/dispute-settlement-proceedings/fta-dispute-settlement/usmca/chapter–31-annex-facility-specific-rapid-response-labor-mechanism〉（2022年11月25日最終閲覧）

手続は，即時無条件の最恵国待遇が義務づけられた WTO では合意が得られにくい。WTO と特定国間でより高水準の自由化を目的とする地域経済統合を比較すれば明らかであるように，後者では当該特定国間で一括取引（パッケージ・ディール）が成立しやすい。というのは，通商条約において締約国の利益は主として相互主義・互恵主義に基づいて保障されるからである。通商条約に基づく人権保障にも相互主義・互恵主義の機能と限界が反映されている。より高水準の労働者保護に関する実体規定と効果的な紛争解決制度は，発展段階が異なる多数の国から構成される WTO では合意が得られにくい。労働者保護に二面性の問題が内在するからである。労働者保護には，人権保障と保護主義の間で国際的な内在的対立・矛盾がある。

この問題を最も顕著に示すのが，自動車及び自動車部品に適用される労働原産割合という原産地規則である。この規定は，米国の労働組合の強い要求を受けて制定されたもので，国際的な最低賃金規制として機能する。労働原産割合とは，工員の時給が 16 ドル以上の地域で付される付加価値のみを域内原産割合に加算することを認める制度であり，この賃金を下回る地域で付された付加価値は域内原産割合に計上することができない。米国及びカナダにおける工員の賃金はこの基準をはるかに上回るが，メキシコにおける工員の賃金は下回る。したがって，メキシコから米国・カナダへの生産の移転を促す効果があり，メキシコの比較優位を否定するものである。この規定はメキシコから見れば保護主義そのものである。

また，労働者保護には，国内的な内在的対立・矛盾もある。労働組合は，環境保護団体や人権保護団体と異なる特徴を有している。労働組合は産業構造上の利害対立が直接的に反映されるため，産業内及び産業間でいずれも利害対立を生じやすい。NAALC／USMCA の下で積極的な国際的連携を図っているのは米国では一部の巨大労働組合に限定され，メキシコでは保護組合ではない独立系労働組合が中心である。移住労働者保護の問題を例に挙げると，アメリカ労働総同盟産別会議（AFL-CIO）は NAFTA の批准に強く反対していたが，その後政策転換しメキシコの労働組合との国際的連携に積極的であるが，米国には極めて強い排外主義を唱える労働組合も未だに多く存在する。労働者保護のための市民社会の国際的連携は，環境保護団体や人権保護団体を通じた市民社

会の国際的連携と区別し，Transnational Activism, Labor Transnationalism, Transnational Advocates 等と呼ばれている。しかし，移住労働者保護等の例では，こうした労働組合が主導する市民社会の国際的連携が直接的な利害関係の保護から人権保護や回復に関心が移行しており，徐々に人権保護団体が主導する市民社会の国際的連携に近づいている。

おわりに

米国は，メキシコにおける労働法令の執行の不徹底を懸念し労働者の保護を強化するために NAALC を通じて労働法令執行の強化を図ろうとした。ゆえに，NAALC は，締約国間の労働基準の国際的調和は目指さずに国内法令遵守義務を課した。そして，労働組合等の他方締約国における労働法違反に関する意見書に基づき，国内当局間の協議や閣僚会議を通じて妥協による問題解決が図られた。こうした協力的手続を通じて，労働者の権利意識，企業の法令遵守意識を強化するパブリック・フォーラム，執行体制の強化のための技術支援が合意された。

各国の労働組合は，意見書の準備作成，公聴会や閣僚会議等に際し世論を喚起するためのメディア・キャンペーン等の共闘活動等を通じて協力関係を構築・発展させ，これらの中で問題解決に向けた共通認識が醸成された。また，こうした共闘活動が世間の関心を高め，関連業界や政府に対する強い圧力となり，新たな法令の制定や法令執行の強化等の成果を生み出した。さらには，メキシコは労働者保護を強化するための司法制度改革等に合意し，事業場特定的迅速対応労働制度が新たに発足し被害者救済に直結した解決が図られるようになった。

こうして強化された市民社会の国際的連携を背景にして，労働者，労働組合，人権保護団体等の市民社会，締約国はいずれも国内行政的・司法的手続，国際的手続（国際裁判，地域経済統合における紛争解決手続），非法律的手続のそれぞれの特性や限界を踏まえて最適な手段を選択するフォーラム・ショッピングを行い，最善の人権救済及び回復の結果を目指す動きが見られる。これらの複層的救済手続は，申立主体，申立可能な主張の内容，判断基準，判断の法的拘束

力の有無等が異なるが，市民社会の国際的連携を背景に，それぞれの主体が協
働し，それぞれの手続を通じて相乗的な人権救済及び回復を図ろうとするもの
として評価することができるだろう。

〔表〕　基本的 ILO 条約（中核労働基準）

結社の自由・ 団体交渉権の承認	結社の自由及び団結権の保護に関する条約（87 号条約） 　　157 か国批准，未批准国（バーレーン，中国，インド，オマーン， 　　ニュージーランド，アラブ首長国連邦，米国等）※韓国が批准 　　（2022 年 4 月発効） 団結権及び団体交渉権についての原則の適用に関する条約（98 号 条約） 　　168 か国批准，未批准国（バーレーン，中国，インド，オマーン， 　　アラブ首長国連邦，米国等）※韓国が批准（2022 年 4 月発効）
強制労働の禁止	強制労働に関する条約（29 号条約） 　　180 か国批准，未批准国（米国等）※韓国が批准（2022 年 4 月 　　発効）※中国が批准（2022 年 8 月：未発効） 強制労働の廃止に関する条約（105 号条約） 　　178 か国批准，未批准国（韓国等）※日本が批准（2022 年 6 月： 　　未発効）※中国が批准（2022 年 8 月：未発効）
児童労働の禁止	就業の最低年齢に関する条約（138 号条約） 　　175 か国批准，未批准国（オーストラリア，ニュージーランド， 　　米国等） 最悪の形態の児童労働の禁止に関する条約（182 号条約） 　　187 か国批准，未批准国なし
差別の撤廃	同一の価値の労働についての男女労働者に対する同一報酬に関する 条約（100 号条約） 　　174 か国批准，未批准国（バーレーン，オマーン，米国等） 雇用及び職業についての差別待遇に関する条約（111 号条約） 　　175 か国批准，未批准国（日本，オマーン，米国等）
安全衛生 （2022 年 6 月追加： 2024 年発効）	職業上の安全及び健康に関する条約（155 号条約） 　　75 か国批准，未批准国（日本，米国，英国等） 職業上の安全及び健康促進枠組条約（187 号条約） 　　58 か国批准（日本批准），未批准国（米国等）

　NORMLEX　ILO 全加盟国 187 か国　批准国・未批准国は 2022 年 9 月 14 日現在
〈https://www.ilo.org/dyn/normlex/en/〉（2022 年 11 月 25 日最終閲覧）
　4 分野では，米国が批准した条約は 105 号条約と 182 号条約の 2 条約のみ。日本が未批准の
条約は 111 号条約の 1 条約。

参考文献（注で言及したものを除く）

濱田太郎「国際経済法における社会条項（労働条項）──貿易自由化と人権保障」梅

    田徹＝平覚＝濱田太郎編著『国際法のフロンティア　宮崎繁樹先生追悼論文集』
    （日本評論社，2019 年）
濱田太郎「貿易と労働──貿易協定等における社会条項の多様化とその評価」日本国
    際経済法学会年報 31 号（2022 年）
Philip Alston, Labour Rights as Human Rights, Oxford University Press, 2005.
Janice R. Bellace & Beryl ter Haar eds., Research Handbook on Labour, Business and
    Human Rights Law, Edward Elgar Publisher, 2019.
Robert G. Finbow, The Limits of Regionalism : NAFTA's Labour Accord, Routledge,
    2017.
Jonathan Graubart, Legalizing Transnational Activism : The Struggle to Gain Social
    Change from NAFTA's Citizen Petitions, Pennsylvania State Univ Press, 2008.
Tamara Kay, NAFTA and the Politics of Labor Transnationalism, Cambridge Univer-
    sity Press, 2011.

第7章

ジェンダー法における人権救済の法理と政策

女性に対する暴力と変革的平等に関する
フェミニスト国際法的試論

近江美保

はじめに

　女性に対する暴力については，各国においてその根絶をめざす法的整備が進められるとともに，国際的あるいは地域的レベルでも各種文書が採択され，その実施状況を監視する機関も作られている[1]。また，ジェンダーに基づく女性に対する暴力（gender-based violence against women, 以下，GBVAW）は，ジェンダーの視点から国際法について研究するフェミニスト国際法分野における中心的な課題であり，Ogg と Rimmer によれば，1950 年 1 月から 2016 年 7 月まで英語またはフランス語で発表された女性／ジェンダー／フェミニズムと国際法に関する書籍，学術雑誌論文，教科書の中で最も多く扱われたテーマが GBVAW に関するものであったという[2]。しかし，これらの多様な取り組みや探求にもかかわらず，依然として，世界の 15 歳以上の女性の約 30% がジェンダーに基づく暴力を経験していると推計されており[3]，コロナ禍が被害を増幅

---

1) 近江美保「女性に対する暴力に関する国際的文書および機関の相互作用と連携」部落解放研究 216 号（2022 年）参照。

2) Kate Ogg and Susan Harris Rimmer, *Introduction to the Research Handbook on Feminist Engagement with International Law*, in Rimmer and Ogg (eds.), Research Handbook on Feminist Engagement with International Law, Elgar, 2019, p. 9.

3) WHO, Violence against Women Prevalence Estimates 2018, 2021, p. 33.

しているといわれている[4]。

　女性の人権の実現は，社会の中に存在するジェンダーという構造的性質を抜きには語れない。国際法・国際文書においても，ジェンダーの構造的性質に関わる事項への言及は少なくないが，それらは，女性に特定の権利を保障したり，国家に具体的な義務を課したりするいわゆる実体規定に比べて，それ自体として注目されることが少ないように思われる。本章では，GBVAW という人権侵害の救済を考えるうえでのひとつのアプローチとして，問題の根底にあるジェンダー化された社会構造の変革に国際人権法がどのように取り組むことができるのかについて検討するものである。具体的には，女性の人権について包括的に規定した女性差別撤廃条約とその関連文書を中心に，一般規定といわれるものを読み直し，それらと構造的要因との関連について，フェミニスト国際法の視点から検討する。

　フェミニスト国際法の視点（あるいは，国際法におけるフェミニスト・アプローチ[5]）とは，この分野の第一人者のひとりである Charlesworth によれば，「分析カテゴリーとしてのセックス（性）とジェンダーに依拠し，国際法分野に見られる特定の沈黙に注目して研究や問いを立てる方法」であり[6]，また，「そうした探求が将来を形作るのだという希望のもとに，女性の生を可視化しようとする具体的かつ政治的なプロジェクト」でもある[7]。女性に対する暴力の問題は，性とジェンダーに基づくことで女性に体系的かつ深刻な影響を与えてきたにもかかわらず，長らく国際法の対象とはみなされずに「沈黙」させられてきた問題であり，同時に，「ジェンダー」としての男性と女性の間の力関係を含む社会構造の変革を要請するものであるという意味で「政治的プロジェクト」

---

4) *See*, UN Women, Measuring the Shadow Pandemic : Violence against Women during COVID-19, 2021.

5) Charlesworth らによる Feminist Approaches to International Law がフェミニスト国際法学の端緒であるとされている。Hilary Charlesworth, Cristine Chinkin, Shelly Wright, *Feminist Approaches to International Law*, AJIL, Vol. 85, No. 4 (1991).

6) Hilary Charlesworth, *Forward* in Rimmer and Ogg (eds.), Research Handbook on Feminist Engagement with International Law, Elgar, 2019 (hereinafter, Charlesworth, *Forward*), p. xxv.

7) *Id.*, p. xxvi.

としての側面を有する。

　なお，SOGI（性的指向およびジェンダー・アイデンティティ）に基づく性的マイノリティに対する差別にも，ジェンダーの男女二分法的な性質が深く関わっているが，女性差別撤廃条約はSOGIによる差別には言及していない。同条約については，ジェンダーに基づく差別の撤廃を求めながら，婚姻を異性間のものとする規範に基づいている，あるいは，同条約の履行監視機関である女性差別撤廃委員会（以下，CEDAW）はレズビアンの問題を扱うことに非常に慎重であるうえに，トランスジェンダーに対する差別についてはほぼ完全に沈黙しているという批判もある[8]。ジェンダーに基づく差別や暴力の対象を女性に限定することは，本章の意図するところではないが，同条約に注目してジェンダーに基づく女性に対する暴力の問題を取り上げることが，社会におけるジェンダーに基づく差別全般に一石を投じるものであると信じて，検討を進めたい[9]。

　以下，第I節では，これまでの国際社会および国際法におけるGBVAWへの取り組みについて概観し，第2節においては，女性差別撤廃条約の一般規定とジェンダー構造の変革との関係について検討する。第3節では，CEDAWで扱われた個人通報事例および調査事例に見られるGBVAWと構造的要因の関係について取り上げる。

I　社会構造としてのジェンダーと女性に対する暴力

　ジェンダーとは，女性性（femininity）と男性性（masculinity）を相対するものとして位置づける，社会や文化による構築物である。社会における男女の関

---

8)　*See*, Dianne Otto, *Women's Rights* in Daniel Moeckli, et al.（eds.），International Human Rights Law（4th edition），Oxford University press, 2022, p. 329.

9)　この点に関して，黒岩は「女性に対する差別撤廃の主張は，社会において性に関する個人の尊厳が貫かれることを求めることであり，男性差別禁止や同性愛差別禁止に共通するものである。そして，実際にも，男性のおかれた状況を変え，また，あらゆる個人を対象にそのセクシュアリティを尊重し侵害を排除する社会的ルールの形成が進むなかでこそ，女性に対する差別禁止も実現するであろう」と述べている。黒岩容子「第1条　女性差別の定義」国際女性の地位協会編『コンメンタール　女性差別撤廃条約』（尚学社，2010年）83頁。

係性を表すジェンダーの内容は，時代や場所によって異なり得るが，男らしい（masculine）とされる性質や特徴は多くの場合，公的領域に関連づけられ，私的領域に関連づけられる女らしい（feminine）特徴に優位する価値を付与される[10]。そのため，ジェンダーは，女性が男性に対して従属的な地位におかれることをあたかも自然であるかのように見せる効果を有する。また，こうしたジェンダーのあり方は，ジェンダーにもとづくステレオタイプ，すなわちジェンダー・ステレオタイプを生み，その中でも女性に対するステレオタイプは，社会のあらゆる部分において女性の軽視と低評価を広めることに寄与している[11]。ステレオタイプとは，単に特定の集団に属しているというだけの理由で，ある個人が，その集団が有すると想定される特徴や性質あるいは役割についての一般的な見方や先入観に一致するはずだと信じることをいう[12]。ジェンダー・ステレオタイプは，男女の身体的，生物学的，性的，社会的機能の違いをもとに社会的，文化的に構築された，男性および女性の個人的な特徴に関するステレオタイプであり，性格的な特質や行動，役割，身体的特徴および容姿，職業，性的指向についての思い込みを含む[13]。また，ジェンダー・ステレオタイプにおいては，女性たち自身がそうした女性に否定的なステレオタイプを身につけるように社会的に条件づけられており，従属的で受動的な役割を自分の地位に適したものとして自ら果たすようになるといわれている[14]。

　女性に対する暴力は，さまざまな社会の諸側面に深く組み込まれたジェンダーに基づくがゆえに，多くの女性を苦しめるグローバルな問題となっており，解決も容易ではない。いうまでもなく，個々の女性に対する暴力それ自体が女性の安全を脅かし，行動を制限し，人権の享有や行使を妨げる深刻な人権侵害であることは明らかであり，国際的な人権文書においても，女性に対する暴力への処罰が求められている[15]。しかし，GBVAW とは，社会において女性に男

---

10)　*See*, Charlesworth, *Forward*, *supra* note (6), p. xxv.

11)　*See*, Rebecca J. Cook and Simone Cusack, Gender Stereotyping: Transnational Legal Perspectives, University of Pennsylvania Press, 2010, p. 1.

12)　*Id.*, p. 9.

13)　*Id.*, p. 20.

14)　*Id.*, p. 1.

15)　UN Declaration on the Elimination of Violence against Women (hereinafter, DEVAW),

性に比して従属的な地位を強いてきた重要なメカニズムのひとつであり[16]，その解決には，表面に出てくる現象としての個々の暴力に対応するだけでは不十分である。また，社会がジェンダーに基づく偏見やステレオタイプを認識し，排除することができない場合，女性に対する人権侵害を見逃す風潮は強化され，偏見や誤ったジェンダー・ステレオタイプがさらに助長される[17]。ジェンダー・ステレオタイプの中でも，女性は男性の所有物であるというステレオタイプは，所有権には対象物を矯正したり破壊したりすることも含まれるという考え方に基づき，夫はその親指より太くないものを用いるならば妻を打ち据えてもよいという「親指のルール（the rule of thumb)」を生みだし，今でもドメスティック・バイオレンス（DV）や性暴力など，女性に対する暴力的な扱いを生じさせている[18]。

II　国際社会における GBVAW への取り組み

女性の人権を包括的に保障する女性差別撤廃条約[19]にGBVAWに関する規定がないことは，すでに周知の事実であるが，その前後に開催された世界女性会議の成果文書においては，「ジェンダーに基づく女性に対する暴力」という表現こそ使われていないものの，女性が受ける「暴力」への言及が見られる[20]。たとえば，1985年にケニアのナイロビで開かれた「国連女性の十年」最終年

A/RES/48/104, 20 December 1993, Articles 4 (c) and (d); CEDAW, General Recommendation No. 19: Violence against Women (hereinafter, GR No. 19) in A/47/38, 1993, paras. 1 and 6. 日本語訳については，内閣府男女共同参画局ホームページ〈https://www.gender.go.jp/international/int_kaigi/int_teppai/index.html〉（2022年12月26日最終閲覧）を参照。本章では，内閣府の訳を参照しつつ，必要に応じて修正を加えている。以下，他の一般勧告等についても同様。

16)　DEVAW, *Id*., preamble.
17)　Cook and Cusack, *supra* note (11), p. 1.
18)　*Id*., p. 2.
19)　1979年12月18日国連総会採択，1981年9月3日効力発生。
20)　Christine Chinkin, *Violence Against Women* in Marsha A. Freeman, et al. (eds.), The UN Convention on the Elimination of All Forms of Discrimination against Women: A Commentary, Oxford University Press, 2012 (hereinafter, Chinkin, *Violence against Women*), pp. 444–445.

会議で採択された「西暦 2000 年に向けてのナイロビ将来戦略」では，「具体的な懸念分野」として「虐待される女性（abused women）」という項目が設けられ，「ジェンダーに特有の暴力が増加しており，各国政府は女性の尊厳を優先事項として確保しなくてはならない」ことが掲げられていた[21]。1990 年代に入ると，1993 年の世界人権会議（以下，ウィーン会議）に向けて，世界各地の女性が「女性の権利は人権である」と訴えたキャンペーンが大きなうねりを作り出し，家族や親密な関係の中で生じる女性に対する暴力の問題を国際的な課題として可視化することに繋がった[22]。この「女性の権利は人権である」という訴えは，ウィーン会議の成果文書にも反映され，女性および少女（girl child）の人権は普遍的な人権の不可譲かつ不可分な一部であること，ジェンダーを理由とする暴力は人間の尊厳および価値と両立せず，除去されなければならないことがウィーン宣言に明記された[23]。

　ウィーン会議に先立つ 1992 年には，CEDAW が一般勧告 No. 19 を採択し，女性に対する暴力とは「女性であることを理由として女性に対して向けられる暴力，あるいは女性に対して過度に影響を及ぼす暴力」であり，「身体的，精神的，又は性的危害もしくは苦痛を加える行為，かかる行為の威嚇，強制，及び，その他の自由の剥奪を含む」と定義し，「ジェンダーに基づく暴力は，男性との平等を基礎とする権利及び自由を享受する女性の能力を著しく阻害する差別の一形態である」と位置づけた[24]。また，ウィーン会議後には，国連総会で「女性に対する暴力の撤廃に関する宣言」（以下，女性に対する暴力撤廃宣言）[25] が採択され，国連人権委員会（当時）は，初の女性に対する暴力特別報

---

21)　Nairobi Forward-Looking Strategies for the Advancement of Women, in United Nations, Report of the World Conference to Review and Appraise the Achievements of the United Nations Decade for Women: Equality, Development and Peace, Nairobi, 15–26 July 1985, A/CONF.116/28/Rev.1, 1986, para. 288. *See*, also paras. 231, 245, 258, 271 and 287.

22)　Niamh Reilly, *Women, Gender, and International Human Rights: Overview*, in Reilly (ed), International Human Rights of Women, Springer, 2019, p. 4.

23)　Vienna Declaration and Programme of Action in World Conference on Human Rights, Vienna Declaration and Programme of Action Adopted by the World Conference on Human Rights in Vienna on 25 June 1993, A/CONF/157/23, 1993, para. 18.

24)　GR No. 19, *supra* note (15), paras. 1 and 6.

25)　DEVAW, *supra* note (15),

告者を任命した[26]。1995 年に北京で開かれた第 4 回世界女性会議で採択された北京行動綱領においては，12 の重大問題領域のひとつとして女性に対する暴力がとりあげられ[27]，各国政府に女性に対する暴力行為を防止し，捜査し，国内法に則って処罰するよう，しかるべき義務を履行することが要請された[28]。さらに，1999 年には，個人通報制度と調査制度を備えた女性差別撤廃条約選択議定書が採択された[29]。選択議定書発効後の 20 年間で，個人通報制度によって条約違反が認定された事案の約半数は GBVAW に関するものであり[30]，調査制度においても GBVAW 関連の事態に関する調査が実施されている[31]。CEDAW では，一般勧告 No. 19 をアップデートする一般勧告 No. 35 を 2017 年に採択している[32]。

　これらの動きを受けて，各国内でも女性に対する暴力に関する法制度の整備が進められ，日本では，「配偶者からの暴力の防止及び被害者の保護等に関する法律」（以下，DV 防止法）が 2001 年に成立した[33]。また，米州，アフリカ，ヨーロッパの各地域では，女性に対する暴力を廃絶するために，法的拘束力を有する地域条約が作られ，それぞれの条約の実施状況を監視するための制度が設置されたほか，地域的人権裁判所においてもそれらの条約が使われている[34]。

26）　UN Commission on Human Rights, Special Rapporteur on Violence against Women, Its Causes and Consequences, E/CN.4/RES/1994/45, 4 March 1994.

27）　Beijing Platform for Action, in Report of the Fourth World Conference on Women, Beijing, 4–15 September 1995, A/CONF.177/20/Rev.1, 1996, para. 44.

28）　*See, Ibid.*, paras. 44 and 124（b）.

29）　1999 年 10 月 6 日国連総会採択，2000 年 12 月 22 日効力発生。

30）　*See*, UNOHCHR, 20 Years from the Entry into Force of the Optional Protocol to the Convention on the Elimination of All Forms of Discrimination against Women (OP-CEDAW): A Universal Instrument for Upholding the Rights of Women and Girls and for their Effective Access to Justice（Statement adopted by the CEDAW), 10 December 2020, available at 〈https://www.ohchr.org/en/NewsEvents/Pages/DisplayNews.aspx?NewsID=26592&LangID=E〉（last accessed on 30 January 2022), para. 6.

31）　本章 IV 節参照。

32）　CEDAW, General Recommendation No. 35 on Gender-based Violence against Women, updating General Recommendation No. 19（hereinafter, GR No. 35), CEDAW/C/GC/35, 26 July 2017.

33）　小島妙子『ドメスティック・バイオレンスの法』（信山社，2002 年）61–70 頁参照。

34）　近江前掲（注 1）参照。

これらの地域条約の対象となっていない地域をカバーするために，GBVAW に関する法的拘束力のある普遍的条約を作ることなども提案されているが[35]，現在のところ，条約化の具体的な動きはない。

III　女性差別撤廃条約と変革的平等

　前節で見たように，国際社会においては，ジェンダーに基づく女性に対する暴力の問題に関する認識が高まり，法的拘束力を有する複数の地域的条約が存在する。しかし，普遍的な枠組みとしては，女性差別撤廃条約に基づく国家報告制度により，各締約国内での GBVAW への対応（一般勧告 No. 19 および No. 35 の内容を含む）の促進を図ることとなっている。通常，人権条約機関の一般勧告（または一般意見）は法的拘束力を持たないと考えられているが，GBVAW については，これらの一般勧告によって「差別の一形態」として位置づけられたことで，女性差別撤廃条約に基づいて，締約国が対応すべき課題のひとつとなったのであり，その法的影響を否定することはできない。本節では，女性差別撤廃条約に見られる「平等」の意味について検討し，条約の条文に表された構造的要因との関係について考える。

1．形式的平等，実質的平等，変革的平等

　女性差別撤廃条約（以下，条約）は，「女子に対する差別は，権利の平等の原則及び人間の尊厳の尊重の原則に反するものであり，女子が男子と平等の条件で自国の政治的，社会的，経済的及び文化的活動に参加する上で障害となるものであり，社会及び家族の繁栄の増進を阻害するものであり，また，女子の潜在能力を自国及び人類に役立てるために完全に開発することを一層困難にするものである」との認識に基づき[36]，女性に対する差別をなくし，女性に男性と

---

35)　*See*, for example, Rashida Manjoo, *Closing the Normative Gap in International Law on Violence Against Women: Developments, Initiatives and Possible Options*, in Jackie Jones and Rashida Manjoo (eds.), The Legal Protection of Women from Violence: Normative Gaps in International Law, Routledge, 2018, pp. 211–212.

36)　女性差別撤廃条約前文，パラ 7。

平等の権利を保障することを目的としている。条約1条は、女性に対する差別を「性に基づく区別、排除又は制限であって、政治的、経済的、社会的、文化的、市民的その他のいかなる分野においても、女子（婚姻をしているかいないかを問わない。）が男女の平等を基礎として人権及び基本的自由を認識し、享有し又は行使することを害し又は無効にする効果又は目的を有するもの」であると定義する。この定義は、直接差別および差別的な結果を及ぼす間接差別の両方を含み、さらに、意図的な差別および意図的ではないが効果として生じる差別もその対象に含む[37]。また、女性が男女の平等を基礎として人権および基本的自由を「享有し又は行使すること」を求めていることで、条約が形式的な法的平等（または機会の平等）のみならず、実質的平等（substantive equality）または事実上の平等の実現を求めていると考えられる[38]。

　形式的平等とは、すべての人は同じく扱われるべきであり、同じく扱われないことは差別や平等の否定につながるという前提に基づく[39]。そのため、形式的平等は、法や実行の内容とその公平な適用に重きをおいており、中立的に見える基準や実行がどのような影響を及ぼすかということや、差別的な社会構造および人々の間の差異や多様性による影響は考慮されない。女性差別の文脈において、形式的な平等に基礎をおいて議論することは、適当な比較対象を探すことに主眼を置くことになる。その結果、男性がすでに享有している権利を女性にも認めるべきだという主張に留まりがちであり、既存の社会構造を変えたり、女性と男性の差異を尊重したりすることにつながらないと批判されてきた[40]。一方、実質的平等は、ジェンダーに中立な形式的平等による措置だけでは解決できない、女性特有の被害の認識とそれに対する適切な対応を要請するものであり、形式的平等に加えて、場合によっては異なる状況にある人々につ

---

37) Otto, *supra* note (8), p. 327. 黒岩前掲（注9）87頁も参照。
38) Otto, *Ibid*. 建石真公子「第2条　差別撤廃義務」国際女性の地位協会編『コンメンタール　女性差別撤廃条約』（尚学社、2010年）102頁。
39) Andrew Byrnes, *Article 1* in Marsha A. Freeman, et al. (eds.), The UN Convention on the Elimination of All Forms of Discrimination against Women: A Commentary, Oxford University Press, 2012 (hereinafter, Byrnes, *Article 1*), p. 53.
40) *Id*., p. 54.

いて異なる取扱いをすることを必要とする[41]。男性が経験することのない GBVAW に関しては、女性がジェンダーに基づく暴力を受けることなく人権を享受するためには、男性との平等を基準とするだけでは対応できない「女性の人権」の認識が必要であるとも論じられてきた[42]。

　女性差別の要因がジェンダー化された（ジェンダーの影響を受けた）社会構造にあることを考えれば、実質的平等についての議論は、性およびジェンダーに基づく差別の撤廃と、家父長制的な構造や態度およびジェンダー・ステレオタイプの変更を通じた平等の促進と実現という、変革的平等（transformative equality）の必要性に行きつく[43]。変革的平等概念は、性やジェンダーに基づく序列的で支配的な社会構造が変革されて初めて、完全かつ真の平等が達成されるという考え方である[44]。CEDAW による一般勧告 No. 25 では、差別的な法律の廃止と公的・私的両領域における差別からの保護の確保という締約国の第1の義務、女性の事実上の地位の改善という第2の義務に続く第3の義務として、「女性に影響を与えている広く行き渡ったジェンダー関係と根強いジェンダーに基づくステレオタイプについて、個人による個人的な行動を通じてだけでなく、法や法的および社会的構造と制度によって対処すること」が求められている[45]。

　Ellis は、国際人権法の基本原則である差別禁止原則（non-discrimination principle）について、差別禁止原則それ自体は平等な待遇を保障するために諸状況の調整を要請するものではないため[46]、社会の再編（reorganization）というダ

---

41)　*Ibid.*

42)　近江美保「女性の権利と女性差別撤廃条約〜平等の保障と女性に対する暴力」島田陽一他編著『「尊厳ある社会」に向けた法の貢献——社会法とジェンダー法の協働（浅倉むつ子先生古稀記念論集）』（旬報社，2019 年），439–440 頁参照。

43)　*See*, Chinkin, *Violence against Women*, *supra* note（20），p. 463.

44)　Byrnes, *Article 1*, *supra* note（39），p. 55.

45)　CEDAW, General Recommendation No. 25 : Article 4, paragraph 1, of the Convention（temporary special measures）（hereinafter, GR No. 25）in A/59/38, 2004, para. 7.

46)　Evelyn Ellis, *The Principle of Equality of Opportunity Irrespective of Sex : Some Reflections on the Present State of European Community Law and the Future Development*, in Alan Dashwood and Síofra O'Leary（eds.），The Principle of Equal Treatment in EC Law, Sweet & Maxwell, 1997, p. 173.

イナミックな措置と一緒になって初めて真価を発揮するものであると述べている。女性の権利は，「ジェンダーによる分離とステレオタイプを廃止するという社会の再編をめざした真剣なポジティブ・アクションと組み合わせられない限り」，男性規範を参照することで決定されてしまうのである[47]。男性規範に女性を合わせるという「男性との平等」が，必ずしも女性の人権を保障することにならないことについては，すでにみたとおりであり，女性が置かれている不平等な地位がジェンダーに起因するものである以上，Ellisがいうとおり，ジェンダーを念頭においた「社会の再編」，すなわち変革的平等を目ざすことなしに，女性の人権は実現し得ない。また，Holtmaatは，一般に平等待遇法は，すでに起きてしまった差別を対象としているという意味で過去に向けられているが，条約は明示的に構造的変革を目ざしており，よって，将来の差別を防止しようとするものであると述べる[48]。特に，条約の5条(a)が非常に簡潔に「変革としての平等（equality as transformation）」を提示していることは重要であり，条約は，女性に男性と「同じまたは同一の（the *same* or *identical*）」権利を要請するだけでなく，女性の人権を実現するために，異なる（*different*）法や政策を進めることを求めている[49]。条約がこうした変革的平等を人々の意識の問題として扱うだけではなく，法や政策によって対応すべき問題であると考えていることも，改めて確認しておくべきであろう[50]。

2．女性差別撤廃条約条文にみる変革的平等

変革的平等は，根本的かつ非常に広範な性質を有するものであると同時に，条約のテキストと精神に具現化されている目的でもある[51]。前述の1条に加え

---

47) *Id.*, p. 180.
48) Holtmaat, H.M.T. (2004), Towards Different Law and Public Policy : The Significance of Article 5a CEDAW for the Elimination of Structural Gender Discrimination, The Hague : Ministry of Social Affairs and Employment, retrieved from 〈https://hdl.handle. net.1887/41992〉(last accessed on 21 December 2022, hereinafter, Holtmaart (2004)), pp. 72-3.
49) *Id.*, p. 73.
50) *Id.*, p. 72.
51) Byrnes, *Article 1*, *supra* note (39), p. 56.

て，2条，3条，4条，5条および24条は，条約の実体的条項すべてについて，一般的解釈の枠組みを提供するものである[52]。ここでは，特に変革的平等との関係が深いと考えられる2条(f)，3条，4条1項，5条(a)，24条について，検討する。

(1) 2条(f)

2条(f)は，「女性に対する差別となる既存の法律，規則，慣習及び慣行を修正し又は廃止するためのすべての適当な措置（立法を含む。）をとること」を求めている。2条(a)が求める男女平等の法的保障や，同(b)が求める女性差別を禁止する立法その他の措置[53]，同(c)が求める差別的な実行に対する司法的な保護のいずれも，女性差別の撤廃には不可欠である。しかし，変革的平等の観点からは，法的平等と差別的行為そのものをターゲットとする2条の他の条文に基づく立法や措置に加えて，2条(f)が慣習および慣行の修正または廃止という女性差別の構造的側面に焦点を当てていることが重要である。本規定は，個人，団体，企業による女性差別撤廃のための措置を求める2条(e)および後述する5条(a)とも深く関係しているとともに，その要請を満たすための手段として，4条1項の暫定的特別措置が規定されていることを確認することができよう。加えて，このような規定が締約国の義務に関する2条に含まれているということは，2条柱書の女性に対するあらゆる形態の差別を「非難する（condemn)」，すなわち女性差別を厳格に禁止する[54]ために，構造変革的な要素が必要だということを表している。

2条(f)は，締約国に女性差別的な個々の法律とともに，人々の慣習や慣行の修正や廃止を義務づけている。これは批准時における国内法の全体的な見直しと，その後の新たな立法に際してのジェンダー影響分析や，条約に基づく国家報告制度を含む定期的な再検討によって果たされるものである[55]。CEDAW は，

---

52) GR No. 25, *supra* note (45), para. 6.
53) 建石は，この2条(b)に基づく義務により，条約は事実上の平等の実現を要請していると述べている。建石前掲（注38）102頁。
54) 建石前掲（注38）107頁。
55) Andrew Byrnes, *Article 2* in Marsha A. Freeman, et al. (eds.), The UN Convention on the Elimination of All Forms of Discrimination against Women: A Commentary, Oxford

各国に対する総括所見において，人々の考えを変えるためには，条約および女性と男性の役割に関するステレオタイプな態度や認識に関する意識啓発プログラムの実施，法改正，情報提供，教育等の様々な取り組みが重要であると指摘している[56]。

(2) 3条

3条は，締約国に，「あらゆる分野，特に，政治的，社会的，経済的及び文化的分野において，女子に対して男子との平等を基礎として人権及び基本的自由を行使し及び享有することを保障することを目的として，女子の完全な能力開発及び向上を確保するためのすべての適当な措置（立法を含む。）をとる」ことを求めるものである。また，2条が女性に対する「あらゆる形態の」差別撤廃を求め，3条が女性の十分な発展と地位向上を確保するための適切な措置を求めることで，条約は，起草時には認められなかった新たな形態の差別にも対処することを期待しているとされる[57]。

Chinkin は，3条についての解説において，本条の2つの特徴を指摘している。ひとつは，女性に対する差別の撤廃を直接的な目的としていないという点で，条約の中でも稀な条文であるということであり，もうひとつは，条約の中で明示的に女性の人権と基本的自由を保障した唯一の規定であるということである[58]。Chinkin は，さらに，条約は3条を女性の完全な発展と向上を女性の人権の行使および享有と関連づけたことで，意図的に女性の生活における構造的，すなわち変革的な変化のための法的基盤を提供することを意図的かつ効果的に行ったのであり，本規定があることで，「女性の完全な発展と向上」それ

University Press, 2012 (hereinafter, Byrnes, *Article 2*), p. 91.

56) *Id.*, pp. 91-2.

57) CEDAW, General Recommendation No. 28 on the Core Obligations of State Parties under Article 2 of the Convention on the Elimination of All Forms of Dicrimination against Women (hereinafter, GR No. 28), CEDAW/C/GC/28, 16 December 2010, para. 8.

58) Christine Chinkin, *Article 3* in Marsha A. Freeman, et al. (eds.), The UN Convention on the Elimination of All Forms of Discrimination against Women : A Commentary, Oxford University Press, 2012 (hereinafter, Chinkin, *Article 3*), p. 102.

自体が独立の目的として提示されていると述べる[59]。すなわち，個々の女性が「完全な発展と向上」の権利を持つ主体であることを認めているのである。上田も，3条の意義について，「2条によるあらゆる差別の撤廃のため必要とされる政策の下で，さらに実質的に女性の人間としての発展・向上を図り，女性が男性と同じ基盤に立って，人権と基本的自由の行使・享受ができるよう，国家の積極的施策を要請するものとして，3条は，本条約の中核的規定である」と述べている[60]。そして，その目的実現のために，締約国が積極的な措置を取ることを義務づけられていることは，いうまでもない。

ところで，3条に関してはCEDAWによる一般勧告がなく，「女性の完全な発展と向上（the full development and advancement of women）」の意味についての解釈も示されていない。しかし，特に「development」の語については，経済開発を含むいわゆる「開発」と読むことも，女性個人としての「発展」を意味していると読むこともできる。もっとも，こうした用語のあいまいさは，女性の向上と完全な発展を支援するような進歩的な解釈に資する可能性を秘めていると考えることも可能である[61]。経済開発は，女性の貧困や雇用，その他の社会開発に不可欠である一方，女性が低賃金やインフォーマルな雇用によってより脆弱な立場に追いやられる危険性も含んでいる。また，女性の個人的発展に関しては，CEDAWが健康と家族関係の分野との関係に言及している[62]。例えば，子を産み育てるという責任が女性個人の発展に関する活動を享受する機会を得るという女性の権利に影響する可能性や[63]，男女で異なる婚姻最低年齢の背後に，女性と男性の知的発達の度合いが異なるという誤った前提があるという指摘[64]などである。Chinkinは，3条が黙示的に女性の生涯にわたって人権を保障するものであることは，女性の向上と完全な発展を幼少期から高齢期

---

59)　*Ibid.*

60)　上田晴子「第3条　女性の完全な発展・向上の確保」国際女性の地位協会編集『女子差別撤廃条約注解』（尚学社，1992年）74頁。

61)　Chinkin, *Article 3, supra* note (58), p. 121.

62)　*Id.*, p. 111.

63)　CEDAW, General Recommendation No. 21: Equality in Marriage and Family Relations (hereinafter, GR No. 21), in A/49/38 (SUPP), 1994, para. 21.

64)　*Id.*, para. 38.

まで生涯にわたるプロジェクトとして確保しようとする，女性と健康に関する一般勧告 No. 24 によって確認できるとしている[65]。CEDAW は，そのほかにも，女性に対する暴力，留保の撤回，あるいは条約の目的を実現するための効果的な国内手続きの設置など，締約国の様々な義務について主張する際の基礎として 3 条を用いている[66]。

　なお，日本語公定訳は，3 条の「development」に対して「能力開発」という訳語を当てている。しかし，3 条は女性自身の発展と向上を前面に置き，女性を権利保有者として位置づけていることが明白であることから[67]，「能力開発」という訳語では意味が狭いと思われる。この点について，上田は，1980 年 4 月当時の「外務省仮訳」では「婦人の十分な発展及び向上」となっていたことを指摘し，また，ナイロビ将来戦略において「発展 development とは，総合的発展であって，〔…〕人間の肉体的，精神的，知的，文化的成長を含むものを意味する」（A/Conf, 116/28, para. 12）という定義等に基づけば，本条の「development」は，「女性の人間としての発展，すなわち「肉体的，精神的，知的，文化的成長」を包含するより広い概念」であると指摘し，日本語公定訳には若干の疑義があると述べている[68]。「advancement」を「向上」と訳すことについては，かつて，国連の「Division for the Advancement of Women（DAW）」が「女性の地位向上部」と訳されていた経緯もあり[69]，「能力」の向上に限定されるものではなく，個々の女性の充実，向上とともに，女性全体の地位向上を意味するものとしてとらえるべきである[70]。

(3)　4 条 1 項

　4 条 1 項は暫定的特別措置（ポジティブ・アクション）について，「締約国が男女の事実上の平等を促進することを目的とする暫定的な特別措置をとること

---

65)　Chinkin, Article 3, *supra* note（58），p. 111.
66)　*Id*., p. 121.
67)　*Id*., p. 110.
68)　上田前掲（注 60）80–82 頁。
69)　内閣府男女共同参画局「UN Women（国連女性機関）」〈https://www.gender.go.jp/international/int_un_kaigi/int_unwomen/index.html〉（2023 年 1 月 17 日最終閲覧）参照。
70)　上田前掲（注 60）81 頁。

第 7 章　ジェンダー法における人権救済の法理と政策　　181

は，この条約に定義する差別と解してはならない。ただし，その結果としてい
かなる意味においても不平等な又は別個の基準を維持し続けることとなっては
ならず，これらの措置は，機会及び待遇の平等の目的が達成された時に廃止さ
れなければならない」と規定する。本規定は，条文からも明らかなように，女
性の事実上の平等の実現を加速するためのものである[71]。本規定の目的を説明
した CEDAW 一般勧告 No. 25 は，「女性の地位は，女性に対する差別と不平
等の根本的原因が効果的に対処されない限り改善されないであろう」と述べ，
締約国に対し，歴史的に形成されてきた男性の権力と生活様式に基づくパラダ
イムに根ざすのではなく，機会，制度，システムの真の変革（real transforma-
tion）のための措置をとるよう求めている[72]。また，「個人による個別的な行動
を通してだけでなく，法律，法的・社会的構造や制度において，女性に影響を
及ぼしている，広く行き渡ったジェンダー関係と根強いジェンダー・ステレオ
タイプに対処すること」も締約国の義務である[73]。暫定的特別措置の適用は，
「差別禁止と平等という規範への例外というよりは，むしろ女性の事実上ある
いは実質的な平等を実現するための手段の一つ」であり[74]，次に検討する5条
の課題を達成する手段でもある[75]。

(4) 5条(a)

5条(a)は，「両性いずれかの劣等性若しくは優越性の観念又は男女の定型化
された役割に基づく偏見及び慣習その他あらゆる慣行の撤廃を実現するため，
男女の社会的及び文化的な行動様式を修正すること」という目的のために，締
約国にすべての適切な措置をとることを求めている。また，同条(b)は，社会

---

71) Hanna Beate Shöpp-Schilling, *Reflections on a General Recommendation on Article 4 (1)*
   of the Convention on the Elimination of All Forms of Discrimination against Women, in
   Ineke Boerefijn, et al.（eds.），Temporary Special Measures: Accelerating *de fact* Equality
   of Women under Article 4 (1) UN Convention on the Elimination of All Forms of Discrimi-
   nation against Women, Intersentia, 2003, p. 25.

72) GR No. 25, *supra* note（45），para. 10.

73) *Id*., para. 7.

74) *Id*., para. 14.

75) *Id*., para. 38.

的機能としての妊娠・出産の適正な理解と子どもの養育，発育における男女の共同責任に関する教育を求めており，両規定により，ジェンダー・ステレオタイプと固定的なジェンダーに基づく親役割の結果として存在する，あらゆる形態の直接的，間接的，構造的差別の廃止を含む，変革的平等を求めるものと理解されている[76]。5条が求めるステレオタイプに基づく偏見，慣習，慣行の撤廃は2条(f)とも連動していることから，その実施は，2条柱書によって「遅滞なく追及」することが求められる[77]。ここでは，いわゆるジェンダー・ステレオタイプを扱った5条(a)に焦点を当てるが，Holtmaat は，子どもの世話を女性のみの責任とするステレオタイプ的な役割分担は「最も普遍的な伝統主義的文化規範」であり，ジェンダー・ステレオタイプと同じコインの両面を成すものであると指摘している[78]。

5条は，前述の一般勧告 No. 25 による条約の第3の目的である「広範にみられるジェンダー関係と根強いジェンダー・ステレオタイプをなくすこと」のための柱となる規定である。5条(a)は，社会における家父長制的な規範の変革を求めており，ステレオタイプに基づく実行を排除するために，社会的文化的行動類型の変更を実現することを強調している[79]。条約は，5条を通じて，ジェンダーという考え方だけでなく，体系的で構造的な女性の不平等と，それによって生じる差別を克服するためには，構造変革的な平等への理解が必要であることを呼びかけているのである[80]。

若尾は，私的領域における抑圧が女性の不平等の一因になっていることに関する条約の承認が限定的であるという批判に対し，5条の解釈により，私的領域における抑圧が重要な課題として位置づけられて適切な措置が要請されるに至っており，条約そのものの射程を拡大する「要」となっていると述べてい

---

76) Rikki Holtmaat, *Article 5*, in Marsha A. Freeman, et al. (eds.), The UN Convention on the Elimination of All Forms of Discrimination against Women : A Commentary, Oxford University Press, 2012 (hereinafter, Holtmaat, Article 5), p. 163.

77) 若尾典子「第5条 男女の固定観念に基づく慣行等の撤廃」国際女性の地位協会編『コンメンタール 女性差別撤廃条約』(尚学社，2010年) 154頁。

78) Holtmaat, Article 5, *supra* note (76), p. 142.

79) Cook and Cusack, *supra* note (11), p. 5.

80) Holtmaat, Article 5, *supra* note (76), p. 144.

る[81]。Holtmaat は，さらに，ジェンダー・ステレオタイプと固定的な親としてのジェンダー役割は，個人が平等で尊厳ある人間として尊敬をもって扱われる権利を否定するだけでなく，人類の維持と発展への個人的かつ個性的な貢献に関する自身の選択と信念に基づいて，自分の人生を生きるための自律性（autonomy）をも否定するものであるということと，個人が実人生で何をしたいかについて非常に多様な望みを持っているという多様性（diversity）の原則についての理解が，5 条並びに条約全体の理解に不可欠であると述べている[82]。5 条(a)の重要性は，くり返しになるが，端的に「変革としての平等」と，これまでとは異なる法や政策の必要性を示した点にある[83]。

　5 条(a)の要請を満たすためには，法や政府の実行及び政策に埋め込まれたジェンダー・ステレオタイプをあからさまにすることが必要であり，そのためには，ジェンダー・ステレオタイプに関する法律家や公務員の教育・研修やジェンダー影響評価の実施，政府の行動のあらゆる分野にジェンダー視点を取り入れるジェンダー主流化などが必要となる[84]。構造的差別を廃止する義務は，締約国に法や政策を（再）点検し，修正することを求めており，そのための適切な機関が必要である。また，ジェンダー・ステレオタイプはすべての文化や社会に深く組み込まれていることから，これを変えることは長期的な試みであり，締約国には包括的な努力の継続が求められる[85]。CEDAW も，法や政策がステレオタイプに基づくロールモデルや伝統的男らしさ・女らしさという考え方に依拠したものでないかどうかについて，批判的検討が必要であることを繰り返し指摘している[86]。

　GBVAW に関しては，一般勧告 No. 19 によって，5 条との関連で暴力の根底にある構造的要因の存在が指摘されており[87]，条約において明示的に規定されていない GBVAW が「ジェンダーに基づく」という性格ゆえに，5 条(a)に

81）　若尾前掲（注 77）157 頁。
82）　Holtmaat, *Article 5*, *supra* note（76），p. 145.
83）　Holtmaart（2004），*supra* note（48），p. 73.
84）　Holtmaat, *Article 5*, *supra* note（76），p. 163.
85）　*Id.*, p. 165.
86）　Holtmaat（2004），*supra* note（48），p. 45.
87）　*See*, GR No. 19, *supra* note（15）para. 11.

よって条約の対象範囲に持ち込まれたといえる[88]。また，GBVAW に関する事案を含む個人通報事例においては，5 条は個人が国家に対して主張することのできる権利として把握されている。国内レベルでの司法判断適合性には議論があるが，5 条は，ある社会で人権侵害を生じさせたり，維持したりするような規範や習慣を評価し，社会的，文化的行動と信念を修正するための基礎を提供するものであり，締約国が 5 条を具体的に実施する積極的な義務を負っていることを強調すべきであろう[89]。

(5) 24条

24 条は，締約国に「自国においてこの条約の認める権利の完全な実現を達成するためのすべての必要な措置をとること」を求めたものであり，直接的に構造的要因に言及しているわけではない。本規定は，締約国の義務について当然のことを述べているようであるが，人権条約システムの成功は，国内実施にかかっているということを明らかにしていること[90]，条約が単なるプログラム規定であり，締約国に法的拘束力のある義務を課すものではないという見方を否定していること[91]など，本規定の重要性も指摘されている。また，条約の中で，本規定のみが「すべての必要な措置をとる」という表現をとっており，締約国は権利の完全な実現を達成するために必要なすべての措置を断固としてとる必要があることを表している。起草過程で「漸進的に促進する」という義務が「とる」に置き換えられたことは，本規定による義務を，権利の完全な実現とその達成のための即時的な行動を求めるものにしたとされる[92]。「完全な実現の達成を目的として」は，法的のみならず事実上の権利の享有を意味している。

---

88) Holtmaat (2004), *supra* note (48), p. 11.
89) Holtmaat, *Article 5*, *supra* note (76), pp. 166–7.
90) 武田万里子「第 24 条 条約上の権利の完全実現の約束」国際女性の地位協会編『コンメンタール 女性差別撤廃条約』(尚学社，2010 年) 419 頁。
91) 山下威士「第 24 条 条約上の権利の完全実現の約束」国際女性の地位協会編集『女子差別撤廃条約注解』(尚学社，1992 年) 332 頁。
92) Andrew Byrnes, *Article 24*, in Marsha A. Freeman, et al. (eds.), The UN Convention on the Elimination of All Forms of Discrimination against Women: A Commentary, Oxford University Press, 2012 (hereinafter, Byrnes, *Article 24*), p. 541.

24 条は，人権および基本的自由に関する包括的な条文として，1 条と同様に女性に対する差別の撤廃とすべての基本的人権と自由の享有における平等を促進するものと解釈されるべきなのである[93]。

IV 個人通報事例および調査事例にみる GBVAW と構造的要因

本節では，事例研究としては甚だ不十分ながら，女性差別撤廃委員会による実行として，構造的要因への意識的言及が見られる 2 つの事例について紹介する。

1. 個人通報事例：N.A.E. 対スペイン[94]

本事例は，2012 年の出産時の産科における処置に関し，女性自身の意向が無視され，インフォームド・コンセントがないまま帝王切開が行われるなどの産科暴力（obstetric violence）[95]を受けたために，産後，身体的症状および精神的にも PTSD 等を被ったとして，条約 2 条，3 条，5 条および健康に関する 12 条違反を主張して，CEDAW に提出されたものである。通報者は，自身が病院で受けた扱いやその後の症状等は，ジェンダー・ステレオタイプに基づく構造的差別（structural discrimination）の結果であるとして（パラグラフ 3.3，15.2），スペインで WHO の勧告水準を超える割合の帝王切開が行われていること（2.25），産科暴力は，社会におけるセクシュアリティとリプロダクション（生殖）に関して，女性の身体と伝統的な役割にまつわるスティグマを永続させようとする，女性のみを対象とした暴力であり，ジェンダー・ステレオタイプに

---

93) *Id*., p. 542.

94) CEDAW/C/82/D/149/2019, 13 July 2022.

95) 産科暴力とは，本事例の通報者が引用している Medecins du Monde（世界の医師団，NGO）の定義によれば，「妊娠，出産，出産後の時期における，身体的・言語的な不当な扱いや侮辱，情報と同意の欠如，自然なプロセスの過度な医療化・病理化，女性が自身の身体やセクシュアリティについて自由に決定する自由や自律性，能力の喪失につながる，女性を非人間的に扱うあるいはないがしろにするような行動や態度」である。*Id*., para. 2.27. 産科暴力の存在は，WHO および人権理事会においても認識されている。*Id*., para. 2.32.

基づく深刻な形態の差別であること（2.29）などを主張した。また，通報者は，病院での待遇のみならず，その後の司法手続においても，ジェンダー・ステレオタイプにもとづく女性差別を締約国が看過したと訴えた（5.3）。さらに，通報者が，国内裁判所の判決の見直しではなく，同様の事態が将来繰り返されることのないよう，CEDAW による変革的な救済措置（transformative reparation）のための勧告を求めると述べるなど（5.1），構造的要因が問題であることを前面に押し出した通報であった。

　CEDAW は，2 条，3 条，5 条，12 条のすべてについて通報の受理可能性を認め（14.5），本案審査においても，通報者が提示した事実に対して締約国からの反論がなかったとして，それらの事実が産科暴力を構成することを認めた（15.7）。このような状況において，締約国には，2 条(f)と 5 条により，既存の法や制度だけでなく，女性に対する暴力を構成するような慣習や慣行を変更したり廃止したりするためのすべての適切な措置をとる義務がある。また，ステレオタイプは，女性をジェンダーに基づく暴力（本事例においては産科暴力）から保護されるべき女性の権利に影響を及ぼすものであり，締約国当局は，そのような行為の責任について分析する義務を有し，ステレオタイプを再生産しないよう特別な注意を払うべきであるとされた（15.8）。結論として，委員会は，2 条(b)，(c)，(d)，(f)，3 条，5 条，12 条による通報者の権利が侵害されたことを認め，締約国に対して以下を勧告した。通報者に対する個別的措置として，金銭的賠償を含む適切な救済を提供すること。一般的な措置としては，安全な妊娠・出産と適切な産科サービスを受ける女性の権利の確保，産科暴力に関する調査研究の実施，産科医及び他の医療従事者を対象とした女性のリプロダクティブ・ヘルスについての権利に関する適切な職業的研修の実施，女性のリプロダクティブ・ヘルスについての権利が侵害された場合の効果的な救済へのアクセスの確保，患者の権利憲章の策定，公開，実施である（16）。

　本事例においては，通報者の主張に加えて，複数の NGO 等の第三者による産科暴力に関する意見提出（third-party intervention）や，WHO および「女性に対する暴力およびその原因と影響に関する特別報告者」が産科暴力について広範かつ体系的な性質を持ち，医療制度に組み込まれている形態の暴力であると確認していたこと（15.4），CEDAW 自身が，すでに当該締約国に対する総

括所見で医療的必要性や同意を伴わない帝王切開の件数の急激な増加に言及していたこと，同国に対する類似の通報事例において2条(b)，(c)，(d)，(f)，3条，5条，12条違反を認めていたこと（15.5）などが，より明示的に産科暴力の構造的性質を強調するような見解をサポートしたものと考えられる。いずれにしても，本事例はGBVAWの「構造的差別」という性質を前面に出して争われた点で注目に値する。

2．調査事例：メキシコ[96]

この事例は，CEDAWが初めて取り組んだ調査事例である。複数のNGOによる調査の要請に基づき，メキシコのチワワ州シウダ・ファレス地域で続く女性の誘拐，レイプおよび殺人事件について，委員会の調査が実施され（パラグラフ3-4），2004年7月に委員会が見解を採択した。調査の過程では，2名のCEDAW委員が締約国を訪問し，連邦政府関係者，検察・警察関係者，国立女性機関，国内人権機関，外務省の人権担当者，被害者遺族や彼女／彼らを支えるNGO関係者との面談を含む，現地調査を実施した（8-17）。

調査の結果，女性たちの殺人と失踪が私的領域でのありふれた暴力として扱われ，個々の事件に関する真剣かつ徹底的な捜査が行われてこなかったこと等が指摘された。また，これに関わった公務員の処罰や人権侵害としての女性に対する暴力についての教育及び研修の実施，女性に対する暴力を基本的権利の侵害と位置づける法改正や加害者の処罰等と並んで，本事案における犯罪やDV等，社会のあらゆるレベルにおいてみられる女性に対する暴力の構造的原因と闘うために，すべての州および市当局の注意を喚起することなどが勧告された（273-274，278，286）。女性に対する暴力には，人々の意識や慣行に深く根差した構造的な状況と社会的文化的現象が関わっていることや，女性に対する暴力は不可避であるとする認識を変革する戦略の必要性が指摘され，大規模かつ継続的な男女平等キャンペーンやあらゆるレベルにおける人権侵害として

---

96) CEDAW/C/2005/OP.8/MEXICO, 27 January 2005. 本報告書の抄訳として，近江美保訳「調査事例紹介（1）　条約選択議定書8条に基づき女性差別撤廃委員会が作成したメキシコに関する報告書およびメキシコ政府による回答［第1部　抄訳］」国際女性 No. 29（2015年）がある。

のジェンダー暴力に関する教育・研修プログラムやマスメディアの注意喚起等が求められた（287-288）。

調査制度の対象が条約に規定された権利の「重大なまたは組織的な侵害」[97]であることを考えれば，調査事例が構造的な要因にもとづくものであることは当然であるともいえる。しかし，このような問題に対する各国の対応が，常にジェンダーに基づく暴力の構造的な性質を意識したものとなっているわけではない。CEDAW の調査は，シウダ・ファレスにおける何百人もの女性の殺人や失踪に対する締約国の対応が構造的な変革の可能性を追求したものではなく，むしろ，伝統的文化的ステレオタイプを維持することによって，犠牲者である女性たちに自分の身を自分で守る責任を押し付けるものであったと批判したのである（57）[98]。

おわりに

本章の考察は，GBVAW を含むジェンダー差別が構造的な要因によるものであることと，構造変革的な措置をとることが締約国の義務であることを女性差別撤廃条約の条文と若干の事例から確認したに過ぎない。もっとも，社会に組み込まれたジェンダー構造の変革は，女性差別撤廃条約の発効から 40 年以上を経た今日に至っても容易ではない。条約においては，当初から具体的な権利義務を規定した実体規定とともに，ジェンダー構造変革への取り組みを求める一般規定が条約解釈のための枠組みを提供してきた。また，CEDAW は，条約に基づき，一般勧告や各国に対する総括所見，個人通報制度および調査制度による見解等を通じて，変革的な平等の実施をさまざまな形で締約国に繰り返し求めている。本章では，各締約国による総括所見や個別事案の見解等への対応について扱うことはできなかったが，例えば，スペイン最高裁が CEDAW の個人通報事例に関する見解に法的拘束力を認めるといった積極的な動きもみられる[99]。今後も条約上の義務としてのジェンダー構造変革につながる各国内で

97）　女性差別撤廃条約選択議定書，8 条。
98）　Chinkin, *Violence Against Women*, *supra* note（20），p. 464.
99）　林陽子「女性差別撤廃委員会下での個人通報の見解（決定）の法的効力——スペイン

の動きを注視していくことが必要であろう。

　フェミニズム国際法の第一人者，Charlesworth は，国際法は国際的な危機だけではなく，日常生活に組み込まれている構造的正義の問題にも焦点を当て，「日常の国際法」となるべきであると述べており，世界中で蔓延する女性に対する暴力も，そのような問題のひとつである[100]。また，いうまでもなく，ジェンダー化された構造は，女性に対する暴力だけではなく，市民的・政治的あるいは経済的，社会的，文化的な権利が十分に保障されていないがゆえに女性が有する脆弱さの根底にも存在する。ジェンダーに基づく女性に対する暴力の救済は，個々の事案の法的解決のみならず，変革的平等により，将来の差別をなくすものでなければならない。

　最高裁判決（2018 年）の紹介」国際女性 No. 33（2019 年）参照。
[100]　Hilary Charlesworth, *International Law:A Discipline of Crisis*, The Modern Law Review, Vol. 65, No. 3（2002）, p. 391.

第8章

医事法における人権救済の法理と政策

補償と人権救済に注目して

小谷昌子

はじめに

1．医事法領域の政策と人権

　医事法は，「医療に関する法律問題とそれを考究する学問を総称する語」[1]と説明されることがある。したがって，医療が人の生命，健康，身体に関わるものである限り，それらに関わる問題は医事法領域の範疇にあることになる。人の生命，健康，身体は人格的権利の重要かつ要保護性の高いものと位置づけられることからも，質の高い医療をいかにすべての人に安定的に供給するかを旨とする医事法領域の政策，すなわち医療政策や公衆衛生政策そのものが人権と密接に結びついたものであるといえよう。

　しかしながら，日本は医事法領域の政策において大きな蹉跌をいくつか経験している。たとえば，ハンセン病政策はそのひとつであろう。「癩患者ニシテ療養ノ途ヲ有セス且救護者ナキモノ」（第3条）を対象として療養所での隔離をなすことを規定した明治時代の癩予防ニ関スル件（明治40年法律第11号）に端を発し，癩予防法（昭和6年4月2日法律第58号）下では「無癩日本」を

---

1)　フランク・B. ギブニー編『ブリタニカ国際大百科事典［第3版］2巻』（TBS ブリタニカ，1995年）67頁の「医事法」の項目（唄孝一）。

旗印に患者を強制隔離する無癩県運動を各県で進めていった[2]。このような強制的かつ一生涯の隔離を中核とした政策は，戦後のらい予防法（昭和28年8月15日法律第214号）下においても，しかも，化学療法が確立されハンセン病が治療可能となったあとも継続された[3]。

　また，ハンセン病の療養所入所者には「断種」，すなわち不妊手術が施されていた。当初，この不妊手術は大正初期になんら法的根拠なく患者の任意によるものとして開始され[4]，その後，優生保護法（昭和23年法律第156号）により，「本人又は配偶者が，癩疾患に罹り，且つ子孫にこれが伝染する虞れのあるもの」に対する任意での優生手術（第3条）および人工妊娠中絶（第12条）が「合法化」されることとなった[5]。建前としては任意の手術であるが，「志願者のみに行うのではなく強制的なもの」[6]，「断種をするかしないか，選択肢のない自己決定は真の自由意思に基づくものとはいえず，強制された自己決定にすぎません」[7]といわれ，実態としては法律上必要とされる「本人の同意」が強制されていたとの指摘もある。

　さらにいえば，ハンセン病療養所入所者への断種を合法化するためにも用いられた優生保護法自体にも大きな問題があった。同法は「優生上の見地から不

---

2)　井上英夫「ハンセン病政策と人権――現在・過去・未来（15）　ハンセン病政策の被害実態――家族を奪う，子孫を奪う断種・堕胎の強制」ゆたかなくらし409号（2016年）46頁は，「日本のハンセン病政策は，「強制絶対終生隔離収容絶滅政策」でした」とし，その「原動力となった」のが無癩県運動であるとする。

3)　稲葉上道「日本のハンセン病対策通史」国立ハンセン病資料館研究紀要6号（2019年）1頁以下，とくに7-11頁参照。日弁連法務研究財団ハンセン病問題に関する検証会議「ハンセン病問題に関する検証会議最終報告書」（2005年）285頁はこのらい予防法時代の政策に関し「化学療法が確立して行く過程の中で，日本だけが隔離政策の理念を持ち続けた時代」と述べる。厚生労働省webサイト内「ハンセン病問題に関する検証会議最終報告書」〈https://www.mhlw.go.jp/topics/bukyoku/kenkou/hansen/kanren/4a.html〉（2022年10月15日最終閲覧）。

4)　川﨑愛「ハンセン病療養所における優生手術」流通経済大学社会学部論叢29巻2号（2019年）71-72頁。

5)　この経緯は，日弁連法務研究財団ハンセン病問題に関する検証会議「ハンセン病問題に関する検証会議最終報告書」（2005年）191-208頁も参照。

6)　川﨑前掲（注4）72頁。

7)　井上前掲（注2）47頁。

良な子孫の出生を防止するとともに，母性の生命健康を保護すること」（第1
条）を目的として，本人または近親者が「遺伝性精神病」，「遺伝性精神薄弱」，
「遺伝性奇形」等を有していることを理由として，強制的な，又は本人の同意
による優生手術（不妊手術）を，また本人又は配偶者の同意による任意の人工
妊娠中絶をなすことが認められていた[8]。そして，同法に基づき，1949（昭和
24）年から同法が廃止されるまでの1996（平成8）年の間，全国各地で不妊手
術が実施されたのである[9]。

　強制隔離にしろ，強制不妊手術にしろ，これらの政策が人権を侵害したこと
には議論の余地はないであろう。実際，強制隔離については1998（平成10）
年に療養所入所者13人が隔離政策に起因する損失補償を求めた訴訟において，
原告が勝訴し[10]「新法〔らい予防法のこと〕6条1項は，勧奨による入所を定める
が〔…〕その実態は患者の任意による入所とは認めがたいものであった」こと
が認められ，「患者の隔離は，患者に対し，継続的で極めて重大な人権の制限
を強いるものであ」り，らい予防法による隔離も「居住・移転の自由を包括的
に制限する」ものとしつつ，「人権制限の実態は，単に居住・移転の自由の制
限ということで正確には評価し尽せず，より広く憲法13条に根拠を有する人
格権そのものに対するものととらえるのが相当である」と判示された。

　他方，強制不妊手術に関しても，旧優生保護法が1996（平成8）年に廃止さ
れながら，その後も被害回復のための補償に関する立法措置を国会がとらなか
ったことをめぐる立法不作為等が違法であると主張して国家賠償法第1条第1

---

8)　優生保護法の前身ともいえるのが第二次世界大戦中に制定された国民優生法であるが，
　　制定前から当時の人口政策の観点から賛否両論があったといわれ，人工妊娠中絶や優生
　　学的理由によらない一般の不妊手術については医学的理由による中絶や一般の不妊手術
　　は他の医師の意見を求めることや，事前の届出が義務とされるなど，むしろ規制されて
　　いた。

9)　本人の同意によらない強制不妊手術は16,475件，同意による不妊手術は8,516件とさ
　　れる。植木淳「新法解説　旧優生保護法に基づく優生手術等を受けた者に対する一時金」
　　法学教室468号（2019年）58頁，新里宏二「旧優生保護法による強制不妊手術被害と
　　「一時金支給等に関する法律」の成立」法学セミナー775号（2019年）20頁参照。

10)　熊本地判平成13年5月11日判時1748号30頁。国側が控訴を断念したため確定して
　　いる。

項に基づく損害賠償を求める訴訟が全国各地で提起された[11]。このうち，仙台地裁令和元年5月28日判決[12]は同法の規定が憲法第13条に反するものであったことを認めつつ，原告からの請求を棄却したものの，「子を産み育てるかどうかを意思決定する権利は，これを希望する者にとって幸福の源泉となり得ることなどに鑑みると，人格的生存の根源に関わるものであり，上記の幸福追求権を保障する憲法13条の法意に照らし，人格権の一内容を構成する権利として尊重されるべきものである」ことを認めたうえで，「旧優生保護法は，優生上の見地から不良な子孫の出生を防止するなどという理由で不妊手術を強制し，子を産み育てる意思を有していた者にとってその幸福の可能性を一方的に奪い去り，個人の尊厳を踏みにじるものであって，誠に悲惨というほかない。何人にとっても，リプロダクティブ権を奪うことが許されないのはいうまでもなく，本件規定に合理性があるというのは困難である」として優生保護法第2章，第4章および第5章の各規定が憲法13条に反するものであると判示している。

2．人権救済の制度

　以上のような医療政策による人権侵害を受けた被害者に対しては，救済のための補償が行なわれている。たとえば，ハンセン病療養所入所者に対しては，ハンセン病療養所入所者等に対する支給等に関する法律（平成13年法律第63号）に基づく在園年数に応じ全入所者を対象として補償金の支払いが，また，強制隔離政策によりハンセン病療養所入所者と望む家族関係が築けなかった家族にも，ハンセン病元患者家族に対する補償金の支給等に関する法律（令和元年法律第55号）に基づく補償が近時行われることとなった。

　他方，優生保護法に基づく不妊手術を受けた者に対しては，旧優生保護法に基づく優生手術等を受けた者に対する一時金の支給等に関する法律（平成31年法律第14号）が，優生保護法施行日以降に手術を受けた者に対する一時金の

---

11)　新里前掲（注9）18頁。なお，優生保護法被害弁護団ウェブサイトでも全国で提起されている訴訟を確認することができる。〈http://yuseibengo.starfree.jp/archives/2012〉（2022年10月15日最終閲覧）

12)　判タ1461号153頁，判時2413＝2414号3頁。

支払いにつき定める。

　しかし，国の政策により人権が著しく侵害された人びとにとり，補償すなわち金銭の支払いが救済となりうるのだろうかとの疑問は拭えない。もちろん，このような人権の侵害が実際になされてしまった以上，その被害を完全に回復することは不可能であり，救済の方法がそれほどないことは事実であろう。しかし，たとえば，交通事故被害者が実際に支払った治療費に対する加害者による補塡が穴埋めでありうると考えられるのとは根本的に異なるのではないか。

　このような問いに答えることは容易ではなく，また唯一の解があるような問いでもないだろうが，このことを考える一助として，以下では，医事法領域において設置されている補償制度に着目したい。そのうえで，人権が侵害された場合の救済における補償制度の意義や，救済のあり方を考察することとする。

I　ふたつの補償制度

1．予防接種健康被害補償制度

　新型コロナウイルス感染症（COVID-19）の感染対策においても，ワクチンの接種は宿主対策という重要な役割を担うこととなった。この予防接種につき定めるのが予防接種法（昭和23年法律第68号）である[13]。同法は，「伝染のおそれがある疾病の発生及びまん延を予防するために公衆衛生の見地から予防接種の実施その他必要な措置を講ずることにより，国民の健康の保持に寄与するとともに，予防接種による健康被害の迅速な救済を図ること」をその目的として掲げる（第1条）とおり，予防接種の実施に関する規定のみならず，定期の予防接種等による健康被害の救済措置についても定めをおく（第15～22条）。

　そもそも，予防接種法上の予防接種には集団予防を主たる目的とするものと，個人予防を主たる目的とするものがあるが，いずれにせよ，まったく副反応を伴わないわけではない[14]。とはいえ，「法に基づく予防接種は社会防衛上行われ

---

13)　予防接種法上の予防接種に関しては，すでに小谷昌子「予防接種における同意についての覚書（研究ノート）」神奈川法学54巻1号（2021年）21頁以下にまとめており，紙幅の都合から本論文では最小限の説明にとどめる。

14)　多屋馨子「ワクチン接種と稀ながら発生する副反応」医学のあゆみ265巻5号（2018

る重要な予防的措置であり，関係者がいかに注意を払っても極めて稀であるが不可避的に健康被害が起こりうるという医学的特殊性があるにもかかわらずあえてこれを実施しなければならない」[15]と説明されるとおり，副反応が「稀」であるのであれば予防接種を実施する必要性やメリットのほうが上回るといえる。すなわち，誤解を恐れずにいえば，予防接種は人権の侵害を予定した事業なのである。

　実際，現在に至るまで，予防接種による重大な健康被害が生じた歴史があり[16]，1960 年代頃からは全国で予防接種禍訴訟が提起されてきたことは記憶に新しい[17]。このなかで，1992（平成 4）年には予防接種の強制を違法と認めたうえで国家賠償法に基づき被害者に賠償することを国に命じる判決も東京高裁にて下されている[18]。

　このような予防接種禍は，予防接種法の枠組みをも大きく変えることとなった[19]。予防接種法が 1948（昭和 23）年に制定された当初は 12 種類の感染症につき，罰則も定めた上で予防接種を強制することが規定されていた[20]。その後，1976（昭和 51）年の改正においてこの罰則は限定的なものとなり，さらに前述の東京高裁判決を受けた 1994（平成 6）年の改正においては接種を受けること

　　　年）491 頁以下など参照。

15)　厚生労働省健康局結核感染症課監修『逐条解説予防接種法』（中央法規出版，2013 年）
　　　97 頁。

16)　健康被害の事案に関し，山岡健『基本的人権の研究――予防接種による身体障碍と損
　　　失補償に関する考察を中心として』（啓文社，1988 年）29-50 頁など参照。

17)　西埜章『予防接種と法』（一粒社，1995 年）10-19 頁参照。

18)　東京高判平成 4 年 12 月 18 日 判時 1445 号 3 頁。抱喜久雄「予防接種禍と国家補償
　　　――東京高裁判決平成 4 年 12 月 18 日を素材として」憲法論叢 1 号（1994 年）13 頁以
　　　下など参照。

19)　予防接種禍とそれを受けての予防接種政策の方針転換については，手塚洋輔『戦後行
　　　政の構造とディレンマ――予防接種行政の変遷』（藤原書店，2010 年）225-278 頁に詳
　　　しい。

20)　西埜前掲（注 17）37 頁は，予防接種法は制定当時から 1994 年まで予防接種の強制を
　　　維持してきたが，「法的強制が維持されてきたにしても，その後の改正により幾分緩和
　　　されてきていることに留意すべきである」とする。この例としては，条文の文言上，包
　　　括的な義務づけから指定された期日に予防接種を受ける義務へと変化したことなどが挙
　　　げられる（37-38 頁）。

は努力義務に緩和されるとともに罰則規定も削除されることとなる（予防接種法及び結核予防法の一部を改正する法律〔平成6年6月29日法律第51号〕第8条）[21]。それ以降，予防接種法上，予防接種をしないことに対する罰則はなく，さらには接種を受けることを強制する規定も存在しない。これは，接種を受けるか否かは原則として被接種者本人の自己決定により決され，本人の同意がなければ接種はできないことを意味する[22]。

　以上が現行の予防接種法の基本的な考え方であるが，ワクチンの製造，流通，あるいは接種においてなんら問題なく実施されたとしても不可避的に発生し得る予防接種による健康被害を受けた者を迅速に救済すべく，1976（昭和51）年の予防接種法改正により創設されたのが予防接種健康被害救済制度である[23]。定期接種と任意接種とで救済申請，救済給付までの流れは異なるが，定期接種の場合には健康被害を受けた本人または保護者が予防接種の実施主体である市区町村に申請書を提出し，当該市区町村で健康被害調査委員会を開催，その結果とともに都道府県を通して厚生労働省へ申請される。その後，厚生労働省の疾病・障害認定審査会で審議され，当該ワクチンによる発生が明らかな場合やその可能性が否定できない場合で，厚生労働大臣が認定したとき[24]，市町村よ

21）　西埜前掲（注17）25頁が「医学の急速な進歩のほか，現行憲法下における基本的人権尊重主義が大きく寄与したことは言うまでもない」と指摘する。なお，同書41頁は，現実に罰則が適用された事例があるか否かは定かでないなど，あまり実効的な強制手段ではなかったことを指摘する。

22）　厚生労働省健康局結核感染症課監修，前掲（注15）70-71頁。また，予防接種実施規則第5条の2第1項はこの同意が文書でなされなければならないことを規定する。

23）　「法に基づく予防接種は社会防衛上行われる重要な予防の措置であり，関係者がいかに注意を払っても極めて稀であるが不可避的に健康被害が起こりうるという医学的特殊性があるにもかかわらずあえてこれを実施しなければならないということにかんがみ，予防接種により健康被害を受けた者に対して特別な配慮が必要であるので，国家補償的観点から法的救済措置が設けられたものである」とされる。厚生労働省健康局結核感染症課監修，前掲（注15）97頁。

24）　「当該疾病，障害又は死亡について，厚生労働大臣が予防接種との因果関係を認定した場合という意味であり，因果関係は，本制度が健康被害に対する公費による救済制度であることから，損害賠償請求と同様，相当因果関係を要するものと解される」。厚生労働省健康局結核感染症課監修，前掲（注15）100頁。

り給付がなされる[25]。本制度は被害者の迅速な救済を旨とするため，過失を要件としない無過失補償制度である[26]。このことから，制度設置当時は従来の国家賠償とも損失補償とも異なる「公的補償の精神に基づく全く新しい制度」[27]とされた。もっとも，「本条の要件を満たす場合においては，国，都道府県又は市町村に故意又は過失があり，予防接種行為が違法であると評価されるときであっても，そのことから給付制度の適用対象から除外されるものではない」[28]ともされ，法に基づく予防接種と因果関係のある健康被害への補償を確保する制度と考えることができる。

2．産科医療補償制度

他方で，分娩に関連して生じた重症脳性麻痺児に対する医療補償制度が産科医療補償制度である。

脳性麻痺は脳の発育期に生じた不可逆性の脳障害で，運動機能の障害を基本的な症候とし，多くが3歳までに発症する[29]。原因はいまだ完全には解明されておらず，1000人に2人弱の確率で発生するとされる[30]。本制度は，「過失の有無の判別が困難で，突発的に重篤化することが珍しくない周産期医療分野における産科医不足の改善や産科医療提供体制の確保を目指して，分娩に関連して発症した重度脳性麻痺児とその家族の経済的負担を速やかに補償するとともに，脳性麻痺発症の原因分析を行い，同じような事例の再発防止に資する情報を提供することなどにより，紛争の防止・早期解決および産科医療の質の向上

25) 多屋馨子「副反応報告と救済制度」公衆衛生78巻2号（2014年）86-88頁。
26) 厚生労働省健康局結核感染症課監修，前掲（注15）98頁は「法に基づく予防接種による健康被害は，当該予防接種が適法に行われている限りでは，予防接種を行った公務員の違法行為を前提とした国家賠償請求等の損害賠償請求によっては救済されず，また，沿革的に逐次実施されてきた予算措置によって，必ずしも，救済が十分ではないことから制度化された無過失責任による救済制度である」とする。
27) 堀之内敬「新しい予防接種と健康被害救済制度」時の法令961号（1977年）11頁。
28) 厚生労働省健康局結核感染症課監修，前掲（注15）98頁。
29) 『南山堂 医学大辞典［第20版］』1900頁の「脳性麻痺」の項。「原因は，出生前，出生時，出生後に分ける」とされるが，「出生時原因には，分娩時の機械的損傷，脳出血，無酸素症，低酸素症，脳循環障害などがあ」るという。
30) 鈴木英明「産科医療補償制度の変遷」臨床婦人科産科76巻6号（2022年）575頁。

を図ることを目的」[31]とすると説明される無過失補償制度である。この制度目的は、「①分娩に関して発症した重度脳性麻痺児とその家族の経済的負担を速やかに保障する」ことのみならず、「②脳性麻痺発症の原因分析を行い、同じような事例の再発防止に資する情報を提供する。③これらにより、紛争の防止・早期解決および産科医療の質の向上を図る」ことであると説明される[32]。

2000年代に入り、いくつかの医療事故が刑事事件化され、はては医師が逮捕されるなどした[33]ことを背景とするいわゆる「医療崩壊」[34]が社会問題化した。このような背景から[35]、とりわけ産科医療提供体制の確保のための施策が必要とされ、一定の割合で分娩に関連して発生する脳性麻痺事例につき補償を行ない、紛争の早期解決を図るとともに、類似事例の再発防止をすることにより質の高い産科医療を安定的に提供する制度として本制度は2009年1月より運用が開始されたのである。

本制度は公益財団法人日本医療機能評価機構が運営し、分娩機関は、運営組織に取扱分娩数を申告し、これに応じて掛金を支払う。補償対象となる脳性麻

---

31)　鈴木前掲（注30）574頁。
32)　厚生労働省医政局総務課医療安全推進室「産科医療補償制度の現状と見直し内容」週刊社会保障3152号（2022年）43頁。
33)　いわゆる慈恵医大青戸病院事件（慈恵医大青戸病院で一か月前に腹腔鏡下前立腺全摘除術を施行された患者が低酸素脳症のため死亡したことにつき、2002年9月、同病院の医師3名が逮捕された事件）や福島県立大野病院事件（2004年12月17日に福島県立大野病院で帝王切開手術を受けた産婦が死亡したことにつき、手術を執刀した同院産婦人科の医師1名が業務上過失致死と医師法違反の容疑で2006年2月に逮捕、翌月に起訴された事件）。
34)　医療事故により患者に悪しき結果が発生したことにつき法的責任追及されることを危惧する医師が、そのようなリスクの高い診療科を避けることにより、一部の診療科で医師が不足するなどし、安定的な医療提供が望めなくなる事態が発生することが指摘された。とくに、産科はこの傾向が強いとされる。小松秀樹『医療崩壊「立ち去り型サボタージュ」とは何か』（朝日新聞社、2006年）。その他、「〈特集〉医療と司法——対立するしかないのか」論座151号（2007年）183頁以下や「医療知識なきトンデモ判決に危機感強める医師たち」週刊ダイヤモンド2008年5月24日号（2008年）58頁など参照。
35)　これは刑事訴訟の問題だけではなく、民事医療事故訴訟も防衛医療につながるなどの影響が指摘される。たとえば、鹿内清三「医療過誤訴訟の報道が医療に与える影響に関する研究」公益財団法人ファイザーヘルスリサーチ振興財団第6回ヘルスリサーチフォーラム講演録（1999年）8頁以下など。

痺が生じた場合，原則児の満1歳の誕生日から満5歳の誕生日までの間に児・保護者が分娩機関に依頼し，これを受けて分娩機関が評価機構へ補償認定の請求を行い，補償対象と認定されれば保険会社から準備一時金（看護・介護を行う基盤整備のための資金）と，毎年定期的に補償分割金が20年間，合計3000万円が児の生存・死亡を問わず支払われる仕組みである。補償の可否は評価機構が審査する[36]。

現行制度における補償の要件は，2022年1月1日以降に出生した児（在胎週数28週以上，身体障害者手帳1・2級相当，先天性や新生児期等の要因によらない脳性麻痺）と2015年1月1日から2021年12月31日までに出生した児（出生体重1,400g以上かつ在胎週数32週以上または在胎週数28週以上で所定の要件に該当，身体障害者手帳1・2級相当，先天性や新生児期等の要因によらない脳性麻痺）とで異なる。

なお，原因分析に基づく再発防止も目的とする本制度は補償対象と認定した全事例につき，分娩機関から提出された診療録や保護者からの情報に基づき，原因分析委員会において医学的観点からの原因分析がなされる。さらに，この原因分析に関する報告書をもとに，再発防止委員会が再発防止に関する報告書の取りまとめを行なっている[37]。

Ⅱ　医事法領域における「救済」

1．制度の意義と「救済」

以上では，経緯も趣旨も異なる，単に無過失補償制度であるという点において共通する制度をかなり簡潔に紹介した。以下では，紙幅の関係もあり雑駁となるが，これらの補償制度を通し，医事法領域における人権の救済につき考察する。

予防接種健康被害補償制度および産科医療補償制度は，第一義的には，公衆

---

36)　厚生労働省医政局総務課医療安全推進室「産科医療補償制度の現状と見直し内容」週刊社会保障3152号（2022年）44頁。

37)　池田沙織＝湯浅ひとみ＝鈴木英明「産科医療補償制度再発防止に関する取り組みについて」看護74巻6号（2022年）86頁以下など。

衛生の向上または保健医療の提供において不可避的に発生する被害に対する補償の制度であると位置づけることができる。これらが被害者に対し金銭による補償がなすことを主眼においた制度であることはいうまでもない。しかし，このふたつの補償制度はそれだけを目的としたものではない点に着目したい。すなわち，これらの保障制度は，保険医療，あるいは公衆衛生というシステムにおいて補償以外の意義も有しているのである。

予防接種健康被害補償制度は，予防接種がすべて任意でなされる現在において，ワクチン忌避を縮減する意図があると指摘されることがある[38]。また，この制度がワクチン忌避の縮減には寄与していないとしても，副反応の発生が必定とされる予防接種において救済制度の存在は誠実に予防接種事業が遂行されていることの裏付けにもなりうる。さらにいえば，国民が副反応が発生し得ること，これに対し補償制度が用意されていることを理解したうえで接種するか否かを決することは重要であろう。このような意味で，仮に1件も健康被害が生じなかったとしても，健康被害の可能性がある限りは意義のある制度なのである。

他方，産科医療補償制度も，「産科医不足の改善や産科医療提供体制の確保を背景に〔…〕紛争の防止・早期解決及び産科医療の質の向上を図ることを目的に」[39]しており，脳性麻痺発症の原因分析および事例の蓄積等をし，複数事例の分析から再発防止をし，紛争の防止・早期解決，産科医療の質の向上をすることが制度に組み込まれている。必ずしも被害者に金銭補償することのみを意図した制度ではなく，その存在が公衆衛生や医療提供体制の改善に資する，ひいては，被害が生じていない人びとにとっても意義がある制度といえる。

冒頭で，ハンセン病療養所入所者等に対する支給等に関する法律に基づく補償や，旧優生保護法に基づく優生手術等を受けた者に対する一時金の支払いに言及した。これらは過去の誤った政策による被害者の救済，なかでもその被害

---

38) 重村達郎「予防接種をめぐる健康被害と救済制度」都市問題105号（2014年）22-23頁は「予防接種制度のもとで感染症の流行から「社会を防衛するための尊い犠牲となられた」ことに対する国家としての贖罪，被害救済のための無過失補償制度として発足し，同時に不安を少しでも和らげ接種率を高める狙いがあることは確かである」と指摘する。
39) 鈴木前掲（注30）574頁。

者に対する金銭的な補償をはじめとする被害回復を目的とするものであるといえ，それらとはやや異なった性質を予防接種健康被害補償制度および産科医療補償制度は有するといえるであろう。

2．金銭支払いは十分な救済か

　そもそも産科医療補償制度が設置されることとなった一因に医療事故訴訟があることは前述したとおりであるが，医療事故をめぐる法的対応の変遷を参照することは救済のあり方を考えるうえで有益であるように思われる。

　注目すべきは，医療事故により被害を受けた患者やその遺族にとって，医療機関や医療従事者から損害賠償がなされたとしても，それだけでは救済されないとの指摘[40]であろう。さらに，医療事故被害者やその遺族は単に金銭を支払ってほしいのではなく，むしろ謝罪や再発防止を求めているとの指摘も以前よりなされているところである[41]。しかし，民事の医療事故訴訟において医療事故被害者は不法行為に基づく損害賠償請求か債務不履行に基づく損害賠償請求をするしかない。仮に死亡した被害者の損害につき賠償請求するのであれば，被害者の死亡により生じた経済的損失[42]を金銭により埋め合わせることを求めることになる（民法第417条および同第722条第1項）。しかしそもそも，人身損害は，原状回復などの特定的救済をなすことが不可能である場合が多いと考えられる。そのような現実と「不法行為における損害の多くは，これを金銭で計量し評価することが可能であり，したがって損害賠償も金銭賠償によるのが便利である場合が圧倒的に多い」[43]とする不法行為に基づく損害賠償の基本的考え方には齟齬がある。

　したがって，このような金銭賠償しか求められない民事訴訟によっては，医療事故被害者は救済されないのではないかとも考えられる。それと同様にリプ

---

40)　和田仁孝＝前田正一『医療紛争——メディカル・コンフリクト・マネジメントの提案』（医学書院，2001年）102-109頁（前田正一）。

41)　六本佳平「医療事故紛争の社会学的背景について」日本医事法学会編『医事法学叢書3　医事紛争・医療過誤』（日本評論社，1986年）63-94頁。

42)　即死でなければ死亡までの治療費，葬儀費用，墓碑建設費，逸失利益が挙げられる。幾代通著，徳本伸一補訂『不法行為法』（有斐閣，1993年）295-296頁。

43)　幾代＝徳本，前掲（注42）287頁。

ロダクティブライツの侵害，あるいは幸福追求権の長期にわたる侵害や生命侵害などは，金銭の支払いにより救済されるかというと，否といわざるをえないであろう。ハンセン病療養者の被害や，不妊手術を強制された者に金銭による補償がなされたからといって，十分な埋め合わせにはならない。さらにこれは，予防接種健康被害や産科医療事故で命を落とした被害者も同様であろう。このような被害者たちの被害を回復することは不可能である，といっても決して過言ではない。このように考えると，被害者に対する金銭の支払いのみを目的とする制度は，人権の救済という観点からみるとどうしても不十分な制度にならざるをえないといえる。

　ところで，医療事故被害者が前述のような思惑を有しつつ民事訴訟を提起していた背景としては，1999（平成11）年まで医療事故調査が一般的ではなかったことが指摘される[44]。この年は横浜市立大学付属病院における患者取違え事故，都立広尾病院における患者死亡事故など，広く知られる医療事故が発生した年でもあり，医療事故が社会問題化するに従い事故防止の観点から法手責任追及とは異なるアプローチをとる必要性が認識されるに至った[45]。この結果，2014（平成26）年の医療法改正において盛り込まれた医療の安全のための措置の一環として，翌年から医療事故調査制度が開始されている（医療法第6条の9〜11）。同制度は，医療事故に関連する法的責任の追及ではなく，将来的に医療事故を発生させないことを目的とした，プロスペクティブな視点からのアプローチをなす制度である。個々の医療事故被害者を救済することを目的とする制度ではないけれども，医療事故被害者が再発防止を求めているのであれば，そのニーズには沿うものであるといえよう[46]。

---

44)　上田裕一「医療事故にどう対処してきたか——医療事故調査の歴史的な動向から観た群大病院医療事故」上田裕一＝神谷惠子編著『患者安全への提言——群大病院医療事故調査から学ぶ』（日本評論社，2019年）2頁。

45)　厚生省健康政策局総務課監修『患者誤認事故防止に向けて——患者誤認事故防止方策に関する検討会報告書』（ミクス，1999年）17頁は「医療事故防止のための組織的体制として「リスクマネジメント」の考えを導入することが必要」との指摘をする。

46)　また，裁判外紛争処理制度（ADR）を利用するなどしたメディエーション（被害者対加害者対話）の効果も指摘されるところである。石原明子「医療コンフリクト解決への修復的正義の応用に関する理論的検討」熊本法学153号（2021年）170頁以下，渡辺千原＝中部貴央＝佐藤伸彦＝平野哲郎「利用者から見た医療ADR——医療紛争相談セン

3．安全な医療の提供のために

前述のとおり，同産科医療補償制度は原因分析と再発防止のための情報提供を目的のひとつとしている。補償対象となった事例は，日本医療機能評価機構により医学的観点からの原因分析が実施され，その報告書が分娩機関と妊産婦に送付される。さらに集積された報告書から教訓を得ることを目的として，再発防止のための報告書や提言等が示されている[47]。産科医療補償制度が対象としているのは分娩に関連して発生した重度脳性麻痺であり，先天性のものなどは含まれない。そこで，事例の分析から得られた知見によりなされた提言等が分娩を取扱う各医療機関および医療従事者により参照されることを通して，同様の事例の再発が防止されることを目的とする。産科医療補償制度はこのような取り組みを内包しているのである。

他方で，予防接種健康被害救済制度はそれ自体がこのような再発防止のためのシステムを内包してはいない。もっとも，予防接種法上，1994（平成6）年の改正に伴い開始され，2013（平成25）年の改正により現行の制度となった予防接種後副反応報告制度が存在する（予防接種法第12〜14条）。これは，予防接種法上の予防接種を受けた者に生じた一定の副反応を厚生労働省が収集し，ワクチンの安全性に関し管理・検討を行い，安全な予防接種事業に活かすものである。

医薬品や医療機器については，別途医薬品，医療機器等の品質，有効性及び安全性の確保等に関する法律（医薬品医療機器等法，昭和35年法律第145号）第68条の10第2項に基づく副作用等報告制度が存在する[48]。これも重篤な副作

ター利用者インタビューから描く実情と課題」立命館法学396号（2021年）1頁以下など参照。

47）　たとえば，村上明美『事例から学ぶ産科医療補償制度と助産リスクマネジメント』（医歯薬出版，2018年）8–11頁など。「再発防止に関する報告書」（全文）は，日本医療機能評価機構のウェブサイトにて公開されている。〈http://www.sanka-hp.jcqhc.or.jp/documents/prevention/report/index.html〉（2022年10月15日最終閲覧）

48）　製造販売業者が安全性監視活動により収集した情報のうち，①当該品目の副作用その他の事由によるものと疑われる疾病，障害または死亡の発生，②当該品目の使用によるものと疑われる感染症の発生，③その他の医薬品等の有効性及び安全性に関する事項（医薬品医療機器等法68条の10第1項，同規則228条の20条）をPMDAに報告し，

用や医療機器の不具合等の情報を収集し医薬品等の安全性対策を図る目的を有する制度であり，製造販売業者から厚生労働大臣になされた報告をもとに，場合によっては製造販売業者等の承認取消しといった行政処分をなすことを予定した制度である。これに対して本制度は，予防接種事業の適正な実施のため，副反応事例を広範囲に把握し事業実施の可否等を判断するとともに，国民が正確な知識の下に安心して予防接種を受けることができるための安全性に関する情報提供を行なうことも含めた広範な措置を講じるためのものであるとされる[49]。このような目的のため，幅広く事例を収集する観点から「診断した医師による主観を極力排除するため」[50]，定期接種又は臨時の予防接種を受けた者が予防接種法施行規則第5条に規定される症状を呈している場合には報告義務が生ずることとされ，医薬品医療機器等法上の副作用等報告制度よりも情報収集，必要な措置ともに広範なものが想定されている[51]。

　予防接種法が規定する，また，産科医療補償制度が有するこれらのシステムは，実際に発生した被害に対する事後的な対応ではなく，これから起こりうる被害を防止することを主眼においたシステムである。換言すれば，こうした情報収集および分析，再発防止のための対策により医療の質を高め，将来の人権侵害を起こさないようにするためのものである。

　医療とは人の生命，健康，身体に関わるものである。とくに人の生命や身体が侵害された場合，その被害を金銭の支払いで回復することが難しいのである

　　PMDAにおいて情報の整理・調査をした結果が厚生労働大臣に通知される（同法68条の13）仕組みである。堀尾貴将『実務解説薬機法』（商事法務，2021年）267–268頁。同制度は1997（平成9）年に発足した医薬品副作用被害救済制度，2003（平成15）年の薬事法改正により新設された第77条の4の2第1項の規定を受け継ぐものである。

49)　厚生労働省健康局結核感染症課監修，前掲（注15）88–89頁。また，同書92頁は，「副反応報告制度による措置は，予防接種による危害の発生の防止だけでなく，予防接種の安全性に関する情報提供など，法に基づく予防接種そのものを推進するための措置も含まれるなど多岐にわたる」とする。

50)　厚生労働省健康局結核感染症課監修，前掲（注15）89頁。

51)　改正前の文献ではあるが，多屋馨子「予防接種健康被害救済制度・予防接種後副反応・健康状況調査」小児科診療72巻12号（2009年）26頁は，「この報告は〔…〕予防接種との因果関係が証明されていない場合も多く，偶発事象なども排除せずに集計され報告されている」と述べる。

から，いかに現に生じた被害者を救済するかだけでなく，むしろこのような被害を起こさないようにすることが重要であるといえる。医療の安定的な提供や公衆衛生の向上は人権に資するものであるが（憲法第25条2項参照），それらが安全になされることこそが重要な意義を有するのである。このような観点からみたとき，ただ補償をなすだけではなく，将来の被害の抑止や再発防止のための仕組みの存在もともにあることが，人権の保障に資するということができるだろう。

おわりに

　強制隔離や強制不妊手術など，これまで日本がなしてきた人権侵害を伴う政策だけでなくこれらの制度の創設もまた，医事法領域の政策によるものであることはいうまでもない。近年，医療に関連して発生しうる人身被害の防止を目的とした制度が複数創設されていることは，それ自体，これまでレトロスペクティブな視点での対応にとどまっていた医療政策や公衆衛生政策が，将来の被害を防止するとのプロスペクティブな視点も併せ持つようになってきたことの反映といえるのかもしれない。

　もっとも，医療事故により患者が被害を被った場合，医療事故調査制度のみでは被害者の損害の穴埋めはなされないことから，事故調査制度のみでも被害者救済は不十分であることは否定できない。つまり，レトロスペクティブな視点による金銭の支払い制度のみでも不十分であるし，プロスペクティブな視点の，将来の被害防止のための制度だけでも不十分なのであろう。したがって，被害者への補償により特化した制度であるハンセン病療養所入所者に対する補償や，旧優生保護法に基づく優生手術等を受けた者に対する一時金の支払いが不要な制度であるとはいわない。しかし，これらの補償制度は前述したとおり不十分なものであり，さらにはいつしか役割を終えるであろう。それは，ハンセン病療養者の強制隔離や強制不妊手術といった誤った政策は廃止され，それらの政策による被害者もいなくなるからである。

　これに対して，プロスペクティブな視点に立ち，将来の被害防止を目的とする制度の重要性は医療や公衆衛生の向上が人びとにとって必要なものである限

り，その役割を失うことはないといえる。換言すれば，本論にて取り上げた制度はより多くの人びと，すなわち医療の受け手となりうるすべての人にとって意義を有する制度でありうるといえる。かつて筆者は，医事法学の特色について「"医療の受け手（傷病者だけでなく妊産婦や予防接種を受ける健康な人なども含みます）の生命・身体および健康，医師や自律性を最大限尊重する"ことが〔…〕特色」[52]であると書いたことがある。このような意味において，予防接種健康被害補償制度および産科医療補償制度をはじめとする，被害の発生を防止することを目的とした制度はより医事法の重要な特色を反映した，人権に資する制度だといえよう。

〔補記〕本研究は日本学術振興会科学研究費（基盤研究（B）18H00811，基盤研究（B）21H00677）により助成を受けた研究成果の一部であるとともに，神奈川大学法学研究所プロジェクト型共同研究（研究科題名：「実効的救済」の法理論の形成——実効的救済のための法と政策の構築を目指して）の一部である。

52）　小谷昌子「医事法——医療に関する法律問題を考究する」法学教室 487 号別冊付録『法学科目のススメ』（2021 年）24 頁。

第 9 章

教育法における人権救済の法理と政策

行政による条件整備と学校現場の現状

村元宏行

はじめに

　多くの子どもが最も長い時間を過ごすのは学校であり，学校は子どもの学ぶ場であると同時に生活の場でもある。個々人あるいは他者の幸福追求権を保障するためには多くの知恵を得る必要があるが，本来はこの知恵を得るために存在する公教育のシステムによって逆に子どもの人権が侵害され，最悪の結末として学校に通っていたがために自らの命を絶たざる得ない環境におかれる事例が多く発生してしまっている。

　本章の目的は子どもの教育人権を保障するために教育行政制度や学校が十分に機能しているかを検討することにある。具体的には，子どもの学習権を保障するための教育行政制度の変遷を検討する。次いで教育を受ける環境について学校教育の現場で生起している一般人権の侵害について個別に検討することとする。

I　戦後教育法制における子どもの学習権

1．戦後の教育行政の変遷

従来より，教育法学において考究すべき人権は，教育を受ける権利であり，

その権利は子どもの学習権という概念を用いて説明されてきた[1]。このことは旭川学力テスト事件最高裁大法廷判決（最大判昭和51年5月21日刑集30巻5号615頁）においても，「〔憲法26条の〕規定の背後には，国民各自が，一個の人間として，また，一市民として，成長，発達し，自己の人格を完成，実現するために必要な学習をする固有の権利を有すること，特に，みずから学習することのできない子どもは，その学習要求を充足するための教育を自己に施すことを大人一般に対して要求する権利を有するとの観念が存在していると考えられる。換言すれば，子どもの教育は，教育を施す者の支配的権能ではなく，何よりもまず，子どもの学習をする権利に対応し，その充足をはかりうる立場にある者の責務に属するものとしてとらえられているのである」と確認されている。

　以上の子どもの学習権を保障するための公教育制度は戦後教育改革において根本的な改革が図られた。すなわち，アメリカ教育使節団報告書（1946年3月31日）で「文部省は日本人の精神を支配した人々のための権力の座であった。われわれは，この官庁がこれまで行なってきた権力の不法使用の再発を防ぐために，カリキュラム，教育方法，教材，人事に渉るこの官庁の行政支配を，都道府県や地方の学校行政単位に移譲することを提案する」とし，都道府県レベルでは「政治的に独立の，一般投票による選挙で選ばれた代表市民によって構成される教育委員会，あるいは機関が設置されることを勧告」し，市町村レベルでは「地区住民によって選ばれた一般人による教育機関が設立されるべき」として，それらの機関が教育機関の長を任命することを提言した[2]。これらの提言によって公選制教育委員会の設置が構想され，1948年7月15日に教育委員会法が公布された。

　このように，教育は国家が国民を統制するための手段としてではなく，子どもの成長発達権を保障するためのものと転換されたはずであったが，この理想

---

1)　学習権についての代表的な研究として，兼子仁『教育権の理論』（勁草書房，1976年），堀尾輝久『新版　教育の自由と権利』（青木書店，2002年）などを参照。

2)　村井実『アメリカ教育使節団報告書　全訳解説』（講談社学術文庫，1979年）67–70頁。なお，アメリカ教育使節団報告書がアメリカの使節団27人と，日本側の専門家29人によって構成される「日本教育家委員会」の討議を経て作成されたことには注目する必要がある。

はいわゆる「逆コース」の影響を受け，脆くも崩れ去ることとなる。すわなち，日本に反共の防壁としての役割を持たせることとした対日戦略の転換に伴って，アメリカは日本に再軍備を求めた。それに呼応して日本の保守勢力は，憲法を改正するための世論形成として教育を重視した[3]。この時期に併行して，「教育委員会法」に代わり，1956年6月30日に「地方教育行政の組織及び運営に関する法律」が公布施行されたことによって教員委員会は公選制から首長による任命制となる。

本来は国家の教育統制を廃し，教育の地方分権を実現するための制度であったはずの教育委員会であったが，任命制教育委員会の発足以降，委員の名誉職化や委員会審議の形骸化が進み，文部省による教育委員会事務局の統制強化も相まって，文部科学省の事実上の出先機関化してしまっている実態がある[4]。

また，戦後教育改革によって義務教育観は国家に対しての臣民の義務という考えから，子どもの教育を受ける権利に対しての親の義務，さらには国家の義務へと転換されたはずであったが，その転換は極めて不十分なものとなった。憲法26条の教育を受ける権利，親が子に教育を受けさせる義務については，文部省の元官僚によって公然と「教育基本法〔旧法〕がその前文に，国家建設の理想実現は，根本において教育の力にまつべき旨を示しているごとく，教育は国家建設の基本であるから，その保護する子女に教育を受けさせることは，国家の建設に努むべき国民としての国に対する基本的な責務」，「子女の教育を通じて国家に奉仕すべきことが求められている」[5]と解かれている。

また，1947年に公布施行された学校教育法も就学義務に関する規定，懲戒規定など，戦前の学校令からの引き継ぎ規定が多く見られる[6]，教育勅語体制から憲法・（旧）教育基本法体制に転換されたゆえに，それらの規定も解釈上

---

3) 親米保守の代表格である岸信介は当時を回顧して「国民に憲法改正も必要であり，憲法を改正すべきだと，改正せざるをえないものだというふうな気持を起こさしめるようなだな，宣伝と国民の教育をやっていかなきゃしようがない」と述べている（晩年のインタビュー。NHK取材班『NHKスペシャル　戦後50年その時日本は　第1巻』（日本放送出版協会，1995年）205頁）。

4) 鈴木英一『現代日本の教育法』（勁草書房，1981年）250-282頁参照。

5) 木田宏『教育行政法［新版］』（良書普及会，1983年）57頁。

6) 木田宏監修『証言戦後の文教政策』（第一法規，1987年）69頁（安嶋彌述）。

まったく異なる規定とされたはずであった。しかし義務教育を国家に対する義務とする見方は決して脱却されておらず、それが戦前教育との断絶が不充分とされる要因のひとつであったといえる。

2. 近年の教育行政に関する政策

第1次安倍政権下の 2006 年 12 月 22 日、教育の憲法とも言われる教育基本法の全部改正法が公布され、所謂愛国心を含んだ徳目規定が大幅に追加された。さらに教育行政による教育内容介入に歯止めをかけていた教育行政条項が改正されることで、同法が教育の自主性尊重原理から教育行政による教育統制原理へと転換された[7]。

教育行政について教育基本法（旧）10 条は、「教育」と「教育行政」の分離原則を定め、行政の役割を外的条件整備としていた。従来から教育法学説が教育行政の権力的内容介入を 10 条が禁止する不当な支配として強く戒めていたのは、一部教員や組合による独善的支配も不当な支配となり得るが、この支配は事実上の支配であるので個別対応ができ、一方、教育行政による権力的支配は制度的・恒常的支配であるが故に歯止めが効かないとの理由によるものであった[8]。この（旧）10 条の改正によって従来戒めていた教育行政による教育内容への権力的介入を正当化し、一部教員・組合による独善的支配を不当な支配と解釈しうる原理へと変容させた（現 16 条）。

この改正教育基本法による徳目追加に前後して、文部科学省は道徳の副教材として 2002 年 7 月に「心のノート」を作成し全国の小中学校に配布した。民主党政権下における一斉配布の廃止の後、ページ数をほぼ倍増させる形で 2014 年には「私たちの道徳」となる。また、学校教育法施行規則に規定する教育課程そのものについても、これまで教科ではない教育課程構成要素であった道徳が 2015 年 3 月 27 日の学校教育法施行規則及び学習指導要領の一部改訂により「特別の教科である道徳」となった。これに伴い、道徳についても教科用図書が作成され、教科書検定が行われるに至った。

---

7) 教育基本法改正について、市川昭午編『リーディングス日本の教育と社会 第 4 巻 教育基本法』（日本図書センター、2006 年）参照。
8) 兼子仁『教育法［新版］』（有斐閣、1978 年）294 頁。

このように，行政による教育内容の恒常的支配がさらに深化し常態化しているにもかかわらず，それへの批判は学説・運動とも低調である。これらの統制へのチェック機能を果たしてきた労働組合等のリベラル勢力の衰退が大きな影響を与えていることは否めない[9]。

次に教育委員会を中心とした教育の地方分権が有名無実化・機能不全に陥っている実態として，全国学力テストと新型コロナウイルス（以下「コロナ」という）対応を例に挙げることとする。

① 全国学力テスト

2007年度より，全国の小学校6年生と中学3年生を対象に「全国学力・学習状況調査（全国学力テスト）」（悉皆調査）が実施され，民主党政権下での抽出調査への変更，東日本大震災や新型コロナによる中止を除いて毎年度実施され，現在はすべての市町村において実施されている。

この全国学力テストは，1961年から4年間中学校2・3年生を対象に実施された過去があり，学力テスト実施の適法性が争われた。旭川学力テスト事件最高裁判決は学テ実施を違法と明示して校長に暴行を加えたとされる労組員らについて公務執行妨害罪の構成を否定した一審・控訴審を覆して，学テ実施を適法とした上で公務執行妨害罪の構成を認めた。しかしながら，学力テストの実施については実施の法的根拠としていた地方教育行政の組織及び運営に関する法律54条2項の解釈上，学テの実施を義務としては要求できないとし，文部大臣が地方の教育委員会に義務として実施させることは「教育の地方自治の原則に反することを否定できない」とした上で，実施の求めを一種の協力要請と解し，地教行法21条が定める教育委員会の固有の権限として実施するのであ

---

9)　水島朝穂は国民の教育権説について「教育内容決定権を有する教師に対する牧歌的信頼（さらには，教職員組合運動に対する過度の期待）の上に立っていることは否定できない」とし，「「国家の教育権」VS「国民の教育権」という対抗図式は，「国（実体的には文部省）VS国民＝教師（実体的には日教組）」という対抗図式が成立した「時代の産物」であり，憲法学的に見れば，すでにその歴史的使命を終えているといっていいだろう。戦後教育の「現点」における憲法学的焦点は，親の教育の自由の「復権」と，子どもの権利の具体化である」とする。水島朝穂「第6章　戦後教育と憲法・憲法学」樋口陽一編『講座憲法学　別巻　戦後憲法・憲法学と内外の環境』（日本評論社，1995年）171-172頁。

れば違法ではないとした。

　これによって現在の学力テストは，実施判断自体は自治体の任意であるが，結果としては全ての自治体が応じており，教育の地方自治の原則が保障されていない実態が存する。

　さらに，これに法解釈上拍車をかけたのが，学力テストの成績公開をめぐる裁判所の判決（大阪地判平成 21 年 5 月 15 日判時 2065 号 31 頁）であった[10]。市内各中学校別の平均点の開示を求めた訴訟で，「教育に関する施策を総合的に策定し，実施すべき権限と責務を有する国において，全国的な義務教育と機会均等とその水準の維持向上を図るための施策として，自らが実施主体となって，小学校等及び中学校等の義務教育の修業年限の各最終学年にある全国の全児童生徒を対象とする学力・学習状況についての調査を実施した上，全国の各地域における児童生徒の学力・学習状況を把握，分析することにより，教育及び教育施策の成果と課題を検証し，その改善を図るとともに，調査結果を参加主体である都道府県教育委員会及び市町村教育委員会等に対して提供することにより，これらの参加主体やその設置管理する学校において，全国的な状況との関係において自らの教育及び教育施策の成果と課題を把握し，その改善を図る制度であって，その目的，具体的施策内容及び実施主体である国と参加主体である地方公共団体（都道府県教育委員会及び市町村教育委員会等）との役割分担等は，正に教育基本法 5 条 3 項，16 条 2 項及び 3 項の趣旨に沿うものと言うことができる」と判示した上で，「市町村及び都道府県は，本件調査に参加すべき法律上の義務まで負うものではないものの，教育基本法上，少なくとも本件調査に参加することによりその目的の達成に協力すべき責任を負うと解されるのであって，本件調査に参加することが前提とされているものというべきである」とし，法的義務とまではしていないものの，前述の通り，行政による教育統制原理を強化した教育基本法に照らし，国主導の学力テストへの参加を半ば当然視するものであった。

　子どもの学習権を根底に捉え，教育は文化的な営みとして党派的概念や利害

---

10)　全国学力テストの成績公開については宋俊杰「情報公開から問われる新・全国学力テストの適法性」『北大法学論集』61 巻 4 号（2010 年）314 頁以下を参照。

によって支配されるべきでないとし，国家の教育内容介入は抑制的でなければならないとした学テ判決の枠組みは，国家の教育内容統制を認めた部分のみを恣意的に踏襲するかたちで変容されてしまっている[11]。

②学校の臨時休業

子どもの学習権を保障するために機能しなければならない教育委員会を中心とした地方教育行政が機能不全に陥った昨今の例としては，コロナ対応が挙げられる。

2020年2月27日，安倍総理による学校の全国一斉休業要請があり，3月から全国の学校が臨時休業するに至った。臨時休業の判断は学校保健安全法20条を根拠とし，学校設置者が行うこととされているが，教育行政の執行機関である教育委員会が行うこととなる。

コロナ対策で中心的な位置づけを持つ法律は，「新型インフルエンザ等対策特別措置法」と，「感染症の予防及び感染症の患者に対する医療に関する法律（旧伝染病予防法）」であるが，これらの法律では，都道府県知事の教育委員会への要請については規定があるものの，総理大臣や文部科学大臣の休業要請については規定は存しない。

総理大臣の休業要請の問題は，一つめは本来地方の教育委員会が判断すべき臨時休業を事実上国が行ったことの正当性であり，二つめは，政党内閣から一定の距離を保つべき教育行政が総理大臣の要請を受けて休業要請を行った点にある。休業要請の翌28日に文科省が学校の臨時休業を要請した通知（令和2年2月28日文科初第1585号）にも，総理の要請に基づくものであることが明記されていた。

一つめの問題については，2009年の新型インフルエンザの教訓を踏まえた行動計画において，国が自治体に学校の休業要請をすること自体は決められて

---

11) 文部省教科書検定課長や初等中等教育局長を歴任した菱村幸彦は，学テ最高裁判決が学テ実施を文部大臣が義務として要求することを「教育に関する地方自治の原則に反することは，これを否定できない」と判示したことについて，「学力調査を実施させた点についても，地方自治に反する違法性はないと判示した」と解説している。菱村『戦後教育はなぜ紛糾したのか』（教育開発研究所，2010年）87頁。

いた。

　二つめの問題については，コロナ対策は，教育行政の独立を前提にしても関係行政との連携が不可欠ではある。しかしながら安倍総理を本部長として全閣僚等を構成員とする政府の対策本部は2月25日に「学校等における感染対策の方針の提示及び学校等の臨時休業等の適切な実施に関して都道府県等から設置者等に要請する」との方針を示していたのである。その2日後の総理要請であり，2月27日は木曜日で総理の表明は夜だったことを考えると，実質準備は2月28日のみであり，「学校運営の実態を知るものからすれば，暴挙としか言いようのないタイムスケジュール」[12]であった。

　わずか2日間での変節について，安倍総理は，翌28日の衆議院予算委員会で次の通り答弁している。

　「科学的，学術的な観点からは詳細なエビデンスの蓄積が重要であることは言うまでもありませんが，一，二週間という極めて切迫した時間的制約の中で，最後は政治が全責任を持って判断すべきものと考え，今回の決断を行ったところでございます」。「政府としては，学校を設置する地方公共団体や学校法人等において，この要請を受けて，子供たちの健康，安全を確保する観点から検討し，適切に対応していただくことを期待をしているところでございまして，要請であり，法的拘束力を有するものではございません」（予算委員会議録第18号令和2年2月28日16頁）。

　これは科学的なエビデンスよりも切迫した状況の下での政治的判断だと英断ぶりをアピールする一方で，あくまで最終判断は教委がするというのであるから，最終的な責任はあくまで要請に応じた教委に転嫁する論理と言わざるを得ない。

　以上が臨時休業の決定過程における問題であるが，次に学校のコロナ対応における問題点を検討する。

　学校保健安全法では感染症に対し，予防措置として（本法施行規則21条），感染症罹患者又は疑いのある者に対して，学校医診断，消毒その他適当な措置をとること，校内の汚染物，汚染の疑いのある物件について消毒その他適当な

---

12)　寺脇研「臨時休業要請は突然に」内外教育6820号（2020年）1頁。

処置をとること，付近における感染症発生の場合に，状況により適当な清潔方法を行うことを定めている。

　ところで本法では，学校における保健安全に関する行為を行う者を主に国，学校設置者，校長と分けて規定しているが，上記の措置を講じるのは校長とされている。一方で，文科省はコロナによる臨時休業を踏まえ，教育課程編成に特例措置を定めたが，極めて不十分なものであった。

　ここで現れているのは，本来国や地方教育行政が担わなければならない教育条件整備は学校が行い，各学校の自治に委ねられるべき教育内容決定は国が行うという，教育法原理とはまったく逆の事態であった。

　なお，地方における感染症対策は教育委員会のみで完結できるものではなく，他の衛生対策部局との連携によって効果的になし得るのである。この点，本法でも保健所との連絡が規定されている（法18条，施行令5条）。さらに地教行法では，雑則である57条に保健所との関係規定が存し，教委が保健所の協力を求めること（1項），保健所が教委へ助言と援助を与えること（2項）が規定されている。今回のコロナ対策において活用されるべき規定ではあるが，本法施行令では保健所の協力を求める事項が限定され，さらに「教育委員会と保健所との関係に関する協議決定事項（1956年11月16日）」（昭和31年11月29日文初保第502号，衛発第823号初等中等教育局長厚生省公衆衛生局長連名通知「地方教育行政の組織及び運営に関する法律第五十七条の規定の施行について」別紙）では，保健所の協力を求めるには，あらかじめ保健所を設置する地方公共団体の長（委任を受けた者を含む）に対し，実施事項，保健所の協力を求める事項等を具してその旨を申し入れることされており，決して即応・柔軟に用いることができる規定になっていない。

　また学校保健安全法においては，感染症対策等の専門職が規定されている。そのうち学校医の存在は広く知られているが，感染症対策に必要な情報を提供する責務を持つ都道府県教委には学校保健技師の規定が存する（22条）。学校保健技師は法制定当初は必置だったが，1985年改正で任意設置に改められた。その理由は，すでに全都道府県に設置されており，学校保健技師という職名の使用を法律で一律に義務づけなくても，学校における保健管理に関する医学的・専門的学識経験者は確保され得るというものであったが，2008年1月17

日中教審答申では，過半数の都道府県では設置されておらず，その多くが非常勤であることが問題とされ，学校保健技師の活用が提言されている。

　コロナ対策において急務とされることは，教育法の基本原理に立ち戻って，国や地方教育行政が十分な条件整備を行い，教育内容においては，各地域・学校の状況を踏まえた柔軟な対応を容認することであろう。また，本法が従来から規定していた，教委による感染症対策の専門助言機能を再評価して拡充すること，保健所との連携規定を早急に整備することである。

II　学校教育現場における子どもの権利の侵害事例

　これまでに述べてきた国家による教育統制については，従来から国民の教育権説と国家の教育権説の対立がある。国民の教育権概念については，国家の教育権を是認する立場とはいえない複数の研究者から「「国民の教育権」の担い手とされる教師がなぜ，子どもの権利の「熱心な侵害者」として登場してくるのか」[13]といった批判がなされた。また，「教育過程・学習過程・学校生活において，学校・教師の「教育活動」によって，「子どもの学習権」の概念とは相対的に区別され，人間としての尊厳につらなる憲法上の「一般人権」の侵害が発生している」[14]との提起がなされ，本来学習権が保障されるべき学校での子どもの人権侵害が問題視されることとなった[15]。

　学校における子どもの人権侵害事例としては従来より，校則，体罰，いじめがクローズアップされ，さらに近年は，教員の指導によって子どもが命を絶つ指導死[16]や，学校災害の事後対応が問題とされることがある。以下では，校則，体罰，いじめについて検討するが，これらは相互に関連性をもつ場面があることも意識されなければならない。

　すなわち，厳しい校則が存在する学校では，校則を守らない生徒に校則を守

---

13)　水島前掲（注9）157-158頁。
14)　今橋盛勝『教育法と法社会学』（三省堂，1983年）68頁。
15)　市川須美子『学校教育裁判と教育法』（三省堂，2007年）参照。
16)　大貫隆志編『「指導死」──追いつめられ，死を選んだ七人の子どもたち。』（高文研，2013年）参照。

らせるために，体罰を含んだ理不尽な指導が行われることとなる。現に体罰裁判のいくつかについては，体罰に至った理由は，学校の指導に従わなかったことが理由とされている。また，教員が体罰を含んだ理不尽な対応をとった場合には，子どもの間にもそのような行為を容認する風潮が生まれ，いじめへとつながる場合がある[17]。

1．校則による人権侵害

施設の設置者と利用者との関係では施設管理上の目的で規則が制定されるのは学校に限られた場合ではない。学校においても一定の場所への立ち入り制限や指定した場所以外での駐輪を禁止する事項は施設管理上必要な規制といえる。

しかしながら，学校においては，教育目的の名の下に，子どもの基本的人権を制限するものや，基本的人権の保障を受けない範疇の自由でも，規制理由と規制事項との合理的関連性が説明しがたい規則が散見される。

昭和の終わりから平成の初期にかけて，校則の違法性を争う代表的な訴訟が提訴された。その訴訟においては，校則の適法性については昭和女子大学最高裁判決（最三小判昭和 49 年 7 月 19 日民集 28 巻 5 号 790 頁）が，「法律に格別の規定がない場合でも，その設置目的を達成するために必要な事項を学則等により一方的に制定し，これによって在学する学生を規律する包括的権能を有する」が，「学校当局の有する右の包括的権能は無制限なものではありえず，在学関係設定の目的と関連し，かつ，その内容が社会通念に照らして合理的と認められる範囲においてのみ是認されるものであるが，具体的に学生のいかなる行動についていかなる程度，方法の規制を加えることが適切であるとするかは，それが教育上の措置に関するものであるだけに，必ずしも画一的に決することはできず，各学校の伝統ないし校風や教育方針によつてもおのずから異なることを認めざるをえないのである」としている枠組みを踏襲する流れが定着している。更に何が合理的かの判断については学校側の教育裁量を大幅に認め，「著しく不合理でなければ違法ではない」（熊本地判昭和 60 年 11 月 13 日判時 1174

---

17) 例えば，長野吉田小学校いじめ負傷事件（長野地判昭和 60 年 2 月 25 日判タ 554 号 262 頁）では，担任教諭の体罰などの不適切な指導が事件発生の背景にあることが示唆されている。

号 48 頁など）として，学校が教育目的で制定したものである以上は学校側の裁量を尊重し，不合理性が著しいものでない限り違法性を認定していない。一般に公にされている校則裁判では校則の違法性を認定した判決は皆無である。

校則裁判では，校則規定で規制対象とされている事柄が憲法上保障される基本的人権に含まれるのかといった争点が争われるものが大半である。校則に従わず，私服通学を続けている生徒に対して，"校則に疑問があるのであればそれを変えるように働きかけるべきであって，現に存在する校則には従わなければならない"という批判を耳にするが，規制対象とされている事柄が基本的人権によって保障されるのであれば，当該校則規定はそもそも無効となり，従う必要はないということとなる。

これに対して，校則裁判では規制対象とされている事柄が基本的人権によって保障されているとした裁判例はほとんど見当たらない。わずかに，原付免許取得を制限する校則をめぐる訴訟（高松高判平成 2 年 2 月 19 日判時 1362 号 44 頁）で「憲法 13 条が保障する国民の私生活における自由の一つとして，何人も原付免許取得をみだりに制限禁止されないというべきである。そして，高等学校の生徒は，一般国民としての人権享受の主体である点では，高校生でない 16 才以上の同年輩の国民と同じであり，この観点だけからすると，高校生の原付免許取得の自由を全面的に承認すべきである」とした上で，「しかし，高等学校程度の教育を受ける過程にある生徒に対する懲戒処分の一環として，生徒の原付免許取得の自由が制限禁止されても，その自由の制約と学校の設置目的との間に，合理的な関連性があると認められる限り，この制約は憲法 13 条に違反するものでないと解すべきである」としたものや，パーマを禁止する校則をめぐる訴訟（東京地判平成 3 年 6 月 21 日判時 1388 号 3 頁）で「個人の髪型は，個人の自尊心あるいは美的意識と分かちがたく結びつき，特定の髪型を強制することは，身体の一部に対する直接的な干渉となり，強制される者の自尊心を傷つけるおそれがあるから，髪型決定の自由が個人の人格価値に直結することは明らかであり，個人が頭髪について髪型を自由に決定しうる権利は，個人が一定の重要な私的事項について，公権力から干渉されることなく自ら決定することができる権利の一内容として憲法 13 条によって保障されていると解される。しかし，右校則は特定の髪型を強制するものではない点で制約の度合

いは低いといえるのであり，また，原告が修徳高校に入学する際，パーマが禁止されていることを知っていたことを併せ考えるならば，右髪型決定の自由の重要性を考慮しても，右校則は，髪型決定の自由を不当に制限するものとはいえない」としたものがあり，それぞれ校則での規制対象を憲法の基本的人権の保障を受けるものであることをある程度は認めているが，教育目的達成上の正当性あるいは，制約の度合いの低さを理由として規制そのものの違法性は認めていない。

　近年，いわゆるブラック校則問題として校則問題が再度クローズアップされている。その中で，元々髪の色が薄いにもかかわらず，髪を黒く染めるように再三にわたり指導されたとして，大阪府の高校生が提訴した訴訟（大阪高判令和 3 年 10 月 28 日判自 486 号 34 頁）が注目された。ブラック校則問題で，各地で行きすぎた校則の見直しが進められていた最中であったが，判決では，髪型の自由は憲法によって保障されている基本的人権であるとの主張についてはごく簡潔な判示であっさりと退け，従来の枠組みを踏襲して校則の違法性を否定した[18]。

　昭和から平成初期にかけての訴訟以降に，子どもの権利条約が批准され，意見表明権をはじめとする子どもの人権保障に関する多くの規定が盛り込まれたにもかかわらず，法理上は何らの進展も見られないのである。

　子どもの権利条約批准に伴って文部省が従来からの見解を改めたものとして知られる事項は生徒への懲戒処分を課す場合の聴聞の保障のみであり[19]，これも法制化されているわけではない。

　以上のように，校則をめぐる法的論点自体は発展しているとは言いがたい状況ではあるが，一方で現場レベルでは校則の見直しが進んでおり，明るい兆しも見られる。例えば，熊本市では，小中学校の管理運営に関する規則（教育委員会規則）で，「校長は，法令，条例又は規則等に違反しない限りにおいて，

18）　淡路智典「黒染め校則と教育的裁量」季刊教育法 211 号（2021 年）94-97 頁，大島佳代子「校則裁判——黒染め訴訟からみた校則の合理性」季刊教育法 211 号（2021 年）6-13 頁，今野健一「教育裁判のなかの校則裁判——頭髪黒染め強要国賠訴訟・大阪地裁判決の検討を中心に」季刊教育法 210 号（2021 年）88-96 頁。なお，判決では髪の色は黒色であって，それを染めて薄くしたものとの学校側の主張を是認している。

19）　平成 6 年 5 月 20 日文初高第 149 号「「児童の権利に関する条約」について」。

校則その他の学校規程を制定することができる」としていたものを，2021 年
4 月 1 日から「校長は，必要かつ合理的な範囲内で校則その他の学校規程を制
定することができる」と改め，さらに「校長は，校則の制定又は改廃に教職員，
児童生徒及び保護者を参画させるとともに，校則を公表するものとする」との
規定を加えた。教育長は「このように法的根拠のある形で，校則改訂への児童
生徒の参画を定めるのは珍しいのではないか」とコメントしている[20]。

2．体罰による人権侵害

　学校教育法では「教育上必要な場合」に懲戒を加えることを認め（11 条），
懲戒を加えるに当っては「心身の発達に応ずる等教育上必要な配慮をしなけれ
ばならない」（施行規則 26 条）とし，さらに体罰を加えることを明確に禁止し
ている。

　体罰の禁止自体は広く知られているが，戦前の教育法制からの引き継ぎ規定
であることはあまり知られていない。ただし事実としては，戦前も元来禁止さ
れていた体罰が横行していた事情もそのまま引き継がれてしまうこともなっ
た。また，現場においては何が体罰あるいは違法な懲戒であるのかの線引きが
難しく，具体的な線引きは裁判例の蓄積によって形成されてきた。

　体罰についての行政見解は当初から厳格なものであり，「児童懲戒権の限界
について」（1948 年 12 月 22 日法務調査意見長官回答）では，「身体に対する侵害
を内容とする懲戒──なぐる・けるの類──がこれに該当することはいうまで
もない」とし，さらに「被罰者に肉体的苦痛を與えるような懲戒もまたこれに
該当する。例えば端座・直立等，特定の姿勢を長時間にわたつて保持させると
いうような懲戒は体罰の一種と解せられなければならない」とした上で，「特
定の場合が〔…〕「体罰」に該当するかどうか，機械的に判定することはでき
ない。たとえば，同じ時間直立させるにしても教室内の場合と炎天下または寒
風中の場合とでは被罰者の身体に対する影響が全くちがうからである。それゆ
えに，当該児童の年齢・健康・場所的および時間的環境等，種々の條件を考え

---

20)　〈https://endohiromichi.hatenablog.com/entry/2021/03/26/212754〉（2023 年 1 月 22 日
　　最終閲覧）

合わせて肉体的苦痛の有無を判定しなければならない」としていた。また，裁判例も概ね体罰に対してはごく一部の例外を除いては，有形力の行使については学校側に厳しい判断を貫いてきた。そのような中，安倍政権下において設置された教育再生会議は2007年1月24日に第一次報告を公表し，「暴力など反社会的行動を繰り返す子供に対する毅然たる指導，静かに学習できる環境の構築」のために「〔平成〕18年度中に通知等を見直す」とした。そして文部科学省は「問題行動を起こす児童生徒に対する指導について（通知）」（平成19年2月5日文科初第1019号）を発した。

　その中では「体罰がどのような行為なのか，児童生徒への懲戒がどの程度まで認められるかについては，機械的に判定することが困難である。また，このことが，ややもすると教員等が自らの指導に自信を持てない状況を生み，実際の指導において過度の萎縮を招いているとの指摘もなされている」とし，「別紙　学校教育法第11条に規定する児童生徒の懲戒・体罰に関する考え方」において「児童生徒に対する有形力（目に見える物理的な力）の行使により行われた懲戒は，その一切が体罰として許されないというものではなく，裁判例においても，「いやしくも有形力の行使と見られる外形をもった行為は学校教育法上の懲戒行為としては一切許容されないとすることは，本来学校教育法の予想するところではない」としたもの（昭和56年4月1日東京高裁判決），「生徒の心身の発達に応じて慎重な教育上の配慮のもとに行うべきであり，このような配慮のもとに行われる限りにおいては，状況に応じ一定の限度内で懲戒のための有形力の行使が許容される」としたもの（昭和60年2月22日浦和地裁判決）などがある」として，体罰に至らない有形力の行使を認容するに至った。この通知で挙げられている判決は，「戦後50年を経過するというのに，学校教育の現場において体罰が根絶されていないばかりか，教育の手段として体罰を加えることが一概に悪いとはいえないとか，あるいは，体罰を加えるからにはよほどの事情があったはずだというような積極，消極の体罰擁護論が，いわば国民の「本音」として聞かれることは憂うべきことである。教師による体罰は，生徒・児童に恐怖心を与え，現に存在する問題を潜在化させて解決を困難にするとともに，これによって，わが国の将来を担うべき生徒・児童に対し，暴力によって問題解決を図ろうとする気質を植え付けることとなる」（東京地

判平成 8 年 9 月 17 日判タ 919 号 182 頁）という判断に象徴されるような，体罰を絶対禁止する判断が定着する流れの中においてはごくレアな裁判例であり，恣意的な抜き出しと言われてもしかたあるまい。

　しかしながら，行政解釈が変化しても，司法解釈が有形力の行使に絶対禁止という流れを維持できれば，訴訟においては歯止めがかけられたかもしれないが，最高裁は「被上告人〔児童〕は，休み時間に，だだをこねる他の児童をなだめていた A〔教員〕の背中に覆いかぶさるようにしてその肩をもむなどしていたが，通り掛かった女子数人を他の男子と共に蹴るという悪ふざけをした上，これを注意して職員室に向かおうとした A のでん部付近を 2 回にわたって蹴って逃げ出した。そこで，A は，被上告人を追い掛けて捕まえ，その胸元を右手でつかんで壁に押し当て，大声で「もう，すんなよ。」と叱った」行為について，従来の裁判例の動向に沿って体罰と認定していた控訴審判決を破棄し，「本件行為にやや穏当を欠くところがなかったとはいえないとしても，本件行為は，その目的，態様，継続時間等から判断して，教員が児童に対して行うことが許される教育的指導の範囲を逸脱するものではなく，学校教育法 11 条ただし書にいう体罰に該当するものではない」と判示した（最三小判平成 21 年 4 月 28 日民集 63 巻 4 号 904 頁）。

　これによって，行政解釈と司法解釈によって，有形力の行使を適法とする流れが形成されることとなったのである[21]。

　ところで，先の 2007 年通知において取り上げられている昭和 56 年 4 月 1 日東京高裁判決（判時 1007 号 133 頁）はいわゆる「水戸五中事件」として知られる事件である。体力測定の測定係をしていた生徒が，ペアとなった教師から頭部を殴打されたもので，この生徒は 8 日後に脳内出血で死亡したが，殴打行為との因果関係が立証できず，刑事訴訟では殴打行為が暴行罪にあたるかのみが争われた。東京高裁判決は「生徒の好ましからざる行状についてたしなめたり，警告したり，叱責したりする時に，単なる身体的接触よりもやや強度の外的刺激（有形力の行使）を生徒の身体に与えること」を肯定するものであった。

21）　小泉広子「体罰，不適切な指導をめぐる裁判の動向」季刊教育法 211 号（2021 年）14-21 頁。

この判決によってやや強度の外的刺激が認容される風潮が形成され，体罰による死亡事件が相次ぐこととなる（研修旅行に禁止されているヘアードライヤーを持ってきた高校2年生に殴る，蹴るなどして死亡させる〈水戸地裁土浦支部判昭和61年3月18日判タ589号142頁〉，小学級の特殊学級の児童に手拳で側頭部を3・4回殴打して死亡させる〈横浜地裁川崎支部判昭和62年8月26日判時1261号144頁〉，頻繁に忘れ物をしている生徒を往復びんた，投げつけて死亡させる〈金沢地判昭和62年8月26日判時1261号141頁〉）。

前述した2009年最高裁判決についても「指導したつもりでも，親が体罰だと言ってくるケースが多くなった。それを思うと心強い判決と思う」とのコメントが紹介されるなど[22]，この判断が一人歩きすることについて危惧される最中，2012年12月，体罰によって高校生が自殺する事件（大阪桜宮高校事件）が発生した。

これを受けて文科省は有形力行使を認容した2007年通知に変わって，「体罰の禁止及び児童生徒理解に基づく指導の徹底について（通知）」（平成25年3月13日文科初第1269号）を発するに至った。また，司法解釈においても，2009年最高裁判決を，下級審が広く踏襲するには至っていない。

3．いじめによる人権侵害

いじめによって子どもが深刻な心身の被害や，自殺に追いやられる事件があとを経たず，それに伴った訴訟も頻発している。元来，子どもの成長発達権を保障する場であるはずの学校において，学校に登校したがゆえに命を絶たなければならなくなる結末は断じて許されるものではない。

文科省は毎年，いじめの実態把握のための調査を行っている。以前はこの調査によっていじめ件数が増加すると，これをいじめの深刻な状況を示すものとして捉えてきた。しかし，自治体や学校によっていじめ実態把握の状況に大きな違いがあることが判明するにつれ，数値上の増加を，学校がいじめの実態把握に積極的になったとしてこれを評価する姿勢に転換するようになっている。このような実態把握では経年比較に意味は認められない。さらに各学校は正確

---

22) 読売新聞2009年4月28日（東京夕刊）16頁。

な実態報告のための書類作成に追われ，肝心ないじめ対応にかける時間が削られるという本末転倒の事態も生起している。重要なのは，いじめのあるなしでの判断ではなく，どんな学校・クラスにもいじめの芽は存在するとの前提に立った対応であろう。

なお，いじめの分野については，いじめ防止についての自治体条例の制定が先行し，2013年に「いじめ防止対策推進法」が制定された。いじめ対策についての国の立法がなされること自体は必要であった一方で，保護者に対して規範意識を養うための指導を行う努力義務を規定するなど，2006・2007年の教育基本法・学校教育法改正において論点とされた徳目規定をすり込ませるなどの問題が指摘されている[23]。

いじめ訴訟においては，いじめ防止対策推進法の規定が援用されることはほとんどなく，安全配慮義務の具体的内容として裁判例上蓄積されてきた，いじめ対策義務に照らして判断される場合が多い。

訴訟では，いじめによって本人が肉体的・精神的苦痛を受けることは通常損害の枠組みで理解し，この部分においては被害者の被害事実を積極的に肯定して学校・加害者側の法的責任を認容する判断が多い一方で，いじめの結果本人が自殺したことについては，多くの裁判例は特別損害としており，学校・加害者側の予見可能性を肯定して法的責任を認める判決は少ない。

また，このことが，いじめについてはその事実を認めるが，被害者が自殺したことについて，いじめとの関連性を否定するという，裁判対策を意識した杓子定規的な学校対応を生んでしまっている現状がある。

2011年10月11日に起きた大津市いじめ自殺事件の第三者委員会報告でも，事実調査よりも法的対応を意識したことが問題とされ，具体的には10月14日に弁護士に相談した時点で，いじめと自殺の因果関係を否定する方向が決まったとされることが問題視されている[24]。

---

23) いじめ防止対策推進法の評価として，喜多明人「いじめ防止対策推進法の問題点と学校現場の課題」季刊教育法178号（2013年）88–93頁，「特集　いじめ防止対策推進法と学校 – 子ども – 保護者関係の変容」季刊教育法182号（2014年）4–59頁参照。
24) 大津市立中学校におけるいじめに関する第三者調査委員会「調査報告書」平成25年1月31日，158頁。

おわりに

Ⅱ節において検討してきた校則，体罰，いじめの他，前述した指導死といった子どもの人権侵害の解消には特効薬は存在しないが，これらの人権侵害の背景として，教員の過重労働やパワーハラスメントの問題を指摘しておきたい。

Ⅰ節において検討したとおり，教育基本法改正や教育三法改正によって現場の自主性が失われ，行政による教育統制原理が強化された結果，教員自身もゆとりを失っている状況がある。現場での慢性的な教員不足も相まって，教員が過重労働に陥り，特に新任教員が十分な支援を受けられない状況がある。加えて，教員間のハラスメントについては，中堅以上の教員についても深刻な状況にある[25]。

教育現場に自由を取り戻すことは，教員が子どもに向き合う環境を整えることでもあり，子どもの一般人権侵害の解消とも密接な関係がある。

本章においては，学校における人権保障については危機的な側面を検討し，救済のための方策についてはあまり検討できなかった。正直にいえば，教育現場における子どもの人権保障について明るい側面を探すことは困難であるが，最後に，子どもの権利条約を国内法規範に反映させようとする動きについては触れておきたい。

2016年6月3日公布された改正児童福祉法では，第1条で「全て児童は，児童の権利に関する条約の精神にのっとり，適切に養育されること，その生活を保障されること，愛され，保護されること，その心身の健やかな成長及び発達並びにその自立が図られることその他の福祉を等しく保障される権利を有する」と規定し，さらに2022年6月22日に公布されたこども基本法でも，第1条に「この法律は，日本国憲法及び児童の権利に関する条約の精神にのっとり

---

[25]　川人博「（インタビュー）学校現場におけるハラスメント問題と管理職の役割」季刊教育法167号（2010年）4–11頁，久冨善之「新採教師たちが直面する「困難」と管理職・同僚との関係」同12–18頁，木村大樹「学校現場におけるハラスメントと職場の安全配慮義務」同19–29頁，糀谷陽子「人としてふれあい，育ち合う場にふさわしい"ゆとり"と"自由"を〜学校でのハラスメントを考える〜」季刊教育法209号（2021年）20–27頁参照。

〔…〕」と規定され，日本における子ども関係法が，子どもの権利条約の理念に基づいて運用されることが明記されるにいたった。

　司法においても国籍法違憲判決（最大判平成 20 年 6 月 4 日集民 228 号 101 頁）において，最高裁大法廷は国籍法の国籍取得における父母の婚姻要件を定める条項について，憲法 14 条違反と判断するのに併せて子どもの権利条約を明示して援用した。

　ところで，国連子どもの権利委員会からの総括所見では，幾多の懸念事項が示されているにもかかわらず，日本政府は総括所見には法的拘束力はないためにその是正には消極的である。これについても最高裁大法廷は民法の非嫡出子の法定相続違憲決定（最大決平成 25 年 9 月 4 日民集 67 巻 6 号 1320 頁）において，子どもの権利条約の条項に加え，国連子どもの権利委員会の総括所見を明示して援用した。

　これらの状況を踏まえると，子どもの権利条約及び子どもの権利委員会の総括所見を国内法制に反映させる環境は整えられたといってよいであろう。

第10章

大規模人権侵害をめぐる人権救済の法理と政策

原発事故避難者の権利回復を例に

山崎公士

はじめに

　本章では，構造的人権侵害の具体例として原発事故避難者の権利回復策を取り上げ，①権利回復のため活用できる制度や手段（利用可能手段）の全体像を把握し，②利用可能手段が十全に活用されているか，③十全に活用されていないとすれば，その原因と対策は何か，④利用可能手段を活用した結果，期待した救済を受けられたか，⑤期待した結果が得られなかったとすれば，その原因と対策は何かを検討し，人権政策論が対応できる研究課題と領域を考えたい。

I　原発事故国内避難者の現状と権利侵害状況

　2011 年 3 月 11 日の福島第一原発事故発生後，ふるさとを離れ避難している人びとは，2022 年 11 月 1 日時点で 21,392 人である[1]。原発周辺地域における長引く放射能への恐怖から全国各地に避難中の人びとは，教育，医療，職など

---

[1]　福島県，福島県から県外への避難状況（2022 年 11 月 1 日現在），〈https://www.pref.fukushima.lg.jp/uploaded/attachment/544828.pdf〉（最終閲覧 2023 年 1 月 21 日〔以下，ウェブサイトの最終閲覧日は同じ〕）。

に関する不安から出身地域に戻れないか戻りたくない避難民である。こうした人びとは，①住宅を含めた十分な生活水準を得る権利，②生計や職へのアクセス，③避難に関連する権利侵害に対する実効的救済を求めてきたが，十分には実現していない。

　福島に帰還できない国内避難者たちの中には，原発 ADR（後述）や裁判を通じても思うような救済を得られず，経済的・精神的に困難な状況にある人びとが少なくない。国内避難者の人権確保は社会正義の問題であり，人権政策論の大きな課題である。

　2017 年 3 月 11 日の日本弁護士連合会会長談話[2]によれば，原発事故の被害者に対する救済・賠償は不十分であり，避難指示解除や中間処理施設の在り方，住宅支援の打切り等をめぐって事態は深刻化し，一人ひとりの自己決定がこれまで以上に尊重されるべき局面を迎えている，という。

II　原発事故にかかる損害賠償をめぐる法制度

　現行法制度では，国内避難者は原則として不法行為法にもとづき，加害者（原子力事業者）に対して損害賠償を請求することになる。避難者は加害者の故意・過失，権利・法益侵害，損害の発生と損害額，加害行為と損害発生との間の因果関係などを立証しなければならない。

　しかし，1961 年に原子力損害の賠償に関する法律（昭和 36 年法律第 147 号，原賠法）が制定されている。同法は，①原子力事業者に無過失・無限の賠償責任を課し，②賠償責任を迅速かつ確実に果たすようにするため，原子力事業者に対して原子力損害賠償責任保険への加入等の損害賠償措置を義務づけ，③賠償措置額を超える原子力損害が発生した場合に国が原子力事業者に必要な援助を行うことを可能にし，被害者を救済することとした。こうして，原子力損害について原子力事業者には無過失責任が課されている。

　同法 18 条は原子力損害賠償紛争審査会（原賠審）を設置し，①紛争当事者

---

2)　一人ひとりの被災者に対する支援継続に関する（日弁連）会長談話　2017 年 3 月 11 日。
　　〈https://www.nichibenren.or.jp/document/statement/year/2017/170311.html〉

による自主的な解決に資する一般的な指針の策定，②原子力損害賠償に関し紛争が生じた場合における和解の仲介，③上記事務に必要な調査及び評価にあたることとした。

原賠審の下に原子力損害賠償紛争解決センター（原発ADR）が設置され，2011年9月から業務を開始した。設置の目的は，原子力事故で被害を受けた人が原子力事業者に対して損害賠償を請求する際に，円滑・迅速・公正に紛争を解決することである。中立・公正な立場の仲介委員（弁護士）が当事者の間に入り，個別の事情に応じた和解の仲介を実施する。裁判よりも手続は簡便，仲介費用は無料で，一人でも申立てが可能である。

III　原発事故賠償訴訟

原発事故による被害の賠償については上記の法制度にもとづき解決がはかられてきた。2011年から2020年末までに，原発ADRに26,407件の申立てがあり，うち20,560件で和解が成立した[3]。

ただし，原発ADRによって住民たちの被害は十分に補償されておらず，住民たちはその結果に納得しているとは言いきれない。東京電力が原発の安全性について注意義務を果たしてきたか，原子力政策を推進し，その安全性の確保に重大な責任と権限を有する国に法的な責任はなかったか等は原発ADRでは十分に明らかにされていない[4]。そこで，全国各地に避難した人などは国と東京電力に賠償を求める集団訴訟を全国で33件提起している。その請求総額はあわせて約1,060億円，原告総数は約1万2,000人に達する。

2022年6月17日に，最高裁判所第二小法廷は，福島原発事故損害賠償請求集団訴訟4件について，国の法的責任を認めない判決[5]を言い渡した。多数意見の要旨は以下の通りであった。①福島第一原発の事故以前の津波対策は防

---

3)　日本弁護士連合会『弁護士白書　2021年度版』（2022年）137–138頁。

4)　吉村良一『政策形成訴訟における理論と実務——福島原発事故賠償訴訟・アスベスト訴訟などからの考察』（日本評論社，2021年）87頁。

5)　最判令和4年6月17日判例集未登載。最高裁判所ウェブサイト〈https://www.courts.go.jp/app/files/hanrei_jp/242/091242_hanrei.pdf〉

潮堤の設置が基本だった，②国の地震予測「長期評価」にもとづく東京電力（東電）の津波予測には合理性があった，③しかし，実際の地震・津波は長期評価にもとづく想定よりはるかに大規模だった，④したがって，国が長期評価を前提に東電に防潮堤を設置させても事故は避けられなかった。なお，同判決では，国の過失責任を認める反対意見[6]が付されたほか，被害者の救済は，過失の有無にかかわらず，国が最大の責任を負うべきとする補足意見が付された。

　原発事故は類例のない大規模な被害をもたらし，その被害は長期的に継続し，地域住民の暮らしを根底から全面的に破壊した。さらに，住民にとってこの被害は予測できないものであった[7]。こうした被害は，不法行為法が対象としてきた被害とは異なる性質を持つ[8]。原発事故の被害は個別バラバラに切り離してとらえるのでなく，包括的にかつ総合的に把握することが重要[9]である。原発事故賠償訴訟の原告たちが求めるのは単なる金銭賠償ではなく，淡路剛久の言う「包括的生活利益としての平穏生活権」[10]（包括的平穏生活権）の喪失に対する全般的な補償である。これを実現するためには，行政の対応や新規立法が必要とされよう。こうした問題点を提起した一連の原発事故賠償訴訟は政策形成訴訟の典型と言えよう。

IV　政策形成訴訟——司法による社会的不正義への対処

　訴訟を通じて政策形成をはかる政策形成訴訟は1970年代以降注目されるようになった。被害当事者が訴訟を提起し，下級裁判所での法廷闘争を通じて社

---

6)　反対意見については，本書の終章を見よ。

7)　吉村前掲（注4）92頁。

8)　淡路剛久は被害の特徴を次のように指摘する。「①放射線被ばくの恐怖感・深刻な危惧感，②避難生活を余儀なくされたことによる精神的損害，③現状回復と生活再建にかかわる損害，④地域生活破壊や喪失，⑤生態的損害（被害者本人には帰せられない公法上の解決が求められる環境損害；エコロジカル損害）」。淡路剛久「福島原発事故の損害賠償の法理をどう考えるか」環境と公害43巻2号（2013年）4頁。

9)　吉村前掲（注4）93頁。

10)　生存権，身体的・精神的人格権および財産権を包摂する概念である。淡路剛久「「包括的生活利益としての平穏生活権」の侵害と損害」法律時報86巻4号（2014年）101頁。

会問題が可視化された[11]。四大公害病訴訟などでは，甚大な被害と被害者に光があてられ，被害者救済が進んだ。

　しかし，司法は総じて政策形成には消極的であり，行政訴訟においては被告勝訴率が圧倒的で，訴訟による新しい権利の実現を拒否する判決が多い。それでも敢えて訴訟を提起するのは，他の政策実現過程へのアクセスが閉ざされているため，唯一のアクセスポイントとして訴訟を選択せざるを得ないためである。当事者は敗訴を想定しつつも，和解や社会問題開示機能にかけて訴訟を選択せざるを得ないのが現状である。

Ⅴ　国の原子力政策・賠償政策と国会事故調の提言

１．国の原子力政策と賠償政策

　原発事故への政府の対応方針は，事故全体の早期収束をめざすものであった。避難指示の解除や住民の帰還促進策はその現れといえる。ただし，この政府方針は，被害者の抵抗や世論の批判を受けて，一部修正された。しかし，被害実態に即して賠償指針・基準を抜本的に見直すのではなく，賠償の打ち切り時期の若干の先延ばしや，政府方針の修正に沿った手直しがなされるにとどまった。そのため，「ふるさとの喪失」のような深刻な被害がきちんと踏まえられていない。原子力災害の影響はきわめて長期に及ぶにもかかわらず，それに対する政府の取り組み態勢は不十分である。集団訴訟などを通じた被害者側の異議申立ては，これらの点を突くものであった[12]。

　原発事故避難者が受けた構造的人権侵害の背景には国の原子力政策がある。「事故全体を早期に収束」させる政策は，いまだ原発稼働を前提とする国の原子力政策の一環といえる。この国策構造の中で，原発事故避難者の権利回復をいかに実質化するか。この課題の解決のため，人権政策論はいかなる貢献ができるのだろうか。

---

11)　渡辺千原「訴訟による政策形成と法形成——社会変化の読み込みとその評価のあり方」立命館法学 387＝388 号（2019 年）564 頁。

12)　除本理史「福島原発事故における「賠償政策」——政府の復興方針は賠償指針・基準にどう影響を与えてきたか」経営研究 71 巻 1 号（2020 年）11-12 頁。

2．国会事故調報告書における国の原子力政策の評価

東電福島原子力発電所事故をめぐる事故調査報告書は，国内の民間，東電，国会，政府による4種に加え，国際原子力機関（IAEA）からも報告書[13] が公表されている[14]。この中で，東京電力福島原子力発電所事故調査委員会（国会事故調）報告書（2012年）は，憲政史上初めて，政府からも事業者からも独立した調査委員会によるものである。

国会事故調は，事故の根源的原因として，規制する立場である当局と規制される立場である東電が逆転関係に陥り，原子力安全についての監視・監督機能が崩壊していた点をあげ，事故は「自然災害」ではなくあきらかに「人災」であるとした[15]。

国会事故調報告書は，下記の7つの提言を行なった。その内容は，人権政策論の構想に向けて示唆に富む。

　　提言1　規制当局に対する国会の監視
　　提言2　政府の危機管理体制の見直し
　　提言3　被災住民に対する政府の対応
　　提言4　電気事業者の監視

---

13)　福島原発事故独立検証委員会『調査・検証報告書』（ディスカヴァー・トゥエンティワン，2012年）（民間事故調報告書），東京電力『福島原子力事故調査報告書』2012年，〈https://www.tepco.co.jp/cc/press/betu12_j/images/120620j0303.pdf〉，国会事故調報告書〈https://warp.ndl.go.jp/waid/12748〉，東電福島原発事故調査・検証委員会（政府事故調）報告書，〈https://www.cas.go.jp/jp/seisaku/icanps/index.html〉，IAEA，福島第一原子力発電所事故　事務局長報告書，〈https://www-pub.iaea.org/mtcd/publications/pdf/supplementarymaterials/p1710/languages/japanese.pdf〉。

14)　日本科学技術ジャーナリスト会議『4つの「原発事故調」を比較・検証する──福島原発事故13のなぜ？』（水曜社，2012年），ならびに近本一彦＝久保英也「5つの原発事故調査報告書と被ばく線量の安全基準値」日本リスク研究学会編『リスク学事典』（丸善出版，2019年）42-45頁参照。この2文献は各報告書を比較し，それぞれの特徴を指摘しており，有益である。

15)　国立国会図書館　経済産業調査室・課「福島第一原発事故と4つの事故調査委員会」調査と情報756号（2012年）2頁。

提言 5　新しい規制組織の要件

提言 6　原子力法規制の見直し

提言 7　独立調査委員会の活用

ここでは，提言 1，6，および 7 に着目し，その概要を紹介する。

・提言 1　規制当局に対する国会の監視

国民の健康と安全を守るために，規制当局を監視する目的で，国会に原子力に係る問題に関する常設の委員会等を設置する。

・提言 6　原子力法規制の見直し

原子力法規制については，以下を含め，抜本的に見直す必要がある。世界の最新の技術的知見等を踏まえ，国民の健康と安全を第一とする一元的な法体系へと再構築する。

・提言 7　独立調査委員会の活用

未解明部分の事故原因の究明，事故の収束に向けたプロセス，被害の拡大防止，本報告で今回は扱わなかった廃炉の道筋や，使用済み核燃料問題等，国民生活に重大な影響のあるテーマについて調査審議するために，国会に，原子力事業者及び行政機関から独立した，民間中心の専門家からなる第三者機関として（原子力臨時調査委員会〈仮称〉）を設置する。

　上記の提言は，いずれも国会機能の強化や法制度の抜本的見直しに関する前向きな意見であり，注目に値する。なお，提言 7 の「民間中心の専門家からなる第三者機関としての原子力臨時調査委員会〈仮称〉」を国会に設置する案は魅力的である。

VI　原発事故被害当事者の主張

　原発事故避難者を含む被害者は，現在の政治状況や現行法制度の下で，原発 ADR や裁判を活用して，権利救済を求めてきた。被害当事者は権利回復の現状に満足しているだろうか。2014 年 11 月 16 日に原発事故の被害者が福島市

に集い，採択した「もう我慢しない！ 立ち上がる宣言」[16]（以下，「宣言」）から，この点を探ってみよう。

　宣言は前文で，「〔…〕私たち被害者の健康と安全はどう守られるのか，暮らしと生業の回復はどう補償されるのか，ただ待っていても国は助けてはくれない〔…〕被害者は，お互いの被害の実情を知り，それぞれの尊厳回復への意志を確認しました。私たちは，さまざまな分断を超えてつながり，国と東電に対し，被害者の本当の救済を求めて，力を合わせ声をあげていくことを誓います」とし，以下の4点を訴えた。

1. 被害者への謝罪
　　東京電力と国はこれまでの原発推進政策の間違いを認め，全ての被害者に心から謝罪し，原発の推進を今すぐ止めること。
2. 被害の完全賠償，暮らしと生業の回復
　　誰もが望む場所において，新たな生活を始められるような誠意ある賠償をすること。
3. 被害者の詳細な健康診断と医療保障，被曝低減策の実施
　　「避難の権利」を認め，保養の制度化や定期的に詳細な健康診断を行うこと。子どもたちに安全と真実を知る機会を保証すること。
4. 事故の責任追及
　　司法の場で，東京電力福島原発事故の真実を明らかにし，責任を負うべきものが罪を償うこと。

　なお，原発事故国内避難者は，次のような苦悩や被害を体験してきた。すなわち，①避難に至るまでの苦悩と恐怖，過酷な避難行為，②先の見えない避難生活，避難後も続く苦しみや不安（a. 本件事故までに築き上げた社会生活関係との分断，b. 避難生活での孤独感，喪失感，葛藤，c. 生活基盤の崩壊・経済的困窮），③生涯消えることのない被ばくによる健康被害への恐怖，④避難生活の継続

16）　もう我慢しない！ 立ち上がる宣言〈http://tyobotyobosiminn.cocolog-nifty.com/blog/files/higaisya_syuukai_apiru.pdf〉。

や帰還についての苦悩や葛藤，⑤子どもたちの受けた被害，⑥避難元に留まる原告らの被害[17]である。

VII　避難者をめぐる国際人権基準

　原発事故国内避難者が体験した苦難の本質を理解し，救済策を考えるさいに，いくつかのグローバルな基準や国連人権理事会による勧告等が参考になる。

1．国内強制移動に関する指導原則

　国連の旧・人権委員会（現・人権理事会）は，1998 年に国内避難に関する指導原則[18]（以下，「原則」）を採択した。この原則は，「強制移動からの人びとの保護に関連する権利および保障，ならびに強制移動が継続する間に加え，帰還または再定住および再統合の過程における人びとの保護および援助に関連する権利および保障を特定する」ものである（序 1 節）。ここにいう「国内避難民」とは，「特に武力紛争，一般化した暴力の状況，人権侵害または自然もしくは人為的災害の影響の結果として，あるいはこれらの影響を避けるため，自らの住居もしくは常居所から逃れもしくは離れることを強いられまたは余儀なくされた者またはこれらの者の集団であって，国際的に承認された国境を越えていないもの」をいう（序 2 節）。この定義に従えば，原発事故国内避難者は強制避難区域からの避難者か否かを問わず，原則にいう「国内避難民」に該当する[19]。

---

17)　原発事故被災者支援関西訴訟，準備書面 3 ―被害実態について― (2014 年)。〈http://
　　hinansha-shien.sakura.ne.jp/kansai_bengodan/genkoku3junnbisyomen.pdf〉
18)　「国内強制移動に関する指導原則」（Guiding Principles on Internal Displacement 以下，
　　指導原則）（Report of the Representative of the Secretary-General, Mr. Francis M.
　　Deng, submitted pursuant to Commission resolution 1997/39, Addendum, E/
　　CN.4/1998/53/Add.2, 11 February 1998）．翻訳については，GPID 日本語版作成委員会
　　（代表：墓田桂）［翻訳］・編集『国内強制移動に関する指導原則：日本語版』（GPID 日
　　本語版作成委員会，2010 年）参照。
19)　石橋可奈美「福島原子力発電所事故と避難民―― The Guiding Principles on Internal
　　Displacement（国内避難民に関する指導原則）と国内判例」東京外国語大学論集 96 号
　　（2018 年）52 頁。

236

原則は，「すべての人は，自らの住居または常居所からの恣意的な強制移動から保護される権利を有する」（原則 6.1）ことを確認し，「権限のある当局は，国内避難民が自らの意思によって，安全に，かつ，尊厳をもって自らの住居もしくは常居所に帰還する〔…〕ことを可能にする条件を確立し，かつ，その手段を与える第一義的な義務および責任を負う」（原則 28.1）こととする。

こうした諸原則に照らすと，原発事故国内避難者への住宅支援の打ち切りは，避難者への帰還の半強制的措置であり，上記原則との整合性が懸念される[20]。

2．グローバー勧告

2012 年 11 月，国連人権理事会の「すべての者が到達可能な最高水準の身体及び精神の健康を享受する権利（健康の権利）」特別報告者であるアナンド・グローバー（Anand Grover）氏が日本を訪れ，関係省庁，自治体その他関係機関と意見交換し，原発事故の影響が及んだ広範な地域を訪れ，住民インタビューや放射線量測定等を実施した。

2013 年 5 月に提出された「到達可能な最高水準の身体および精神の健康を享受する権利に関する特別報告者報告」[21]は，避難者が提起した各種裁判で争点の一つとなっている「避難の相当性」に関連する次のような見解を示した。

1．日本政府は，特別報告者に対して，100mSv 未満では発がんの過度のリスクがないため，年間放射線量 20mSv 以下の居住地域に住むのは安全であると保証した。しかしながら，国際放射線防護委員会（ICRP）でさえ，発がんまたは遺伝的疾患の発生が，約 100mSV 以下の放射線量の増加に正比例するという科学的可能性を認めている。〔以下省略〕（48 節）。

2．〔…〕低線量の放射線でも健康に悪影響を与える可能性はあるので，避

---

20) 同上，53 頁。

21) Report of the Special Rapporteur on the Right of Everyone to the Enjoyment of the Highest Attainable Standard of Physical and Mental Health, U.N. Doc. A/HRC/23/41/Add.3 (2013). 翻訳は，ヒューマンライツ・ナウ『国連グローバー勧告——福島第一原発事故後の住民がもつ「健康に対する権利」の保障と課題』（合同出版，2014 年）参照。

難者は，年間放射線量が 1mSv 以下で可能な限り低くなったときのみ，帰還することを推奨されるべきである。その間にも，日本政府は，すべての避難者が，帰還するか，避難し続けるかを自由意志に基づき決定できるように，すべての避難者に対する財政的援助及び給付金を提供し続けるべきである（49 節）。

3．国連人権理事会における日本の普遍的定期審査

2017 年 11 月に行われた国連人権理事会による普遍的定期審査（UPR）第 3 回日本政府報告審査において，オーストリアが国内避難者に関する勧告を行った。UPR は人権理事会における理事国同士の建設的対話の場であり，勧告に法的拘束力はない。しかし，政府はこうした勧告を真摯に受け止める必要があろう。

〔オーストリアの勧告〕

161.214. 福島の高放射線地域からの自主避難者に対して，住宅，金銭その他の生活援助や被災者，特に事故当時子どもだった人への定期的な健康モニタリングなどの支援提供を継続すること[22]。

〔日本政府の対応〕

161.214. フォローアップすることに同意する[23]。

4．国連人権理事会・国内避難民の人権に関する特別報告者の日本訪問調査

東京電力福島第 1 原発事故の避難者調査のため，国連人権理事会の国内避難民の人権に関する特別報告者セシリア・ヒメネスダマリー（Cecilia Jimenez-Damary）氏が 2022 年 9 〜 10 月に来日した。同氏は政府や福島県の関係者，避難者，支援団体，研究者らと各地で面会し，日本の法制度や支援策を検討した。日本訪問調査の終了にあたっての声明[24]では次の点が強調された。

---

22) 〈https://www.mofa.go.jp/mofaj/files/000346502.pdf〉

23) 〈https://www.mofa.go.jp/mofaj/files/000346504.pdf〉

24) End of Mission Statement, Mission of the Special Rapporteur on the Human Rights of

1. 避難者を支援する際に強制避難区域や区域外からの自主避難といった区別は取り除き，権利や必要性に基づいて避難者への支援を継続すべきである。

2. 近年，避難者に福島への帰還を仕向ける方向にシフトしており，帰還しない者は支援の打ち切りに直面している。日本政府は権利基盤型アプローチを採用し，避難者，帰還した避難者および福島在住者に，完全な情報提供と参画を確保すべきである。

3. 依然として避難中の人びとに基本的な支援を引き続き提供すべきである。とくに，ヴァルネラブルな人びとへの住居および生活支援が重要である。

おわりに——大規模人権侵害をめぐる救済の限界

原発事故国内避難者の救済を具体例として，現行の法制度で利用できる救済手段の機能と限界を確認した。原発事故がもたらした被害は広範かつ深刻で，その影響は長期化しつつある。原発事故避難者が受けた悪影響も同様である。

原発事故避難者は国や自治体への要請や要求にもかかわらず，十分な満足は得られていない。原発事故避難者が受けた人権侵害状況について，行政救済は十分に機能していないと言わざるをえない。原発 ADR もまた十分な満足を提供しているとはいえない。司法判断も，東電の責任は認めているが，国の法的責任は否定してきた。

原発事故で被害を受け，また国内避難を余儀なくされた人びとは，集団で多くの訴訟を提起した。これらは政策形成訴訟としての役割を期待されているが，その効果は十分に発揮されているとはいえない。政策形成訴訟は結果として法制度や行政慣行を変革し，社会にとって有益な効果をもたらすこともありうる。この場合，過酷な体験をした少数の原告の訴訟継続という大きな負担によって，社会全体が社会変革という果実を享受することになる。構造的人権侵害を受け

Internally Displaced Persons to Japan, 7 October 2022, available at 〈https://www.ohchr.org/sites/default/files/documents/issues/internaldisplacement/statements/2022–10–07/20221007-eom-japan-sr-idps-en.docx〉.

た者の犠牲の上で，はじめて社会変革が実現する状況は，社会正義に反するのではないか。

　人権侵害された者に過度の役割を課すことなく，人権侵害から救済され，これを防止し，さらには察知し，人権侵害のおそれを社会に警告する手立てはないのか。人権政策論の大きな課題である。

参考文献

吉村良一『政策形成訴訟における理論と実務——福島原発事故賠償訴訟・アスベスト訴訟などからの考察』（日本評論社，2021年）

原発賠償京都訴訟原告団『国際社会から見た福島第一原発事故——国際人権法・国連勧告をめぐって私たちにできること』（耕文社，2021年）

除本理史「福島原発事故における「賠償政策」——政府の復興方針は賠償指針・基準にどう影響を与えてきたか」経営研究（大阪市立大学）71巻1号（2020年）

渡辺千原「訴訟による政策形成と法形成——社会変化の読み込みとその評価のあり方」立命館法学387＝388号（2019年）

ヘレン・コルディコット（河村めぐみ訳）『終わりなき危機——日本のメディアが伝えない，世界の科学者による福島原発事故研究報告書』（ブックマン社，2015年）

高瀬雅男「原発 ADR の到達点と課題」行政社会論集（福島大学）27巻3号（2015年）

栁沼充彦「原子力損害賠償法の見直しに向けた課題——これからの原子力損害賠償制度を考える」立法と調査361号（2015）

淡路剛久「「包括的生活利益としての平穏生活権」の侵害と損害」法律時報86巻4号（2014）

淡路剛久「福島原発事故の損害賠償の法理をどう考えるか」環境と公害43巻2号（2013）

浦川道太郎「原発事故により避難を余儀なくされている者の慰謝料に関する問題点」環境と公害43巻2号（2013）

日本科学技術ジャーナリスト会議『4つの「原発事故調」を比較・検証する——福島原発事故13のなぜ？』（水曜社，2012）

淡路剛久・寺西俊一・吉村良一・大久保規子編『公害環境訴訟の新たな展開——権利救済から政策形成へ』（日本評論社，2012）

終章

人権政策論の課題と展望

山崎公士

はじめに

　本書では，各研究領域の観点から，個別的人権侵害および構造的人権侵害に
かかる法的な人権救済の意義と限界を明らかにした。いずれの領域においても，
現行法で利用可能な行政救済，準司法救済および司法救済を試みても，当事者
が満足できる救済を得るには至っていない事例が少なからず存在することが確
認できた。

　既存の人権救済は，個別的人権侵害事案であれ構造的人権侵害事案であれ，
個別的かつ事後的な対応にとどまり，将来的に生起しうる同種の侵害事案を未
然に防ぐための対応は，原則として予定していない。このように，人権侵害に
かかる法的救済論ではカバーできない研究領域があることが認識された。従来
の研究を補完し，補強する研究領域として，人権政策論が指向される所以であ
る。

　本章では，①ヴァルネラブルな人びとの視点から，②構造的人権侵害に焦
点を当てつつ，③人権侵害が生じる背景・原因を解明し，④これらの人びと
が侵害によって受けた身体的・精神的被害やそれに伴う損害を回復する全過程
を研究し，⑤有効な回復手段を検討する端緒を提示したい。

I 各研究領域における人権救済の法理と人権政策論の研究対象

　本書で展開された各法分野からの分析を通じて，人権政策論の考察対象には，主として，①人権侵害の要因（個別的要因と構造的要因），②人権救済制度の構築・運用，③人権侵害の予防のための制度・政策，および④人権政策の根幹をなす原理や思想，ないしはその土台となる人間観・歴史観・社会観という4領域があることが分かった。本書では，第1章と第2章が主として④の領域を扱い，第3章以下が①〜③の領域を取り扱った。しかし，これらの4領域はそれぞれが独立したものではなく，相互に関連した複合的なものとして探究されなければならない。したがって，体系的な人権政策論を構築するためには，これらを複合的に考察・分析する必要がある。

　以下では，本書第3章以下でどのような人権政策論が展開されたのかを，上記の4分野に沿って振り返っておこう。まず，第3章「憲法における人権救済の法理と政策」では，人権訴訟における他の訴訟手続の"間借り"を問題視したが，これは②の問題であるとともに，その背景には「救済なき人権論」という④に属する問題が潜んでいることが指摘された。

　第4章「行政法における人権救済の法理と政策」では，個別的な権利侵害事案に対する実効的な救済を実現するために必要な行政訴訟制度のあり方が検討され，これは形式的には②に属する論考であるが，そこにおける原告適格や処分性の認定，あるいは裁量統制のあり方は，行政や立法に投げ返され，将来的な人権侵害の予防として機能しうることが指摘され，③の研究領域へと波及しうることが示唆された。

　第5章「不法行為法における人権救済の法理と政策」は損害賠償という伝統的な司法救済の方法に関する考察であり，それは②の領域に属するものであるが，それを通じて実効的な人権救済を実現するためには，「人間の価値平等」という④に属する問題が本質的に重要であることが指摘された。

　第6章「国際経済法における人権救済の法理と政策」は，人権と相容れないかに見えた国際経済法の枠組みの中に，近年，人権保護の視点が組み込まれつつある動態を分析するという②の領域における研究であると同時に，その動態

における市民社会の役割を検討することによって，人権拡大のための市民社会論という④の領域の研究につながっている。

　第7章「ジェンダー法における人権救済の法理と政策」では，女性差別撤廃条約における人権救済制度の運用という②に関する研究から，女性に対する暴力の根源にある構造的要因という①に属する問題が析出され，それを③の研究へと連結することによって，実効的な人権救済制度が構築されることが明らかにされた。

　第8章「医事法における人権救済の法理と政策」では，②に属する問題として，人権侵害に対する事後的な救済制度としての補償制度が検討されたが，そうした補償制度は，被害が生じていない人にも意義のあるものであり，その意味で③の機能を併有するものであることが明らかにされた。それとともに，事後的な損失補償の限界も摘示され，将来の権利侵害の予防や再発防止のため制度論という③の研究が，人権政策論の要であることが指摘された。

　第9章「教育法における人権救済の法理と政策」では，学校教育の現場で生じた人権侵害に対する救済の現状とその限界という②に属する考察がなされるとともに，その背景には，教員の労働環境の悪化や行政による教育統制の強化といった，構造的要因があることが指摘され，個々の人権侵害の背後に横たわる①の問題群の並行的な考察の重要性が示唆された。

　第10章「大規模人権侵害をめぐる人権救済の法理と政策」では，原発事故避難者に対する救済制度の課題という②の問題が検討されたが，このような人権侵害については，訴訟提起といった権利回復の負担を個々の被害者に負わせないようにする制度や政策，および将来的な予防のための制度や政策の構築という③に属する問題の探究が，極めて重要であることが主張された。

　以上見てきたように，本書の各章における検討を通じて，実効的な人権救済を実現するためには，先に挙げた①〜④の研究を相互連関的に組み合わせて行っていく必要があることが分かった。この相互連関的な研究の総体が人権政策論であり，換言すれば，人権政策論とは，本書のタイトルである「人権の法構造と救済システム」を考究し，そのあるべき姿を提示するものなのである。

　次節以下で，本書での検討を踏まえ，人権政策論の枠組みを提示したい。

II 人権政策論の枠組み

1. 人権政策論の意義と目的

序章でも触れたが,「人権政策論」とは,公的団体または私的団体が行う人権政策に関する手段・方法・計画・指針等を研究する研究分野である。人権政策論は,公的・私的セクターが人権保障のためにとるべき行動の指針を示し,人間の尊厳と個人の自律が真に尊重される社会状況の創出を目的とする。人権政策論は国・自治体等の公的セクターによる政策過程とともに,企業や民間団体等の私的セクターによる政策過程も研究対象とする。

2. 人権政策論の研究方法と研究領域

人権政策論の研究方法は,①人権の法構造と救済システムの現状を確認し,②個人や集団の尊厳が確保される方向でこれが機能しているかを分析し,③機能不全に陥っている場合の問題点と対応策を提示する等である。

人権政策論の主な研究領域は,①人権侵害の要因(個別的要因と構造的要因),②人権救済制度の構築・運用,③人権侵害の予防のための制度・政策,および④人権政策の根幹をなす原理や思想,ないしはその土台となる人間観・歴史観・社会観という4領域からなる。

研究方法および領域から明らかなように,人権政策論研究にあっては学際的なアプローチが必要とされる。このため,人権政策論は法学・政治学・行政学・政策科学・社会学等々の縦割り的な研究領域の枠を越えて研究に取り組むことになる。

III 構造的人権侵害

序章でも触れたが,人権政策論は構造的人権侵害の問題に正面から取り組む。その目的は,構造的人権侵害を惹起しかねない社会事象,法制度や政策の問題点を確認・究明し,解決策を探求し,その危険性を察知し,社会に警告することである。

1．定 義

人権侵害には個別的人権侵害と構造的人権侵害とがある。「個別的人権侵害」とは，児童虐待や人種差別的憎悪に起因する暴行のように，人権侵害者が被侵害者に対し行う作為または不作為による市民的・政治的権利や経済的・社会的・文化的権利の一過的な侵害行為であり，個別的に生起するものをいう。これに対し，「構造的人権侵害」とは，個別的に生起する人権侵害とは異なり，集合的に生起する市民的・政治的権利や経済的・社会的・文化的権利の侵害状況全般を意味する。従来の人権法や人権政策研究は，個別的人権侵害に焦点を当てるものが多かったが，人権政策論では構造的人権侵害を主たる研究対象の一つに位置づける。

本書で扱った人権侵害のうち構造的人権侵害といえるのは，次のような人権侵害事象である。

- 憲法 13 条が保障する子を産み育てる自己決定権を侵害し，憲法 14 条が保障する法の下の平等を否定した，旧優生保護法に基づく特定の障害や疾患を有する者に対する不妊手術
- 旧らい予防法にもとづいて患者を強制隔離したり，強制的に不妊手術を受けさせたりするとともに，患者の家族を含めて差別の対象としたハンセン病元患者・家族差別
- 女性に対する暴力を含むジェンダー差別
- 原発事故国内避難者が避難を余儀なくされた精神的損害，現状回復と生活再建にかかわる損害，ならびに地域生活破壊や喪失等の自由権および社会権侵害

人権政策論は構造的人権侵害の問題に正面から取り組む。その目標は次の通りである。第 1 に，いまだ顕在化していないが，構造的人権侵害の原因となるおそれのある社会事象やさまざまな政策の根拠となっている法律等の問題点を確認し，構造的人権侵害を惹起しかねない要因を究明し，解決策を探求する。第 2 に，将来生起しかねない構造的人権侵害事象を察知し，社会に警告する。

第3に，構造的人権侵害によって権利利益を侵害された個人，集団，コミュニティ等の人権を「回復」する方法を探求し，同種の侵害事案にかかる「回復」策を体系化する。第4に，上記の研究成果を踏まえ，新規（未開拓）分野における新たな人権基準の設定に向けた研究に取り組む。

2. 構造的暴力（structural violence）と構造的人権侵害（structural human rights violation）

構造的暴力と構造的人権侵害の異同を整理しよう[1]。

ヨハン・ガルトゥングのいう「暴力」とは，「可能性と現実とのあいだの，つまり実現可能であったものと現実に生じた結果との間のギャップを生じさせた原因」[2]である。換言すれば，「暴力」とは，「ベーシック・ヒューマン・ニーズ（Basic Human Needs, BHN；衣・食・住，ならびに教育・保健衛生等社会サービスや雇用のように，人間が生活するため必要な基本的なもの）を充足する潜在的能力とこれの現実的な充足との間の避けることができる不均衡」[3]である。しばしば引用される，「もし一八世紀に人が結核で死亡したとしても，これを暴力とみなすことは困難である。なぜならば，当時は結核で死亡することは避けがたいことだったからである。しかしもし，世界中に医学上のあらゆる救済手段が備わっている今日，人が結核で死亡するならば，〔…〕そこには暴力が存在する」[4]というガルトゥングの説明は明快である。

ガルトゥングによれば，「構造的暴力」とは，行為主体がいない暴力で，社会的な不公正を生み出す貧困・飢餓・差別・抑圧等を意味する。構造的暴力の特徴は，①加害者は特定できないが，②避けることができた（不可避ではなかった）事象で，③その影響は広範囲に及び，④全体として社会正義に反する，

---

1)　類似概念である「構造的ヴァルネラビリティ」については，本書の第2章を見よ。

2)　Johan Galtung, *Violence, Peace, and Peace Research*, Journal of Peace Research, Vol. 6, No. 3 (1969), available at〈https://www.jstor.org/stable/422690〉（最終閲覧 2023 年 1 月 21 日〔以下，ウェブサイトの最終閲覧日は同じ〕），at 168.　ガルトゥング（高柳先男他訳）「暴力，平和，平和研究」『構造的暴力と平和』（中央大学出版部，1991 年）6 頁。

3)　Kathleen Ho, *Structural Violence as a Human Rights Violation*, Essex Human Rights Review, Vol. 4 No. 2 (2007), at 3–5.

4)　Galtung, *supra* note (2), at 168. 高柳他，前掲（注 2）6 頁。

と言えよう。これに対し「構造的人権侵害」は，①加害者が特定できるか否かを問わず，②集合的に生起する，③市民的・政治的権利および／または経済的・社会的・文化的権利の侵害状況全般を意味する。

「構造的暴力」と「構造的人権侵害」は，ともに人びとが被る著しく不利な状況を可視化するため用いられる類似の概念である。前者は，BHN が充足されない等の社会状況の原因を説明し，後者はそうした社会状況は救済されるべき人権侵害であることを根拠づける。BHN を到底実現できない貧困状況には「構造的暴力」が存在し，同時にその状況は「構造的人権侵害」であると認定される場合もある[5]。

IV　人権侵害からの回復

個人や集団の人権が侵害された場合，侵害された人権は救済され，回復されることが期待される。しかし，実際には，この回復を実現するのは至難である。この意味で，人権政策論における主たる研究課題の一つは，人権侵害回復過程の分析と対応策の開発である。本節では，ヴァルネラブルな人びとが被った人権侵害からの「回復」について分析する。

1．「回復」の意味
本章にいう「回復」とは，人権侵害された者が人間の尊厳と身体的・精神的十全性〔integrity〕を取り戻し，社会的批判や偏見から自由になることを意味する。法学等で用いられる「救済」概念より射程は広い。人権侵害について金銭賠償を得れば法的救済されたことになるが，回復を得たことにはならないからである。「回復」概念は個別的人権侵害と構造的人権侵害の双方に関して用いられる。

2．時系列で見る「回復」過程
従来の救済論では時系列的にみると，人権侵害の生起後の①「事後対応」（法

---

5)　Ho, *supra* note（3），at 3–5.

的救済など），および人権侵害生起後から「事後対応」完了時までの間に，人権侵害の継続や悪化を阻止する②「権利保全対応」（民事保全，差止（仮処分を含む）など）が論じられてきた。人権政策論では，これらに加え，人権侵害を招来しかねない事象や事態を未然に察知し，これを的確に予防する③「事前対応」も検討対象とする。

3. 事前対応の重要性と手法

　政策・施策・事業等を実施したため，取り返しのつかない構造的人権侵害が生起することがある。こうした場合，政策等の計画・企画段階や実施過程で，人権侵害を惹起するおそれや危険性が社会的に認識されていれば，人権侵害を未然に防ぐ可能性がある。

　人権政策論では，構造的人権侵害を未然に防ぐための一般的あるいは個別的取り組みを研究対象とする。なお，一見すると人権政策とは捉えにくい，「人権」の視点を要する政策に関しては，事前対応が特に求められる。

　事前対応の手法には，①法規制[6]，②国・自治体の行政活動の一環としてなされる調査・研究を通じた人権侵害の危険性の探知と対策，③国会の両議院の国政調査権の発動としてなされる人権侵害の危険性の探知と警告，④地方議会のイニシアチブによる人権侵害の危険性の探知と警告，⑤メディアによる調査報道を通じた人権侵害の危険性の探知と報道，⑥市民社会団体（NGO）の活動による人権侵害の危険性の探知と警告等である。⑤や⑥が端緒となり，報道等で頻繁に取り上げられ，概ね④→①の方向で事前対応が進化するのが構造的人権侵害をめぐる事前対応の一つの形である。この進展を促すため，とくに⑥と全国的政党の協働が重要な鍵となる。

4. 国内人権機関による公開調査と政策提言

　日本には存在しないが，政府から独立した国内人権機関[7]が設置されている国では，個別の苦情申立てが多く寄せられるような重大な人権課題について，

6）　DV 規制法，児童虐待防止法，ストーカー規制法，障害者差別解消法等。

7）　国内人権機関については，山崎公士『国内人権機関の意義と役割――人権をまもるシステム構築に向けて』（三省堂，2012 年）参照。

同機関が聴衆の面前で公開調査（Public Inquiries）を実施し，問題の所在を確認し，問題解決の糸口を探ることがある。これは構造的人権侵害事案のような大きな人権課題に対処するため，自らのイニシアチブで行う取り組みである。公開調査によって，大規模人権侵害や構造的人権侵害の歴史的背景や現行法制度・行政慣行の問題点が解明され，政府や議会に具体的な解決策が提示され，政府に影響を与えることがある[8]。国内人権機関の公開調査にもとづく政策提言は，事前対応に向けた有益な契機となる可能性を秘めている。

5．事前対応が望まれる事態

　事前対応が望まれた事態として，古くは旧ハンセン病患者や水俣病・新潟水俣病・イタイイタイ病患者への構造的人権侵害，最近では，原発事故被害者・避難者への構造的人権侵害，ネオニコチノイド系農薬[9]について懸念される健康被害，保健所の統廃合問題と健康権侵害の問題等々が想定される。

　昨今，企業の社会的責任やビジネスと人権をめぐる企業の取り組みが活発化しつつある。歓迎すべき動向ではあるが，企業の基本姿勢は，現在も基本的には人権リスクマネジメント[10]である。これによって企業活動に起因する構造的人権侵害が未然に防がれていることは否定できない。この点に関し，人権政策論では，侵害しかねない主体の観点からでなく，侵害されがちなヴァルネラブ

---

8) オーストラリア人権および機会均等委員会（現・オーストラリア人権委員会）によるアボリジニーおよびトレス海峡諸島の子どもの家族からの引き離しに関する全国調査（1997年），ニュージーランド人権委員会による高齢者のケアワーカーに関する調査（2011～12年），サモアオンブズマンによる家庭内暴力に関する全国調査（2018年）等。山崎公士「国際人権法の国内実施における国内人権機関の役割」国際人権法学会編『新国際人権法講座』第5巻（2023年刊行予定）参照。

9) ネオニコチノイド系農薬は，近年世界各国で使用されてきた殺虫剤であり，昆虫などの生態系に影響を与えている。EU諸国ではその使用を禁止する措置を講ずるなどの対策に取り組んでいるが，日本ではネオニコチノイド系農薬の残留基準値を高く設定したり，使用禁止などの措置を講じないまま現在に至っている。今後は，ヒトおよび生態系への影響を十分に考慮した農薬の管理体制を構築していかなければならない，という（上浦沙友里＝伏脇裕一「ネオニコチノイド系農薬の環境と食品汚染の現状と課題」安全工学57巻2号，2018年，143頁）。

10) 企業利益の減少や企業のイメージダウンを避けるため，人権侵害に加担しないよう企業活動を運営する経営上の方針・手法。

ルな人びとの観点から，研究に取り組む必要がある。

6．小 括

人権侵害回復過程の研究においては，①この全過程に関わるすべての主体（人権侵害された者〔当事者〕，当事者の関係者〔家族・友人，学校・職場の関係者など〕，国・自治体，企業，地域コミュニティ，NGO／NPO，研究機関・団体，国際組織等）の存在と主体間の関係性を確認し，②各主体が，回復に向けて現行制度内でなしうる対応やとりうる手段・手続を指摘し，その有効性と限界を分析し，③現行制度内では全面回復が期待できない場合には，望ましい制度や手続について提言する。

なお，回復過程に関しては，同種の人権侵害を受けた（つつある）当事者たち（多くの場合，各国国内で散在している）の被侵害の気づきがもちろん重要だが，気づきが顕在化しない場合も多く，また顕在化には時間がかかる。このため，国・自治体・NGO／NPO・メディア・研究機関等の社会課題への気づきと発信が極めて重要となる。

V　人権侵害の「気づき」と「社会的気づき」

人権侵害された者が自分の被侵害という事実や状況を認識できない場合，人権侵害からの回復に向けて行動を起こすことは期待できない。こうした場合，そもそも人権侵害は存在しないこととされ，人権侵害された者はいわゆる「泣き寝入り」状況におかれることとなる。こうした事態を避けるには，人権被侵害に気づき，そのことに声をあげることが，人権侵害からの回復の出発点である。

ところで，この個人単位の「気づき」を当事者のみの問題とすれば，人権侵害された，あるいはされがちなヴァルネラブルな人びとに過度の負担を課すことになりかねない。そこで，この気づきを個人的問題の殻に閉じめずに社会の問題とする必要がある。人権侵害を事前に察知し，その危険性に社会が「気づき」，これを社会的に発信する回路を見いだし，政策過程につなげることも，人権政策論の重要な課題であろう。本章では，この社会による「気づき」を

「社会的気づき」と呼ぶことにする。

　人権侵害の回復過程における「気づき」・「社会的気づき」と人権政策論の研究課題については，下記〖表〗を参照されたい。

〖表〗人権侵害の回復過程における「気づき」・「社会的気づき」と人権政策論の研究課題

過　程	内　容	人権政策論の研究課題
a. 回復力促進関与	当事者の**回復力**（レジリエンス；逆境から素早く立ち直り，成長する力）の前提である人権被侵害の「気づき」を促す環境整備	・当事者自身のエンパワーメントを支援する政策の策定・実施主体 ・支援者・団体〔弁護士会・NGO 等〕への／による相談・支援策 ・支援者・団体のマイノリティ別縦割り体質の解消策 ・各マイノリティに共通するエンパワーメント支援方法の発見と共有
b. 被侵害の気づき	当事者＋当事者周辺者の被侵害の気づきの支援	・児童虐待，DV，高齢者虐待等に関しては，当事者に「気づき」を期待できない場合があるので，当事者周辺者の「気づき」を回復過程に位置づける方法
c. 社会的気づき	社会的気づきを促す環境整備	・当事者＋関係者から人権侵害に関する情報を得た弁護士会・NGO・メディア等による「社会的気づき」の形成・展開過程
d. 社会課題の発信	当事者＋関係者による新たな社会課題の社会的・政治的発信	・「社会的気づき」には人権侵害の拡大を未然に防ぐ効果があることの検証 ・「社会的気づき」を社会で共有し，社会的・政治的に発信する方法・手法・手段の体系的な提示

VI　予防原則

　司法的救済は事後救済であり，人権侵害の生起が懸念される事態を未然に防ぐのは難しい。人権侵害が予知される場合，その悪影響を阻止する契機として，「予防原則」という考え方と取り組みがある。

　予防原則（precautionary principle）とは，「ある問題に対して，不確実性が大

きく，それゆえ根拠が不十分であっても対策実施を可能とする考え方」[11]であ
る。科学的方法論では，問題が生じても確証がない場合，対策は先送りされる。
しかし，公害やHIV感染症などでは，対策を先送りしたために影響が破滅的
になった。こうした経験から，確証が得られるまでは沈黙を貫く科学的方法論
の限界が指摘され，予防原則の必要性が注目されるようになった[12]。

　予防原則を表す二つの文書を紹介しよう。一つは，1992年の国連開発環境
会議で採択された通称リオデジャネイロ宣言第15原則である。

　　　「環境を保護するため，各国はその能力に応じ，広範に予防アプローチを適
　　　用しなければならない。深刻，または不可逆的な被害が生じるおそれがある
　　　場合に，完全な科学的確実性がないということが，環境悪化防止のための費
　　　用対効果の高い諸々の措置を引き延ばす理由として用いられてはならない。」

　もう一つは，1998年の予防原則に関するウィングスプレッド合意声明[13]の
中で表明された，次の一文である。

　　　「ある行為が人間の健康あるいは環境への脅威を引き起こす恐れがある時に
　　　は，たとえ原因と結果の因果関係が科学的に十分に立証されていなくても，
　　　予防的措置（precautionary measures）がとられなくてはならない。」

　予防原則に対しては，①内容が明確性を欠く，②不確実なリスクのために
資源が投入され，より大きなリスク等に対する資源が投入できなくなる，③

---

11)　加茂将史「予防原則／事前警戒原則」日本リスク研究学会編『リスク学事典』（丸善出
　　版，2019年）160頁。
12)　同上。
13)　The Wingspread Consensus Statement on the Precautionary Principle 〈https://www.
　　sehn.org/sehn/wingspread-conference-on-the-precautionary-principle〉　翻訳は，安間武
　　「予防原則に関するウィングスプレッド会議／声明」〈http://www.ne.jp/asahi/kagaku/
　　pico/precautionary/wingspread/wingspread.html〉。アメリカ・ウィスコンシン州ラシー
　　ンのウィングスプレッド会議センターで開催された環境問題に関する研究者・環境活動
　　家などの会議で採択された。

過剰規制をもたらす，等の批判がなされてきた。

　これに対し，予防原則を擁護する立場からは，①リオ宣言第15原則は，「起こりうる損害が深刻なまたは回復不可能な」場合に限定している，②同原則は，「科学的不確実性をもって対策を延期する理由として用いてはならない」とするのみで，禁止などの厳しい措置を義務づけていないうえ，その対策についても「費用対効果の大きい」ことを求めている，等の反論が示されてきた。

　日本では予防原則を明文で規定する法令は存在しない。ただし，環境基本法4条（下線箇所）は，この原則の趣旨を述べているとの見解が有力である。

　　「環境の保全は，社会経済活動その他の活動による環境への負荷をできる限り低減することその他の環境の保全に関する行動がすべての者の公平な役割分担の下に自主的かつ積極的に行われるようになることによって，健全で恵み豊かな環境を維持しつつ，環境への負荷の少ない健全な経済の発展を図りながら持続的に発展することができる社会が構築されることを旨とし，及び科学的知見の充実の下に環境の保全上の支障が未然に防がれることを旨として，行われなければならない。」

　また，生物多様性基本法3条3項（下線箇所）は，予防的取り組み方法を明文で定めている。

　　「生物の多様性の保全及び持続可能な利用は，生物の多様性が微妙な均衡を保つことによって成り立っており，科学的に解明されていない事象が多いこと及び一度損なわれた生物の多様性を再生することが困難であることにかんがみ，科学的知見の充実に努めつつ生物の多様性を保全する予防的な取組方法及び事業等の着手後においても生物の多様性の状況を監視し，その監視の結果に科学的な評価を加え，これを当該事業等に反映させる順応的な取組方法により対応することを旨として行われなければならない。」

　ところで，2022年6月17日，最高裁判所第二小法廷は，福島原発事故損害

賠償請求集団訴訟 4 件について，国の法的責任を認めない判決[14]を言い渡した。これに対し，三浦守裁判官は反対意見で次の見解を示した。

① 国は，被上告人（原告）らに対し，国家賠償法 1 条 1 項に基づく損害賠償責任を負うべきである。

② 長期評価も予見可能性も認めた上で，「想定された津波で敷地が浸水すれば，本件事故と同様の事故が発生する恐れがあることは明らかだった」。

③ 原発の技術基準は電力会社の事業活動を制約し，経済活動に影響する一方で，原発事故が起きれば多くの人の生命や，身体や生活基盤に重大な被害を及ぼすと言及した。

④ 「生存を基礎とする人格権は憲法が保障する最も重要な価値」としたうえで，「経済的利益などの事情を理由とし，必要な措置を講じないことは正当化されるものではない」と判断した。

⑤ 「予測困難な自然現象で，安全上の余裕を考慮した想定が必要だ」とし，長期評価を基に東電が 2008 年に行った津波試算は「それまでの安全性を根底から覆し，「神話」であったことを示した。多重的な防護の必要性が高かった」とした。

　上記最高裁判決の多数意見は，津波対策をとっていても事故を回避できなかった点に着目し，国が予見可能性や規制権限を行使すべきだったか否かについては判断しなかった。また，三浦裁判官の反対意見も，明確に予防原則に依拠したものとは言い切れない。

　ただし，たとえば，水俣病をめぐる最高裁判決では，予防原則に依拠して国の賠償責任を認めてきた[15]。

---

14)　最判令和 4 年 6 月 17 日判例集未登載。最高裁判所ウェブサイト〈https://www.courts.go.jp/app/files/hanrei_jp/242/091242_hanrei.pdf〉　本書の第 10 章も見よ。

15)　たとえば，国が水俣病による健康被害の拡大防止のためにいわゆる水質二法に基づく規制権限を行使しなかったことの当否が争われた事件で，最高裁判所は国家賠償法 1 条 1 項の適用上国の違法性を認定した。その根拠の一つとして，「国は，昭和 34 年 11 月末の時点で，①〔…〕現に多数の水俣病患者が発生し，死亡者も相当数に上っていることを認識していたこと，②水俣病の原因物質がある種の有機水銀化合物であり，その排出

おわりに

　本書では，まず人権の歴史と主体について論じ，次いで各研究領域の観点から，個別的人権侵害および構造的人権侵害にかかる法的な人権救済の意義と限界を検討した。第10章では，原発事故国内避難者が2011年の原発事故以降今日まで受けた構造的人権侵害に着目し，国内での救済手段——主に行政救済・準司法救済・司法救済——を利用し，活動し尽くしても，当事者が満足できる人権回復を得るには至っていないことを明らかにした。本書各章の論稿も，例とした人権侵害を受けた者による救済状況を検討し，同様の結論を得た。

　人権侵害を受けた者は，各地で集団訴訟を提起し，一部で成果をあげてきた。しかし，訴訟の原告となり，訴訟を継続する労力には計り知れないものがある。人権侵害を受けた当事者がこうした政策形成訴訟を活用する，あるいはこれを提起せざるを得ないのは，当事者たちが人権侵害の原因をなす政策の立案，実施，評価の政策過程に参画し，意見を反映させる回路が適正に機能していないからである。市民生活に直接影響を及ぼす新政策の採択や現行制度の改変にあたっては，多くの場合，市民向けの公開公聴会を開催し，またパブリック・コメントも実施している。これらの制度が形骸化せず，市民の生の声を聴く役割を果たせているかが問題である。これは公共政策一般に関わるが，同時に，人権政策論に固有の課題でもある。なお，市民の生の声を聴き，国政に反映させるのは，立法府固有の役割であり，責務であることは言うまでもない。

　本章では，構造的人権侵害の察知・予防の重要性を指摘した。市民からの要望や請願を通じて，議院あるいは個々の国会議員が潜在的な構造的人権侵害状況に関する情報や警告に接した場合，国会は国政調査権の発動も含め，知り得た情報や警告に真摯に対応すべきである。国会本会議や委員会での質疑や質問

源が特定の工場のアセトアルデヒド製造施設であることを高度のがい然性をもって認識し得る状況にあった」とした（最判平成16年10月15日民集58巻7号1802頁）。上記の事実認定は，「今日の予防原則にいう，科学的に不確実性のある問題に対して，企業や国がどう対応すべきかという点を扱っている」という（大塚直「公害裁判から未来の行動目標へ」学術の動向2019年10月，65頁）。

主意書の提出を通じて，一部の国会議員はこうした対応をしているが，国会では提起された問題点は主流化されないことが多い。メディアには調査報道等を通じて，潜在的な構造的人権侵害の掘り起こしと広報の役割を果たすことを期待したい。

なお，潜在的な構造的人権侵害の価値判断基準として，あらゆる人権政策の策定・実施・評価段階で，国際人権基準を参照した人権基準を導入し，これを踏まえた人権アセスメント（事前影響評価）を行う枠組みを開発することも，人権政策論の役割であろう。

本章Ⅰ節でも述べたように，人権政策論の考察対象には，主として，①人権侵害の要因（個別的要因と構造的要因），②人権救済制度の構築・運用，③人権侵害の予防のための制度・政策，および④人権政策の根幹をなす原理や思想，ないしはその土台となる人間観・歴史観・社会観という4領域がある。

しかし，本書の分析で人権政策論のすべてを網羅できたわけではない。本書の考察は主に上記②の救済制度論，とりわけ裁判を通じた司法救済制度論に偏っている。これは，本書が法学研究者を中心に編まれたことによる必然の結果であり，その点は本書の限界でもある。今後は，上記の①③④の研究を充実させるべく，行政学，政策科学，社会学といった他の学問分野の力を借りつつ，研究の裾野を広げていく必要がある。

編著者紹介（執筆順）

★は編者

山崎 公士（やまざき こうし）★　　　　　　　　　　　　　　　　　[序章・第10章・終章]

神奈川大学名誉教授

専攻：国際法，国際人権法

主な著書：

　『国際人権法の考え方』（共著）（法律文化社，2021年）

　『国内人権機関の意義と役割——人権をまもるシステム構築に向けて』（三省堂，2012年）

　『人権政策学のすすめ』（共編著）（学陽書房，2003年）

窪 誠（くぼ まこと）　　　　　　　　　　　　　　　　　　　　　　[第1章]

大阪産業大学経済学部教授

専攻：国際法，国際人権法

主な著書：

　『人権法・人権政策のダイナミズム——知の民主化を目指して』（信山社，2023年）

　『マイノリティの国際法』（信山社，2006年）

鈴木 尊紘（すずき たかひろ）　　　　　　　　　　　　　　　　　　[第2章]

国立国会図書館調査及び立法考査局調査員

専攻：フランス法，障害学

主な論文：

　「欧米の図書館における精神障害者向けサービス」カレントアウェアネス（国立国会図書館・図書館情報学紀要）352号（2022年）

　「憲法第96条（憲法改正手続）をめぐる議論——憲法改正手続の改正に関する主な学説及び主張」調査と情報（国立国会図書館・調査及び立法考査局紀要）799号（2013年）

　「フランスにおける差別禁止法及び差別防止機構法制」外国の立法（国立国会図書館・調査及び立法考査局紀要）242号（2009年）

　「フランスにおける拘禁施設虐待防止法制——警察留置場から精神病院までの人権保護」外国の立法239号（2009年）

金子 匡良（かねこ まさよし）★　　　　　　　　　　　　　　　　　　[第3章]

法政大学法学部教授

専攻：憲法

主な著書・論文：

　「優生思想と憲法」障害法4号（2020年）

　「カナダ人権法の改革—— 2000年以降の法改正を中心に」神奈川法学51巻3号（2019年）

　「「救済」の概念——人権を救済することの意義と方法」浜川清他編『行政の構造変容と権利保護システム』（日本評論社，2019年）

　『人権ってなんだろう？』（共著）（解放出版社，2018年）

嘉藤 亮（かとう りょう）★   ［第4章］

神奈川大学法学部教授

専攻：行政法

主な著書・論文：

「権利実現と救済（一）～（三・完）」神奈川法学49巻1＝2＝3号・50巻2号（2017年）・3号
（2018年）

『ホーンブック行政法』（共著）（北樹出版，2016年）

Administrative Measures under DV Prevention Act in Japan, in Yuki Katagiri (ed.), Law and
Policy on Domestic Violence in Japan: Realities and Problems（Otaru University of
Commerce Press, 2016）

吉村 顕真（よしむら けんしん）   ［第5章］

弘前大学人文社会科学部准教授

専攻：民法，不法行為法

主な論文：

「「懲罰的」損害賠償の民事的解釈——アメリカ法の学説に着目して」青森法政論叢22号（2021
年）

「責任能力なき精神障害者の賠償責任に関する基礎的考察—— 19世紀アメリカ法を素材とし
て」青森法政論叢21号（2020年）

「未成年者の不法行為責任における過失判断基準——アメリカ法の「未成年者の注意基準」に
着目して」青森法政論叢19号（2018年）

「懲罰的損害賠償の現代的展開」私法79号（2017年）

濱田 太郎（はまだ たろう）   ［第6章］

専修大学法学部教授

専攻：国際法，国際経済法

主な著書・論文：

「貿易と労働——貿易協定等における社会条項の多様化とその評価」日本国際経済法学会年報
第31号（2022年）

「衛生植物検疫上の適切な保護水準の決定における加盟国の自律性」柳原正治＝森川幸一＝
兼原敦子＝濱田太郎編著『国際法秩序とグローバル経済——間宮勇先生追悼』（信山社，
2021年）

「国際経済法における社会条項（労働条項）——貿易自由化と人権保障」平覚＝梅田徹＝濱田
太郎編著『国際法のフロンティア——宮崎繁樹先生追悼論文集』（日本評論社，2019年）

近江 美保（おうみ みほ）　　　　　　　　　　　　　　　　　　　［第 7 章］

神奈川大学法学部教授

専攻：国際法，国際人権法

主な著書・論文：

「最高裁大法廷夫婦同氏制合憲決定──夫婦同氏制と国際人権法」判例時報 2529 号／判例評論 764 号（2022 年）

「COVID-19 とジェンダー ──「危機」と「構造」平和研究 56 号（2021 年）

『「女性の権利」と女性差別撤廃条約──平等の保障と女性に対する暴力」島田陽一他編著『「尊厳ある社会」に向けた法の貢献──社会法とジェンダー法の協働（浅倉むつ子先生古希記念論集）』（旬報社，2019 年）

『貿易自由化と女性── WTO システムに関するフェミニスト分析』（尚学社，2013 年）

小谷 昌子（こたに まさこ）　　　　　　　　　　　　　　　　　　［第 8 章］

神奈川大学法学部准教授

専攻：医事法，民法

主な著書・論文：

「科学的根拠に乏しい診療に対する事前規制の必要性」神奈川法学 55 巻 1 号（2022 年）

「医行為と医業独占のあり方を考える──医事法学の観点から」甲斐克則編『医事法講座第 12 巻 医行為と医事法』（信山社，2022 年）

「メディカルプロフェッショナル・ネグリジェンスと診療ガイドライン」帝京法学 32 巻 1 号（2018 年）

村元 宏行（むらもと ひろゆき）　　　　　　　　　　　　　　　　［第 9 章］

活水女子大学国際文化学部教授

専攻：教育法，憲法

主な著書・論文：

『ガイドブック教育法［新訂版］』（分担執筆）（三省堂，2015 年）

「主権者教育権論の現在」戸波江二＝西原博史編著『子ども中心の教育法理論に向けて』（共著）（エイデル研究所，2006 年）

『学校の安全を見る目に確かさを』（共著）（成文堂，2006 年）

人権の法構造と救済システム

人権政策論の確立に向けて

2023 年 3 月 10 日　初版第 1 刷発行

編著者　　金子匡良・山崎公士・嘉藤 亮

発行所　一般財団法人　法政大学出版局

〒102-0071 東京都千代田区富士見 2-17-1
電話 03 (5214) 5540　振替 00160-6-95814

組版：HUP　印刷：三和印刷　製本：根本製本

ISBN978-4-588-63514-4

*

表示価格は税別です